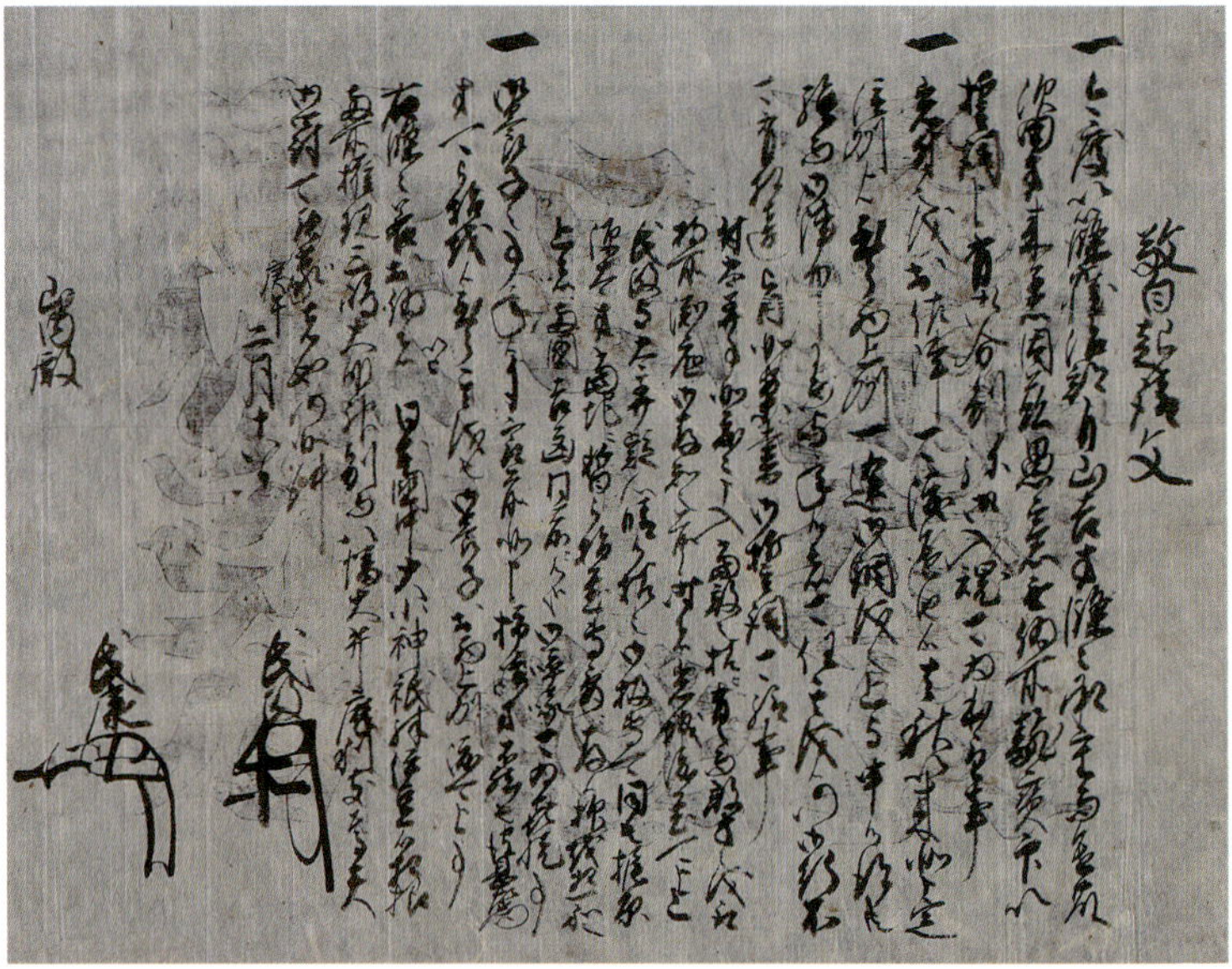

北条氏政・氏康連署起請文（上杉謙信宛）
（元亀元年２月18日）（米沢市上杉博物館蔵）

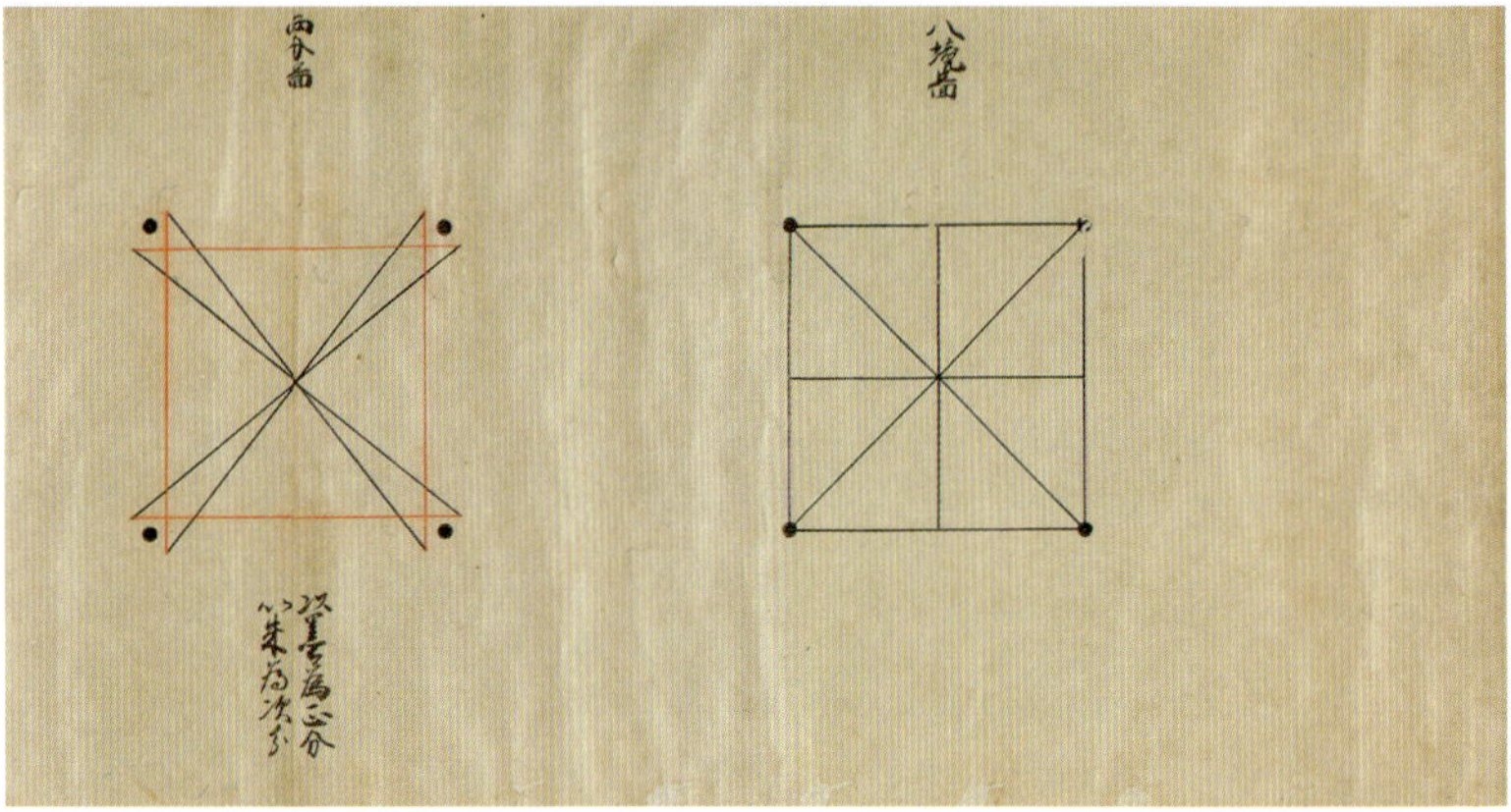

飛鳥井雅綱蹴鞠伝授書（北条松千代丸宛）（国立公文書館内閣文庫蔵）

黒漆金箔押軍配（北条氏当主所用）
（東京国立博物館蔵／Image: TNM Image Archives）

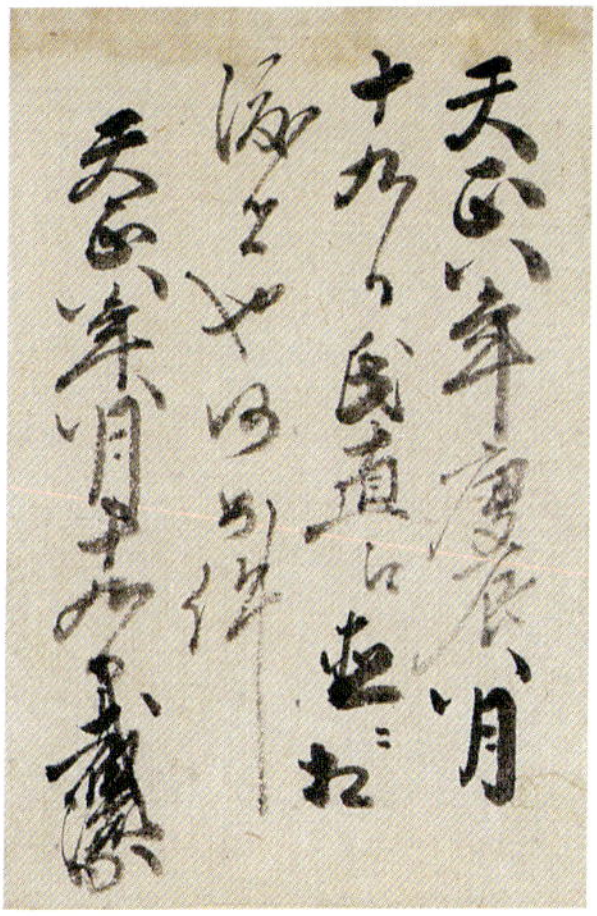

北条氏政判物（天正８年８月19日）
（北条氏文書／神奈川県立歴史博物館蔵）

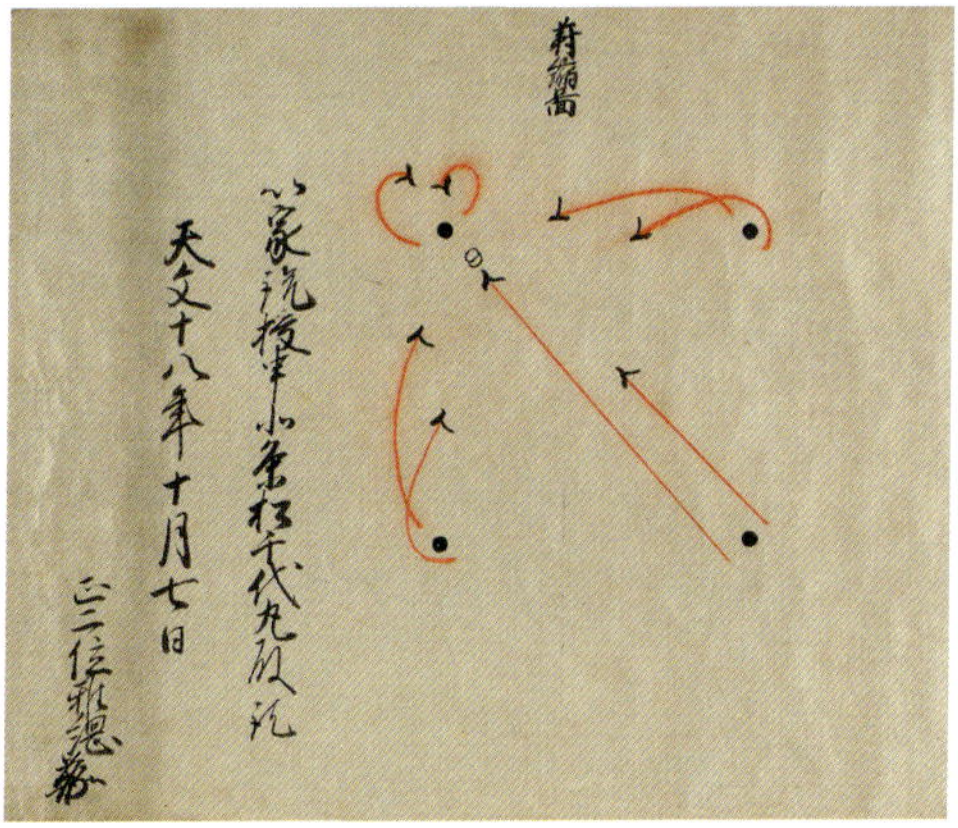

小田原城跡（神奈川県小田原市城内）（小田原城天守閣提供）

山中城跡（障子堀）（静岡県三島市山中新田）（三島市教育委員会提供）

はじめに

北条氏政《ほうじょううじまさ》は、戦国大名・小田原北条家の四代目当主である。北条家の家督を三代目当主の父氏康《うじやす》から譲り受けて、北条家の存続に尽力した。天正八年（一五八〇）に家督を嫡子・氏直《うじなお》に譲ってからも、「御隠居様」と称されながらも、北条家の最高権力者として存在し続けた。しかしながら同十八年の小田原合戦で、「天下人」羽柴秀吉との合戦に敗北して、北条家は滅亡するが、その際に氏政は、合戦の責任を負って自害している。まさに北条家の滅亡の責任を負う形になっている。

この氏政についての世間の評価は、現在においてもはかばかしいものとは言い難い。氏政の評価に関わることとして、よく知られたものとなっているものに、「汁かけ飯」の逸話があろう。陣中で食事の際に、氏政が汁かけ飯に汁をかけ足したのを氏康が見て、毎日の食事に汁をかける塩梅《あんばい》も分からないようでは、人の心を推し量るのも無理であり、北条家も自分の代までであると歎く、という話である。もちろんこれは事実ではなく、江戸時代前期の人による創作であるが、その頃には、氏政とはこのような人物とみられていた。

もう一つよく知られているものに、「小田原評定」という諺があろう。これは小田原合戦の際に、降伏するかしないかの議論を、なかなか結論が出せずに延々と議論したとして、結論の出ない会合を繰り返すことをいうものである。これはもとは「小田原談合」と言われていたもので、言うまでもなくこれも事実ではなく、江戸時代中期に創作されたものにすぎない。

これらの逸話や諺により、氏政に対する世間的な評価はかなり低い。しかしこれらが氏政の実像を表現するものとなっているかといえば、まったくの誤りといわざるをえない。むしろ氏政は、北条家五代約一〇〇年の歴史のうち、当主・隠居としてその家政を主導したのは三分の一の三〇年ほどに及んでいただけでなく、北条家領国の最大版図を形成したのは、この氏政だったのである。

しかもそこでは、家督を相続して直後の永禄三年（一五六〇）からは越後上杉謙信（当時は長尾景虎《かげとら》）との抗争が始められ、同十一年からは甲斐武田信玄との抗争を展開するというように、戦国大名のなかでもきわめて著名な、上杉謙信・武田信玄と渡り合いながら、領国を維持、拡大していたのである。さらには天正七年（一五七九）からは、「天下人」織田信長と政治交渉を開始し、その後は織田政権に代わって新たな「天下人」となった羽柴秀吉との政治交渉を展開していくのである。

この時点に存続していた戦国大名は、北条家以外では、わずかに越後上杉、遠江徳川、安芸毛利、土佐長宗我部、豊後大友、薩摩島津、奥羽伊達くらいになっていた。それらの戦国大名のなかでも、北条家の領国は最大級のものであった。北条家は戦国時代の最後まで、最大規模の戦国大名として存在し続けたのであった。このことからみても、先に触れたような逸話や諺が、いかに低俗な発想から生まれたものだったかがうかがわれるであろう。

それでは実際の北条氏政とは、どのような人物で、どのような生涯を辿ったのであったろうか。残念ながらこれまでにおいて、氏政に焦点を当てた著作はいまだ出されていない。そもそも北条家自体が、あまり著名な存在ではないということもあるが、北条家五代のなかでも、すでに始祖の伊勢宗瑞《いせそうずい》（いわゆる「北条早雲」）や、歴代のなかで最も名将の誉れが高い三代目の氏康については、概説書が出されていることをみると、氏政への関心は、北条家の研究のなかでも必ずしも高いものではなかったことがうかがわれる。

しかしながら氏政についての研究は、実は北条家そのものの研究に等しいといって過言ではないほど、重要な性格にある。歴代のなかで、最も多くの発給文書を残しているのが、この氏政なのであった。しかもその内容は、領国支配についても、軍事・外交についても、質量ともに最も豊富なものとなっているのである。すなわち氏政を理解することは、北条家の領国支配を理解するに等しい状況にあるといっていいのである。このことから氏政に注目することは、北条家そのもの、さらにはその北条家が戦国大名の代表的存在であったことからすると、戦国大名そのものを理解することにつながるといえるのである。

本書は、この北条氏政についての、初の概説書となる。そのため誕生から最期まで、史料をもとにしながら生涯を辿っていくことにしたい。そしてそのなかでみられた主要な行動について、その歴史的意味について考え、位置づけていきたいと思う。それによって最大にして最先端に位置した戦国大名が、どのような存在であったのかを探ることができるものと思われる。

ただし氏政の五〇年以上に及ぶ生涯や、三〇年に及ぶ治世の詳細を述べることは、分量の都合からも難しい。すでに、元亀二年（一五七一）までの領国支配の実態については『戦国大名の危機管理』（角川ソフィア文庫）で、天正六年までの政治動向については『関東戦国史』（角川ソフィア文庫）で、天正十年代の政治動向から小田原合戦については『小田原合戦と北条氏』（吉川弘文館）で、それぞれ詳述しているので、詳細はそれらを参照していただきたい。

そのため本書では、氏政の動向を俯瞰的に把握することに努めていきたい。それとともに叙述していくなかでは、氏政が出した書状をできるだけ取り上げて、実際に氏政がどのようなことに関心を持ち、そこでどのような発言をしていたのかをみていくことで、その人間像にも接近する試みを行っていきたい。

なお本文中においては、以下の史料集については略号で示した。

『戦国遺文後北条氏編』	戦北
『戦国遺文武田氏編』	戦武
『戦国遺文古河公方編』	戦古
『戦国遺文房総編』	戦房
『小田原市史』史料編原始・古代・中世Ⅰ	小田原
『上越市史』別編１・２	上越
『群馬県史』資料編７	群馬

『増訂織田信長文書の研究』　信長
『新訂徳川家康文書の研究』　家康
「小田原北条氏文書補遺」　北条補遺（小田原北条氏五代発給文書）
　　　　　　　　　　　　　北条・補遺（一族・家臣発給文書、受給文書）
「『戦国遺文武田氏編』補遺」　武田補遺

北条氏政——乾坤を截破し太虚に帰す　目次

はじめに

図版写真一覧

図版写真一覧

北条家略系図

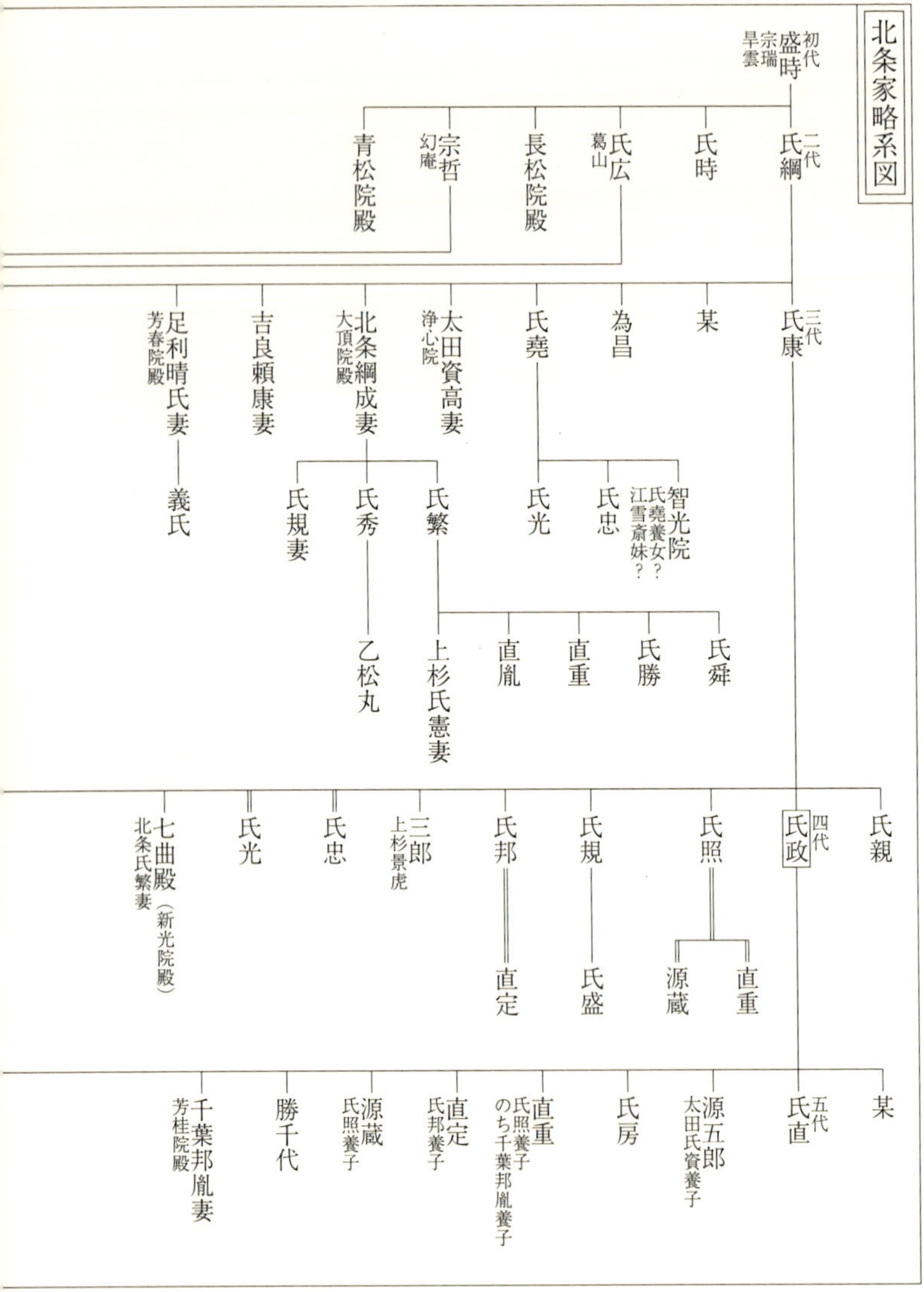

初代 盛時 宗瑞 早雲
二代 氏綱
氏時
氏広 葛山
長松院殿
宗哲 幻庵
青松院殿
三代 氏康
某
為昌
氏堯
太田資高妻 浄心院
北条綱成妻 大頂院殿
吉良頼康妻
足利晴氏妻 芳春院殿
智光院 氏堯養女？ 江雪斎妹？
氏忠
氏光
氏繁
氏秀
氏規妻
義氏
氏舜
氏勝
直重
直胤
上杉氏憲妻
乙松丸
氏親
四代 氏政
氏照
氏規
氏邦
三郎 上杉景虎
氏忠
氏光
七曲殿（新光院殿） 北条氏繁妻
直重
源蔵
氏盛
直定
某
五代 氏直
源五郎 太田氏資養子
氏房
直重 氏照養子 のち千葉邦胤養子
直定 氏邦養子
源蔵 氏照養子
勝千代
千葉邦胤妻 芳桂院殿

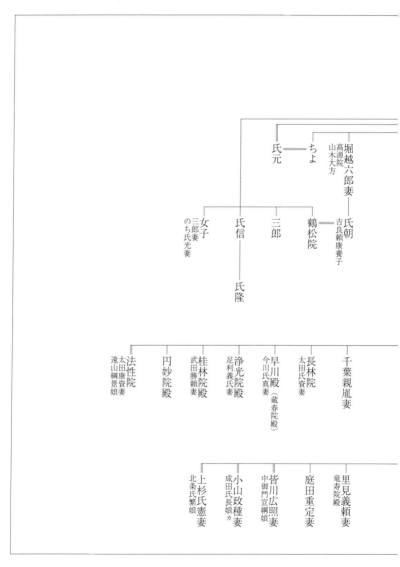

堀越六郎妻
高源院
山木大方

ちよ

氏元

氏朝
吉良頼康養子

鶴松院

三郎

氏信

氏隆

女子
三郎妻
のち氏光妻

千葉親胤妻

長林院
太田氏資妻

早川殿（蔵春院殿）
今川氏真妻

浄光院殿
足利義氏妻

桂林院殿
武田勝頼妻

円妙院殿

法性院
太田康資妻
遠山綱景娘

里見義頼妻
竜寿院殿

庭田重定妻

皆川広照妻
中御門宣綱娘

小山政種妻
成田氏長娘カ

上杉氏憲妻
北条氏繁娘

第一章　家督相続まで

1　誕生から元服まで

氏政の誕生

北条氏政は、戦国大名・小田原北条家三代当主の北条氏康の次男である。生年については、一般的には、江戸時代に狭山藩北条家（氏政の弟氏規《うじのり》の子孫）が寛永十九年（一六四二）に作成した系譜「平姓北条氏系図」（『群書類従系図部集第四』所収「北条系図」にほぼ同じ）で、天正十八年（一五九〇）七月十一日に死去した時の年齢を「五十三歳」としており、それからの逆算によって、天文七年（一五三八）生まれとされていて、ごく最近までそうみられてきた。

しかし生年について明確に知ることができる当時の史料は、現在のところみられておらず、他にも天文元年生まれ説（「堀尾古記」天正十八年条『新修島根県史史料篇2』一頁）、同十年説（「顕如上人貝塚御座所日記」『石山本願寺日記』下巻所収）が伝えられている。ただしそれらの説は、その後の氏政の動向と照らし合わせてみると、整合しないので、採用することはできない。そうしたなかで注目されるのが、江戸時代初期に作成された覚書「石川忠総留書」〈内閣文庫所蔵〉に収められている、「小田原落居之覚」のなかの次の記載である。

天正十八年庚子七月五日ニ小田原ノ城扱ニ成、氏直太閤城ヲ御渡シ、榊原式部大夫御陣所江御移被成候、氏直〈廿九歳／戌年〉同年七月十一日ニ氏直ヨリ氏政江御生御霊被遣候、御酒半御切腹候へ之由申来、氏政・氏輝安誓屋敷〈医者安清軒〉ニ而《て》、七月十一日ニ御切腹、氏政ヲハ北条美濃守殿介錯、氏輝ヲハ伊勢大和守殿介錯、太閤ヨリ御検使者片桐主膳殿、権現様ヨリハ井伊兵部殿〈此時三十歳〉被仰付候、氏政〈亥年／五十二〉、氏輝〈五十計〉、太閤〈此時五十四歳〉、

ここには、氏政について「亥年／五十二」とあり、これを逆算すると、天文八年・己亥の生まれであることがわかる。その他に年齢が記載されているものをみてみると、氏直が永禄五年〈一五六二〉・壬戌、井伊直政が同四年、羽柴秀吉が天文六年、という具合であり、いずれも正確な内容になっている。とくに羽柴秀吉については、江戸時代においては天文五年生まれ説が一般的になっていて、同六年生まれと確定されたのは戦後のことであることをみると、これらの記載は正確な内容のものであると認識される。また秀吉の御咄衆の大村由己《おおむらゆうこ》が執筆した『天正記』の一巻となる『小田原御陣』〈小田原九〇二〉にも、その享年は五十二と記されている。したがってこれらにより、氏政の生年は、こ

の天文八年とみてよいと考えられる。通説よりは一歳年少であったことになる。

母については、先の系図などに、氏康の正妻・瑞渓院殿（今川氏親娘）と記されている。これについても当時の史料によって確定することはできないが、次男にもかかわらず家督を継いでいることなどからみて、氏政が正妻の所生であったことは確実ととらえられる。

氏康の嫡子になる

氏政は次男で、兄として新九郎氏親（天用院殿）がいた。天文六年生まれで、氏政よりも二歳年長であった。母は同じく瑞渓院殿とみなされる。幼名は西堂《せいどう》丸《まる》と推測され、十五歳であった天文二十年末から、十六歳となった翌同二十一年初め頃に元服して、北条家歴代の仮名新九郎を称し、氏康の嫡子として定められている。実名は、瑞渓院殿の父今川氏親のそれと同じ名を付けられている。しかしその年の三月二十一日に、小田原城で十六歳で死去した。この嫡兄氏親の死去によって、氏政が新たな嫡子に立てられることになる。

氏政の幼名についても明確ではない。ただし天文十八年（一五四九）十月七日付で、公家の飛鳥井雅綱から蹴鞠伝授書を与えられているものに、「北条西堂丸」と「北条松千代丸」がみえている（戦北四七九二～三）（口絵参照）。蹴鞠伝授書を与えられていることから、西堂丸・松千代丸の二人は、

北条氏康
（早雲寺蔵／箱根町立郷土資料館提供）

氏康の子とみてよく、このうち西堂丸が、嫡子新九郎氏親にあたる可能性が高い。というのはその後、氏康の六男景虎の幼名が同じ西堂丸であったと伝えられているからである。景虎は氏親が死去して二年後の生まれであり、すでに死去していたから幼名の襲名が可能であった、とみなされる。

そしてもう一人の松千代丸が、氏政の仮名であった可能性が高いとみなされる。嫡兄の西堂丸（新九郎氏親）と同時に、蹴鞠伝授書を与えられているのは、西堂丸に次ぐ地位に置かれていたことを示していると考えられ、そのような立場にあったのは、新九郎氏親の同母の弟で、かつ長弟であった氏政以外には想定できない。これらのことから、この松千代丸が氏政の幼名とみなされるものになる。

そしてこれが、氏政に関する初見の史料であり、この時、十一歳であった。またこれによって氏政は、嫡兄新九郎氏親と同等の教育を施されていたことがうかがわれる。このことは氏政が、兄の後継スペアの地位に置かれていたことを示しているといえるであろう。将来、北条家の家督を継承してもいいように、いわば帝王学を施されていたとみなされる。そして実際、十四歳の時の天文二十一年三月に、兄新九郎氏親が早世したことによって、氏政はそのままスライドするかたちで、氏康の新たな嫡子に立てられるのである。

元服と幕府相伴衆の身分

氏政の元服時期は明確には判明していない。元服後の初見となるのは、十六歳の時の天文二十三年（一五五四）六月一日、氏康が室町幕府奉公衆大館晴光《おおだちはるみつ》に宛てて、氏政を、将来は彼に領国を継承させるので、すなわち嫡子に定めたことをもって、幕府相伴衆《しょうばんしゅう》の身分を与えられるよう要請していることになる（戦北四六五）。これは実名氏政の初見史料になるとともに、この内容からすると、氏政が元服して、その実名を名乗ったのは、その直前頃のことであった可能性が高いとみなされる。そうすると氏政の元服は、前年末からこの年の初め頃のことであった、とみてよいと思われる。

またここで注目されるのは、氏政が、元服にともなって、相伴衆の身分を与えられるべきものとされていたことである。相伴衆とは、室町幕府将軍が外出した際に、文字通りその食事に相伴できる身分であり、諸国の大名衆において最高位の家格であった。戦国時代になって大名衆が在国したままとなると、これは戦国大名の家格を表現するものとなっていた。ここで氏政は、嫡子となったことをもって相伴衆とされることが予定されていることから、北条家は、すでにそれ以前から、当主と嫡子はこの身分を与えられていたことがうかがわれる。氏政は、いわばそれまでの慣例にのっとって、北条家の嫡子になったことにともなって、室町幕府将軍家の相伴衆の身分を与えられたのである。

氏政は、元服にともなって、仮名は新九郎を称した。これは北条家当主歴代のものであり、直前までは、早世した嫡兄新九郎氏親が称していたものであった。氏政は、嫡子として元服したために、その仮名を襲名したのである。ちなみにその初見は、同年十二月に関する「勝山記」（『山梨県史資料編6上』所収）の記事であり、「相州の氏安（氏康）の御息新九郎殿」とあるのがそれにあたっている。

2　氏政の妻と子供

黄梅院殿との婚姻

そして氏政は、元服が確認された天文二十三年（一五五四）十二月に、甲斐・信濃を領国とする戦国大名・甲斐武田晴信（のち法名信玄）の長女黄梅院殿《おうばいいんどの》と結婚する。彼女は氏政よりも四歳年少の天文十二年生まれで、晴信の正妻円光院殿（転法輪三条公頼娘）所生の嫡女であった。もっとも当初、黄梅院殿の結婚相手は氏政ではなく、兄新九郎氏親であったと推測される。氏親の生前期に、北条家と武田家は婚姻の取り決めを行っていたからである。またこれは、駿河・遠江・三河を領国とする戦国大名・駿河今川義元（氏親の四男）を含めた、駿・甲・相三国同盟の締結に伴うものであった。

今川・武田・北条の三大名家は、互いに嫡子と嫡女とで婚姻を結ぶことにし、天文二十年七月には本格的な取り決めが進められていた、とみなされる（「甲陽日記」『山梨県史資料編6上』所収）。そうして武田晴信の嫡子義信《よしのぶ》と今川義元の嫡女嶺寒院殿（嶺松院殿とも）、今川義元の嫡子氏真《うじざね》と北条氏康の嫡女（四女）蔵春院殿（早川殿）、北条氏康の嫡子氏親と武田晴信の嫡女黄梅院殿、それぞれの婚姻となったとみられる。ところが同二十一年三月に氏親が早世したため、氏親と黄梅院殿との婚姻は解消を余儀無くされ、改めて氏政と黄梅院殿の婚姻が取り決められた、とみなされる。

両者の婚約に関しては、同年のうちには交渉が進められていたらしく、翌同二十二年正月二十日には、翌年の同二十三年に婚姻を行うことを誓約した起請文が、氏康から晴信に出されている。そして二月二十一日、それに応える晴信の起請文が氏康に出されて、両者の婚約が成立している（「甲陽日記」）。そうして約束の通り、天文二十三年十二月に、両者の婚儀が行われた。

ちなみに他の婚儀は、武田義信と嶺寒院殿とは天文二十一年十一月二十七日に、今川氏真と蔵春院殿（早川殿）とは同二十三年七月に行われている。おそらく本来は、いずれの婚儀も武田義信と嶺寒院殿と同じ天文二十一年に行われる予定であったとみられるが、今川氏真と蔵春院殿（早川殿）のが同二十三年にずれこんでいるのは、蔵春院殿があまりに幼かったため（同年で八歳くらい）とみられる。そして氏政と黄梅院殿のは、北条家側の婚姻の当事者が氏親から氏政に交替したためであった。

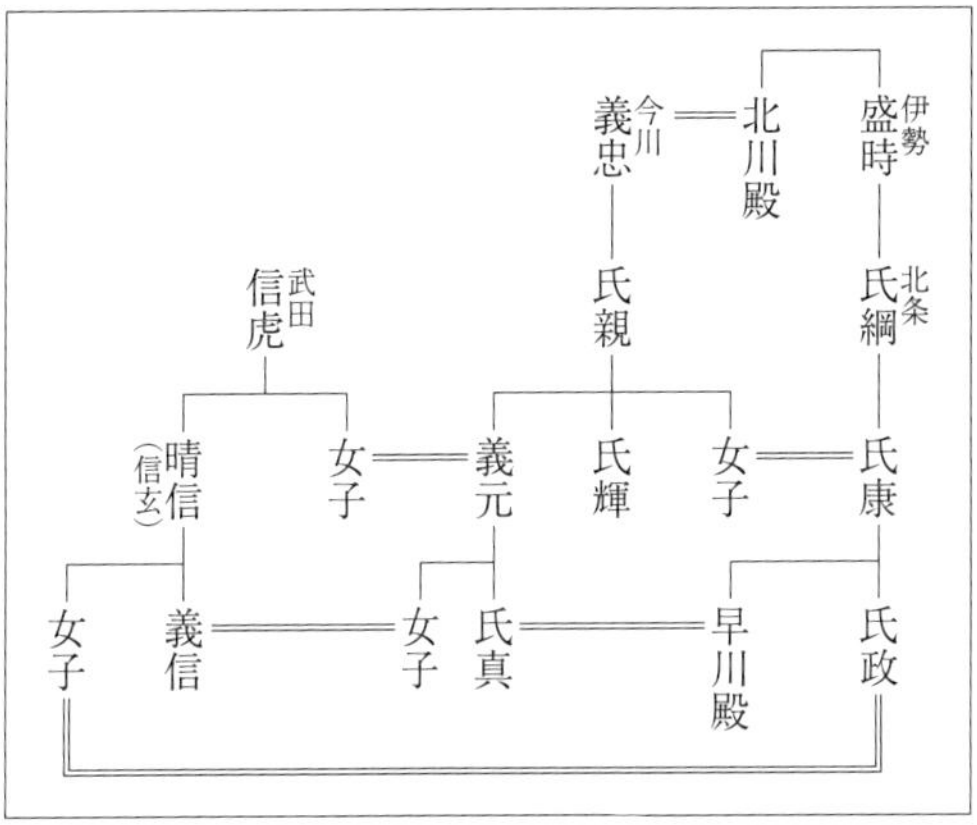

駿甲相三国同盟関係系図

天文二十三年十二月に行われた氏政と黄梅院殿の婚儀の様相については、「勝山記」にそれなりの記載がみられている。それによると、黄梅院殿の婚姻行列は、輿十二丁、長持四十二丁、供奉する武田家臣は三〇〇〇騎、供回りを含めた総勢は一万人というものであった。武田領国から北条領国への境目にあたる甲斐郡内上野原（上野原市）まで武田家臣が供奉し、そこで迎えに出てきた北条家側に引き渡された。北条家では、武田家への取次を務めていた宿老で武蔵江戸城代・遠山綱景《とおやまつなかげ》、同じく氏康の側近家臣・桑原盛正《くわばらもりまさ》、宿老筆頭の松田盛秀《まつだもりひで》が迎えを務め、人数は二〇〇〇騎であった。そこから北条家臣が小田原まで送ったが、供奉してきた武田家臣一万人もそのまま続き、それらは小田原で越年したという。そして武田家を代表して、郡内谷村城主の小山田弥三郎信有が氏康の御前に伺候し、その労をねぎらわれた、というものであった。

これら今川・武田・北条間の三国同盟は、互いに婚姻を結びあった攻守軍事同盟であった。婚姻行列はそれぞれの領国境目で花嫁の引き渡しが行われ、沿道にはそれぞれの領民多くの見物があった。こうした戦国大名家同士の婚姻は、領民の視線を意識して行われていたものであった。このことからも、戦国大名家が、領民の視線にさらされた存在であったことがわかる。

二人の妻

氏政には、生涯において二人の妻があった。一人は、いまみたように武田晴信の長女黄梅院殿である。しかし彼女は、後に触れるように、婚姻から十四年経った永禄十一年（一五六八）十二月に、武田信玄が駿甲相三国同盟を破棄したことがもとで、離縁となり、実家の武田家に戻され、翌同十二年六月十七日に二十七歳の若さで死去している。法名は黄梅院殿春林宗芳大禅定尼といった。ちなみにそれから二年後の元亀二年（一五七一）十二月に氏政は再び武田家と同盟を結び、それを受けてそれから四年後の天正三年（一五七五）七月、黄梅院殿の七回忌にともなって、菩提寺として、北条家の菩提寺である箱根早雲寺に塔頭・黄梅院を建立し、その供養を行うようになっている。

もう一人の妻は、鳳翔院殿といい、現在のところその存在が確認できるのは、天正十年まで下っている（「相州御道者日記」『埼玉県史料叢書12』六五七号）。しかもその出自については、現在においても判明していない。その頃の氏政の政治的立場からすると、近隣の戦国大名家には該当するような存在は見あたらないので、京都の公家か京都下りの食客の娘の可能性が高いとみられる。これについては、今後における関係史料の出現を待つしかない。

鳳翔院殿については、その後、天正十八年の小田原合戦のさなかの六月二十二日、氏政生母で義母にあたる瑞渓院殿と同日に死去している（「伝心庵過去帳」）。氏政の母と妻が同日に死去していることは偶然とは思われないので、ともに自殺の可能性が高いと思われる。鳳翔院殿の死去について、明確に「自害」と記しているものもあるので（「駿河大宅高橋家過去帳一切」拙編『伊勢宗瑞』所収）、そのように考えて間違いないものと思われる。これは小田原城が開城するわずか十二日前のことであった。

氏政の子供たち

ここで氏政の子供たちについてみておくことにしたい。氏政には、現在確認できているものとして、八男三女の存在がみられている（拙著『北条早雲とその一族』・拙稿「北条氏房の研究」拙編『北条氏房』所収）。

長男となるのが、弘治元年（一五五五）十一月八日に生まれた某で、母は黄梅院殿であった（「勝山記」）。しかしこの子はすぐに死去したとみられ、そのためか後世の系図史料にはまったく記載がなく、また法名なども伝えられていない。

次男が嫡子となる氏直（幼名国王丸）で、永禄五年（一五六二）生まれ、母は黄梅院殿と伝えられている。誕生時には長男であったとみてよく、そのため氏政の嫡子とされた。天正五年（一五七七）頃に元服して、北条家当主歴代の仮名の新九郎を称し、同八年に氏政から家督を譲られて、北条家五代目当主になった。同十一年に遠江徳川家康の次女督姫（良正院殿）と婚姻し、同十八年の小田原合戦による北条家滅亡後は、羽柴秀吉によって紀伊高野山に隠棲させられたが、翌同十九年に赦免され、河内国と下野国で一万石の所領を与えられて羽柴家直臣となった。しかし同年十一月四日に病気により三十歳で死去した。法名は松巌院殿大円宗徹大居士。嫡子がなかったため、叔父氏規の嫡子氏盛が養子に入って名跡が継承された。その子孫が、狭山藩北条家となる。

三男は源五郎（幼名国増丸）で、永禄七年か同八年の生まれ。母は不明であるが、黄梅院殿とは考えられないので、女房衆であろう。天正三年から同五年頃に、武蔵岩付領を領国とした国衆の岩付太《おお》田氏資《たうじすけ》（永禄十年死去）の遺女（母は氏政妹の長林院）の婿になって、その家督を継承している。天正八年には元服し、仮名は岩付太田家当主歴代の源五郎を襲名した。実名は現在でも不明である。また同年から岩付領支配を開始したが、同十年七月八日に、十八歳もしくは十九歳で死去した。法名は広徳寺殿功林宗勲大禅定門。

四男は氏房《うじふさ》（幼名菊王丸）で、永禄八年生まれ。母の出自は判明しないが、やはり女房衆であろう。同母の弟に直定がいる。天正九年（一五八一）には元服し、仮名十郎を称した。同十一年に兄源五郎の遺領である岩付領を継承して岩付城主となり、同領支配を開始した。ただし当初は氏政の後見をうけ、同十三年に小少将と婚姻、それ以降は全権を譲られた領国支配を展開した。同十八年の小田原合戦では、兄氏直とともに羽柴方に投降、合戦後は氏直に従って高野山に隠棲した。翌同十九年に氏直が赦免され羽柴家直臣になると、氏房も同様に別個に家臣に取り立てられた。翌文禄元年（一五九二）の朝鮮出兵に従軍して肥前名護屋に在陣するが、四月十二日に同地で二十八歳で死去した。法名は梅雲院殿玉翁昌蓮大禅定門。

五男は直重《なおしげ》で、天正元年（一五七三）生まれの可能性が高い。はじめ叔父氏照《うじてる》の養嗣子とされたが、同十三年に、下総佐倉領を領国とした国衆の千葉邦胤《ちばくにたね》の遺女（母は姉芳桂院殿）の婿となり、その家督を継承することとされた。同十七年には元服して、千葉家に由来するとみられる仮名七郎を称し、同年には千葉家を継承した。同十八年の小田原合戦後は、妻とは離別して兄氏直に従い、高野山に隠棲、翌同十九年に氏直が赦免されると、同じく赦免されたとみられ、羽柴家臣で阿波を領国とした蜂須賀家政に仕え、所領五〇〇石を与えられた。阿波移住後に新たな妻（蜂須賀家臣市原如雪妹）を迎え、寛永四年（一六二七）三月一日に五十五歳で死去した。法名は即室謙入大居士。子孫は蜂須賀家臣伊勢氏として続いた。

六男は直定《なおさだ》で、天正四年（一五七六）生まれの可能性が高い。兄氏房の同母の弟にあたる。同十一年もしくは同十二年頃に叔父氏邦《うじくに》の養嗣子とされた。同十八年には元服して、氏邦の仮名新太郎を襲名した。小田原合戦後は、兄氏直に従って高野山に隠棲、翌同十九年に赦免されると、同じく赦免されたとみられるが、氏邦との養子関係は解消されたとみられ、出家して良安を称した。文禄四年（一五九五）には還俗し、大坂に在所していた可能性が高い。しかしその後の動向は不明。妻は叔父氏規の娘であるから、氏規に庇護されたのであろう。その子氏時は、紀伊徳川頼宣《よりのぶ》に仕えたが、二代後に断絶したらしい。

七男は源蔵（幼名鶴千代）で、天正十二年（一五八四）生まれの可能性が高い。母は不明である。兄直重が千葉家の婿養子になったことにともなって、それに代わって叔父氏照の養嗣子になった。同十八年の小田原合戦後に元服して、氏照の仮名源三（源蔵）を襲名したとみられ、さらにその後に采女《うねめ》に改称したらしいが、具体的な動向は不明である。なお早雲寺所蔵「平姓北条氏系図」には、後筆で「後相州鎌倉明月院住職以心伝公、寛永十二乙亥五月十九日」と補記されている。その典拠は確認できていないが、それが事実であるなら、その後は明月院住職となり、五十二歳で死去したことになる。

八男は勝千代で、『小田原編年録』所収「北条系図」にのみ記載があり、それによると同年の籠城中に城内で生まれたとされる。母についてはこれまで、後妻の鳳翔院殿とみられてきたが、根拠があるわけではなく、現在のところは不明である。またその他の動向についても不明である。

長女は、下総佐倉領を領国とする国衆の千葉邦胤の妻（芳桂院殿）。「氏直の姉」（「千学集抜粋」『戦国遺文房総編』所収）とあるから、弘治三年（一五五七）末頃に黄梅院殿が産んだ子にあたる可能性が高い（戦武五七九）。元亀二年（一五七一）に夫となる千葉邦胤が元服しているので、婚姻もその頃のことみられる。天正二年（一五七四）に長女（直重妻）を産んでいるが、同八年五月晦日に二十四歳で死去した。法名は芳桂院殿貞室隆祥大禅定尼。

次女は、安房・上総の戦国大名里見義頼《さとみよしのり》の妻（竜寿院殿）。永禄九年（一五六六）に黄梅院殿が産んだ子にあたる可能性が高い（戦武九九二など）。天正五年（一五七七）十一月に、氏政は里見義弘《よしひろ》と和睦を成立させ、婚姻を介した同盟関係を結ぶが、その際に義弘の嫡子であった義頼と婚姻したとみなされる。しかし同七年三月二十一日にわずか十四歳で死去した。法名は竜寿院殿秀山芳林大姉。

三女は、公家の庭田重定《にわたしげさだ》の妻。系図史料でしかみられないが、先に触れた「平姓北条氏系図」などには「庭田少将室」とあるが、高野山高室院本「北条家系図」（『平塚市史1』付録）には「庭田宰相殿室」とあるので、夫の重定は、婚姻時に官職が少将で、彼女の死去時に宰相（参議の唐名）であった可能性が高い。庭田重定は天正五年生まれで、同十六年に少将、慶長十六年（一六一一）に中将、同十七年に参議、元和元年（一六一五）に中納言に任官している。

氏政の娘が公家と婚姻できる状況は、後にも触れるが、小田原合戦以前のことは間違いないであろうから、この婚姻は天正十六年から同十七年頃のこととみられる。彼女の生年は不明だが、夫の重定と同年齢としても十二、三歳となるから、ほぼ重定と同じ頃の生まれとみられる。それより年少だったとしても、せいぜい天正十年前後であったろう。また母については不明であるが、公家との婚姻ということからすると、正妻の鳳翔院殿の可能性があるように思われる。そして重定が参議であった慶長十七年から元和元年の間に死去したのであろうか。

これら氏政の子供たち八男三女のうち、先妻の黄梅院殿の所生とみられるのが、長男某・長女芳桂院殿・次男氏直・次女竜寿院殿の四人となる。また母が明確なのは、四男氏房と六男直定で、両人が同母兄弟であることがわかっているにすぎず、他の子の母はすべて不明である。ただし三男源五郎の母は、そのいずれでもないことから、女房衆であったとみられる。また五男直重の母も、直定よりも生まれが早いことから、それらとは別人の女房衆であったろうか。三女庭田重定妻と七男源蔵は、生まれの時期からみると、後妻の鳳翔院殿の子であったかもしれない。末子で八男の勝千代は、それらと生まれた年が少し離れているので、その母は、鳳翔院殿の可能性もないわけではなかろうが、それとは別の、女房衆の可能性もあろう。

いずれにしても氏政の子供たちについては、とくに北条家が滅亡した後の状況については不明なところが少なくない、というのが実状である。これはまさに、実家の滅亡の結果といえるであろう。

3　嫡子としての活動

初見の発給文書

黄梅院殿との婚儀の翌年の弘治元年（一五五五）から、氏政の発給文書がみられるようになる。氏政は十七歳であった。初見の発給文書とみなされるのは、五月二十日付で、武蔵世田谷領を所領とする足利氏御一家の吉良頼康《きらよりやす》（妻は氏康の妹）の家臣大平清九郎に宛てた書状である（戦北五二一）。無年号でかつ写ではあるが、氏政の花押型からすると同年の可能性が高いとみなされるものとなる。氏政は、この文書を初見にして、その後、五五〇点にもおよぶ発給文書を残している。これは北条家歴代五代のなかでも最も多い数となっている。

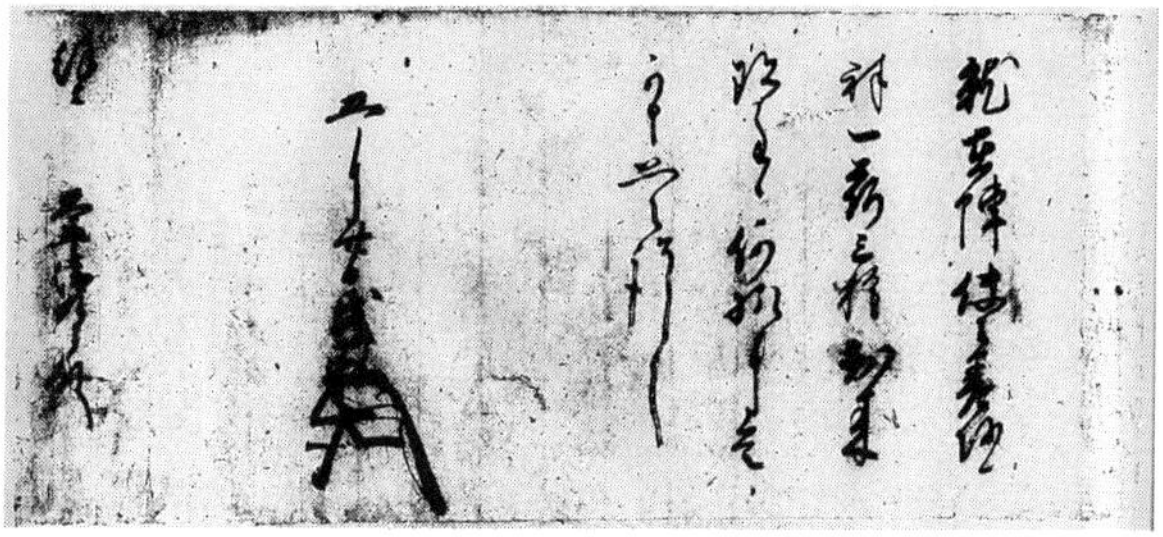

北条氏政書状写（〈弘治元年ヵ〉５月20日）（大平文書）
（個人蔵／世田谷区教育委員会提供）
氏政の発給文書の初見。

さて初見発給文書の内容は、「(氏政の)在陣にあたって、使者を寄越され、とくに酒一荷・肴三種を贈っていただき、珍重である、何にせよこちらから(礼を)申すつもりだ」といったものになる。これによって氏政は、この時、どこかに在陣していたことがわかる。おそらくはこれが氏政の初陣であったと思われる。現在はこの大平氏宛のものしか残っていないが、当然のことながら他からも多く出陣を祝う書状と進物が送られ、その返書が出されていたものと思われる。

もっともこの時の氏政の出陣を伝える史料は他にはないので、出陣先がどこであったのかは確定できない。ただし北条家はこの年の春から九月にかけて、房総に侵攻しているので、おそらくはそのなかでのことであったとみなされる。ちなみに「平姓北条氏系図」には、氏政の初陣に関して、「氏政十八歳より屡戦う」と記していて、「十八歳」の時のことと伝えている。ただし同系図は、氏政の生年を天文七年としているので、それからの「十八歳」は、ちょうどこの弘治元年にあたるものとなる。そうすると、この時の出陣が氏政の初陣にあたった可能性が高い。氏政の初陣は、十七歳の時の弘治元年五月頃、房総におけるものであったとみてよいであろう。

それに続けて氏政は、同年閏十月十七日付で陸奥白川《しらかわ》領の国衆の白川晴綱《はるつな》に（戦北四九四）、翌同二年正月二十日付で下野那須《なす》領の国衆の那須資胤《すけたね》に（戦北五三九）、外交文書を出している。いずれも先方から書状を送られてきて、それへの返書であり、父氏康と同時の発給であった。このことから、氏政はこの頃には、対外勢力からも北条家の嫡子として認識され、外交の対象になるようになっていた、とみることができるであろう。

その後でも、弘治三年と推定される正月二十二日付で同じく那須資胤に返書を出し（戦北五七二）、同年と推定される三月二十九日付で、高野山における宿坊である子院の高室院《たかむろいん》に、やはり返書を出している（戦北五四四）。ここでは高室院から、「国家安全の祈禱」を行ったことの報告を受けて、それに返礼しており、氏政が氏康嫡子として、北条「国家」の維持を担う立場にあったことがわかる。そのことは内外ともに認識していたとみられ、高室院が祈禱報告を氏政にも行っているのは、まさにその表れといえるであろう。

小田原での留守居

永禄元年（一五五八）になると、氏政は領国支配にも関わりをみせるようになっている。すなわち同年十月九日付で相模中郡《なかぐん》の大応寺という寺院に、竹木伐採の禁止を保証する禁制を出している（戦北五九六）。続いて同年十一月二日付で、武蔵勝沼領の国衆の三田綱定《みたつなさだ》の家臣金子左衛門大夫と北条家の馬廻衆とみられる山角紀伊守《やまかど》（定勝の父か）に宛てて、足軽衆の不足が訴えられてきたことに対して、武蔵河越城（川越市）の在番は片時も疎かにできないとして、加勢の軍勢を派遣したことを伝えている（戦北四六五四）。

翌永禄二年になって、同年に推定される正月十六日付で、先に出てきた大応寺に対して、新年の祝儀を送られてきたことへの返書を出し（戦北六〇〇）、十一月晦日付で、相模西郡《にしぐん》の香林寺という寺院に、三ヶ条の特権を保証する判物《はんもつ》を出している（戦北六一八）。内容は、寺内での竹木伐採の禁止、棟別銭《むねべっせん》の免除、寺領の杉崎分について足軽衆の伊波氏・池田氏の寄進地であることをもとに領有を保証する、というものであった。いわば領国内寺社に対して、支配権を行使しているものになる。

これらの氏政の発給文書は、まさに領国支配に関わるものであった。それらは本来、当主であった父氏康が出すべきものといえる。とはいえ氏政が、領国支配の一部について管轄を任されたというわけでもなかったと思われる。対象や内容がまちまちであるからである。なかでも加勢の派遣は、小田原からのものと思われ、本来それは氏康が命令することであったから、その時には氏康は小田原に不在であったことをうかがわせる。そうしたなか、永禄二年三月に、氏康が上野に出陣した際に、「氏政当府」とあり、小田原に留守居として置かれていたことが知られている（戦北五七五）。

このことからみても、それらの氏政の発給文書は、父氏康の出陣にともない、小田原に留守居していることにともなって出されたものと考えられるであろう。氏康の出陣先はすべてについては明確にはならないが、永禄元年以降は、基本的には上野であったことがわかっているので、それらもそうであったと思われる。氏政は嫡子として、当主留守の間において、領国支配を代行する役割を担うようになっていたといえるであろう。

またそのような状況は、外交交渉の面でもみられている。永禄元年の四月から五月にかけてのことと推測されるが、古河公方《こがくぼう》足利義氏《よしうじ》の近臣である瑞雲院（のち芳春院）周興《しゅうこう》に宛てて、何らかの要請を申し入れていることが知られる（戦北五八一）。

ここに出てくる古河公方足利家は、室町時代に関東を統治した鎌倉公方の嫡流であり、戦国時代になってから下総古河城（古河市）を本拠としたために、古河公方と称されたもので、この時点でも「関東の将軍」という立場にあり、関東政界の頂点に位置した存在であった。北条家は、氏康の前代で二代目の氏綱《うじつな》の時に、足利義氏の前代の足利晴氏《はるうじ》から「関東管領職」に任じられて、その補佐役の地位につき、さらに娘（氏康の妹）の芳春院殿を晴氏の正妻として嫁がせて、足利家の外戚の地位を成立させていた。そして氏康の時に、芳春院殿から生まれた義氏（幼名は梅千代王丸）を、兄を差し置いて公方家の家督を継承させたのであった。

当時、足利義氏は北条領国である下総葛西城（東京都葛飾区）に在城していて、この永禄元年四月に、古河公方としては初めて、関東武家の守護神である鎌倉鶴岡八幡宮への参詣を行い、その後は小田原城を訪問して、同所への滞在を続けていた。氏政が瑞雲院周興に申し入れしたのは、そうしたなかでのことと思われる。申し入れの内容は明確には不明だが、古河公方家からは了解の旨が伝えられたことが知られる。ちょうどこの時、氏康は義氏を、小田原から直に公方領国に入部させることを考え、古河公方家宿老の簗田晴助《やなだはるすけ》の居城であった下総関宿城《せきやど》（野田市）を義氏の居城とし、代わりに古河城を簗田晴助に与えることを進めており、あるいはその件に関わるものであったかもしれない。

いずれにしてもこの頃になると、氏政は、北条家の外交においても、氏康の代行を務めるようになっていたとみることができる。領国支配といい、外交といい、氏政は着々と当主となるための修養を積み重ねていたといえるであろう。ちょうどそれらの直前にあたる弘治三年正月に、隣国の駿河今川家では、家督が義元から嫡子氏真に譲られていた。それをみて氏康は、近いうちに氏政への家督譲与を考えるようになり、そのために自身の代行を務めさせるようになっていたのかもしれない。

第二章　北条家当主としての成長

1　北条家当主になる

家督を継ぐ

氏政が北条家当主の地位に付く日は、以外に早く訪れるものとなった。すなわち永禄二年（一五五九）十二月二十三日に、父氏康から家督を譲られて、北条家の四代目当主になった（「年代記配合抄」『北区史資料編古代中世2』所収）。もっともこの後の年内においては、ほとんど政務は行われていないから、実質的に当主として領国支配にあたるのは、翌年からのことであった。ただし翌年の正月行事では、氏政が当主としての役割を果たすことになったであろうから、年末における家督譲与は、新年を新しい当主で迎えるためのものであったといえるであろう。

なおこれにともなって、隠居した氏康は、以後においては小田原城内の「本城《ほんじょう》」に居住したとみられ、そのため「御本城様」と称されるようになる。またその妻で氏政にとっては母にあたる瑞渓院殿は、その妻として、「本城御前様」と称されるようになっている。ただし氏康は隠居したとはいっても、いうまでもないが、政治的に引退したわけではなく、その後も北条家の最高指導者として存在し続けるものとなる。そして氏康と氏政は合わせて、「小田原二御屋形」とか、「御両殿」と称されて、ともに北条家の最高指導者として存在するのである。

氏政はこれまでに、当主となるための修養を着々と積んでいたとはいえ、ここで当主になることが予定のことであったか、といえばそうとは言い切れない。これより先の弘治三年からの天候不順によって、北条領国は飢饉状態になっており、それは永禄三年には頂点に達するのである。そうした状況のなかでの、氏康から氏政への代替わりであった。そして氏政が当主になって最初に本格的に取り組んだ政策が、永禄三年二月・三月に発令された、領国内の村落を対象にして出された、「徳政令」（正確には年貢納入方法の緩和策と徳政）であった（拙著『戦国大名の危機管理』『百姓から見た戦国大名』）。

いずれにしてもそのような状況をかんがみると、永禄二年末に代替わりが行われたのは、飢饉による世間からの「世直し」要求を受けてのことであったとみられるのである。そのような状況のなか、氏康は、ちょうどいい機会であるからとして、氏政に家督を譲り、国王の代替わりによって新たな年を迎えるだけでなく、新たな国王のもとで飢饉対策に取り組むこととしたと考えられる。

虎朱印状発給の開始

氏政が当主になってから出された最初の文書は、永禄三年二月九日付で早雲寺塔頭本光寺（氏康の弟為昌の菩提寺）に宛てた虎朱印状であり、新住持の継承を保証したものになる（戦北六二二）。虎朱印状は、北条家初代の伊勢宗瑞（氏綱の父）の代から、北条家が出す公文書としての性格を持ったもので、文書に押捺された虎朱印は、北条家当主が管轄するものであった。したがって氏政が当主になってから出された虎朱印状は、どの段階かはともかくとして、最終的には氏政の了解のもとに出されたものととらえて差し支えない。

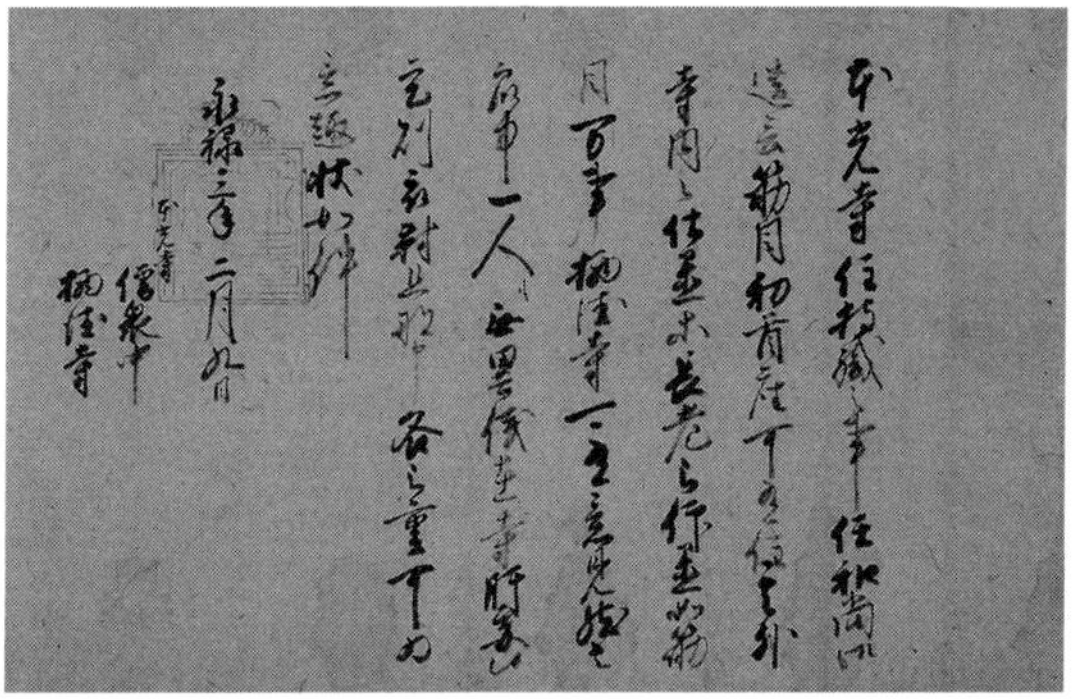

北条家朱印状（永禄３年２月９日）
（本光寺文書／神奈川県立歴史博物館蔵）
氏政が当主になってから出された虎朱印状の初見。

次のものは、同年二月二十三日付で、相模国府津《こうづ》（小田原市）の船主の村野宗右衛門に宛てた虎朱印状で、母の瑞渓院殿（「本城御前様」）の台所用船に指定して、毎月の納入内容やそれに伴う特権を保証したものになる（戦北六二二）。ここまではいずれも、まさに当主の代替わりに伴う、事務手続といった内容のものといえるであろう。そして次に出されているのが、同年二月晦日付で伊豆牧之郷（伊豆市）に出された「徳政令」（戦北六二三）、三月十六日付で、直轄領となっていたとみられる武蔵由井領網代村（あきる野市）に出された「徳政令」（戦北六二四）、となっている。

しかもこの「徳政令」を主体的に出したのは、氏康であった。そのことは氏康が翌年に出した文書のなかで、「去年分国中諸郷に徳政を下し」と明言していることからも確実である（戦北七〇二）。そしてその後は、四月二十五日付と五月十五日付で、徳政にともなう紛争に対して裁判結果を示す裁許朱印状（目安《めやす》制に基づく裁判での判決書）が出されているが、そこで裁判担当者として、「評定衆」として署判を据えているのは、氏康の側近家臣であった狩野泰光《かのうやすみつ》であった（戦北六二五・六三〇）。

なおこの間の三月十四日付で、伊豆衆の江川肥前守に宛てた虎朱印状があるが、署判部分のみが残された断簡にすぎないために、内容は不明である（北条補遺一二八）。またその奉者（文書発給における取次者）は、氏康の側近家臣の関為清が務めている。次いで五月二十九日付で、上総天神山城主で三浦衆に編成されていた正木時治《まさき》の家臣に対して、富士参詣のための過書《かしょ》（関所などの通行を認める許可書）が虎朱印状で出されている（戦北六三二）。その奉者も、氏康の側近家臣の遠山康英《やすひで》であった。したがってこれらの文書の発給を主導したのは氏康であり、氏政はその要請を受けて、虎朱印の押捺を承認しただけのものであった、とみなされるものとなる。

このように氏政は当主になったとはいえ、そこで出された文書は、基本的には父氏康の主導によったものであった。この後も氏康は、領国の飢饉対策と、それにともなって支配制度について様々な改革を行っていくことになる。そうした領国支配関係の文書は、表面的には当主発給の虎朱印状で出されていくのであるが、それらの発給を主導したのは氏康ということになる。氏政の側近家臣が奉者となって出された虎朱印状の最初は、翌永禄四年七月六日付で、山角定勝《さだかつ》（刑部左衛門尉）が奉者を務めて、武蔵江戸領深大寺《じんだいじ》（調布市）に出された禁制まで待たなければならない（戦北七〇六）。

ここで氏政が家督を継承した時期における、北条家の領国と家臣団の構造について、簡単におさえておくことにしたい（拙著『戦国大名北条氏の領国支配』『戦国大名』）。

北条領国の構造

領国のうち、北条家当主が村落に対して直接に「国役《くにやく》」（役銭・夫役）を賦課する地域を、直接的領国として「狭義の領国」と位置づけられる。伊豆・相模二カ国に、武蔵南部の小机《こづくえ》領・江戸領・河越領・松山領までの範囲となる。ただし松山領については、天正元年（一五七三）には、国衆の領国に転換されているので、基本的には河越領までの範囲とみてよい。これは滅亡時まで変わることはなく、これを「本国」ととらえることができる。

その内部は、「国役」賦課制度をもとに、行政支配が区分されていて、かつそれらの領域には軍事・行政の支配拠点となる城郭が存在した。本拠（本城と称する）の小田原城に対して、それらの城郭を支城と称している。伊豆は一国が単位とされ、韮山《にらやま》城（伊豆の国市）が拠点として存在した。相模は、西郡・中郡・東郡《ひがしぐん》・三浦郡・津久井《つくい》郡にわけられ、本拠の小田原城が存在する西郡と隣の中郡は小田原城が管轄、東郡は武蔵久良岐《くらき》郡と合わせて、東郡に所在する玉縄《たまなわ》城（鎌倉市）が管轄、三浦郡は三崎城（三浦市）、津久井郡は津久井城（相模原市）が管轄した。武蔵では、久良岐郡を玉縄城が管轄し、東郡・久良岐郡を合わせて玉縄領と称された。それ以外は、小机城（横浜市）が管轄する小机領、江戸城（東京都千代田区）が管轄する江戸地域と下総葛西地域を合わせて江戸領、河越城が管轄する河越領となっている。

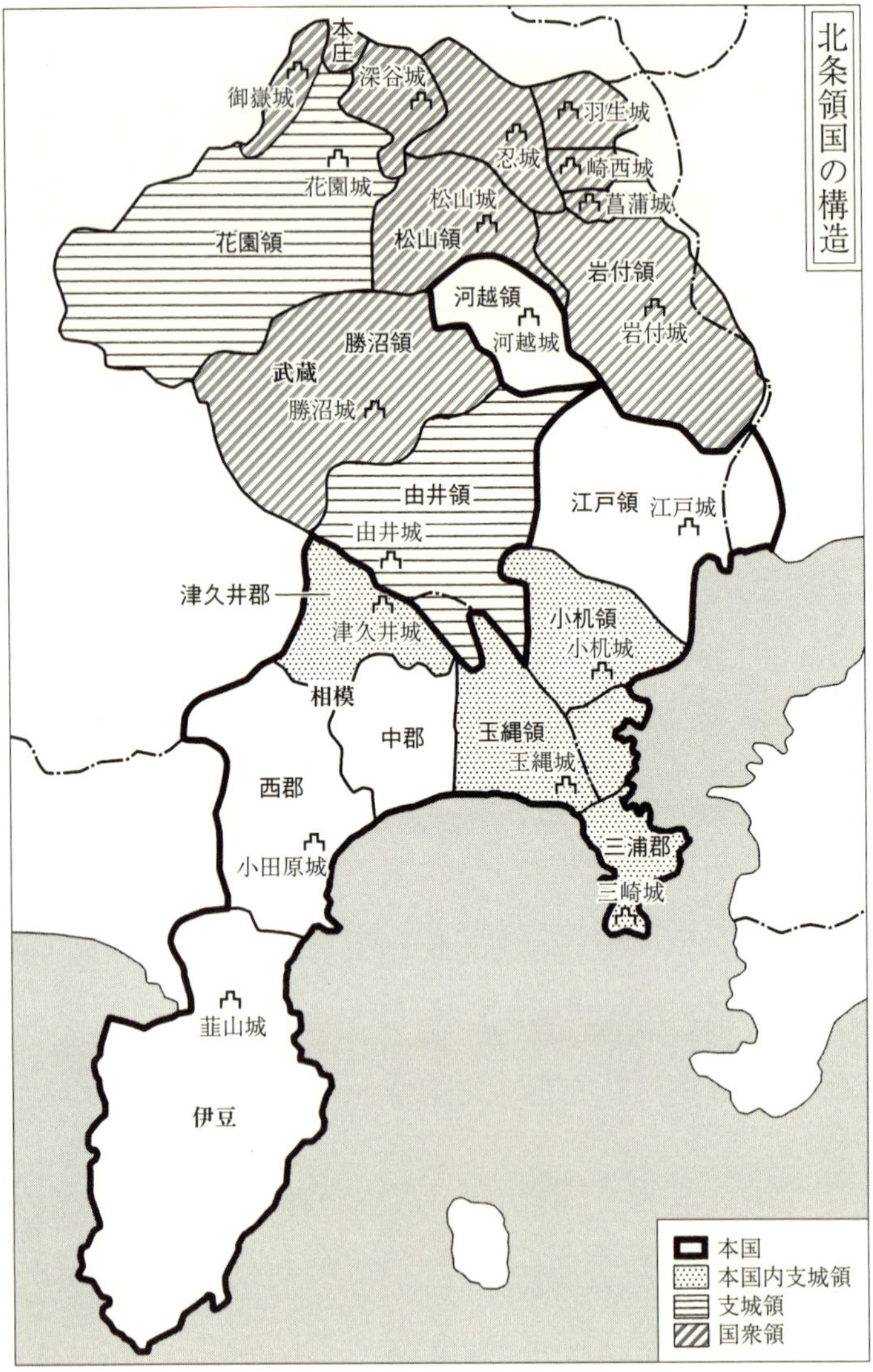

北条領国の構造
本庄
御嶽城
深谷城
羽生城
忍城
崎西城
花園城
松山城
菖蒲城
花園領
松山領
岩付領
河越領
河越城
岩付城
勝沼領
武蔵
勝沼城
由井領
江戸領
江戸城
由井城
津久井郡
小机領
津久井城
小机城
相模
中郡
玉縄領
玉縄城
西郡
三浦郡
小田原城
三崎城
韮山城
伊豆
本国
本国内支城領
支城領
国衆領

家臣団の構造

家臣団は、北条家の一門衆にあたるものを御一家衆といい、宿老の最高位に位置した松田・遠山・大道寺《だいどうじ》三家は「一族」という家格が与えられていた。宿老以下の譜代家臣の他に、軍役を負担しない、京都下りの伊勢家などの客分衆がいた。御一家衆・譜代家臣は、本城・支城に配属されて、有力家臣を寄親とした軍事集団を構成し、独自の軍事行動をとる単位を「一手」と称された。小田原城配属の小田原衆、当主側近家臣の馬廻衆（旗本）、最前線に配備される諸足軽衆が、当主直属の軍団であり、その他は支城に配属された。韮山城には伊豆衆、玉縄城には玉縄衆、三崎城には三浦衆、津久井城には津久井衆という具合である。

支城配属の軍団と「一手」が一致していたのは、宿老松田憲秀（盛秀の子）を筆頭とする小田原衆、御一家衆玉縄北条綱成《つなしげ》の軍団である玉縄衆、三崎城配属の三浦衆（この時点では氏康の管轄、後に氏康の四男氏規が継承）、津久井城主内藤康行《ないとうやすゆき》の軍団である津久井衆、御一家衆で小机城主北条三郎（久野北条宗哲の長男）の軍団である小机衆、宿老大藤秀信《だいとうひでのぶ》を筆頭とする諸足軽衆であった。伊豆衆は宿老笠《かさ》原綱信《はらつなのぶ》と清水康英が、江戸衆は宿老遠山綱景と重臣富永康景《とみながやすかげ》・太田越前守・江戸太田康資《やすすけ》（ただし永禄七年に離叛）が、河越衆は宿老大道寺周勝《かねかつ》と重臣山中内匠助《たくみのすけ》頼次が、松山衆は重臣狩野介・太田豊後守泰昌・垪和《はが》氏続《うじつぐ》が、それぞれ「一手」を構成していた。したがってその他の多くの家臣は、それら寄親に同心・与力として付属された。

行政支配は、それら支城を単位に行われたので、これを支城制と称している。ただし支配内容は同じではなく、領域支配の担当者については、「国役」賦課・徴収を担った「郡代」、在城衆への軍事指

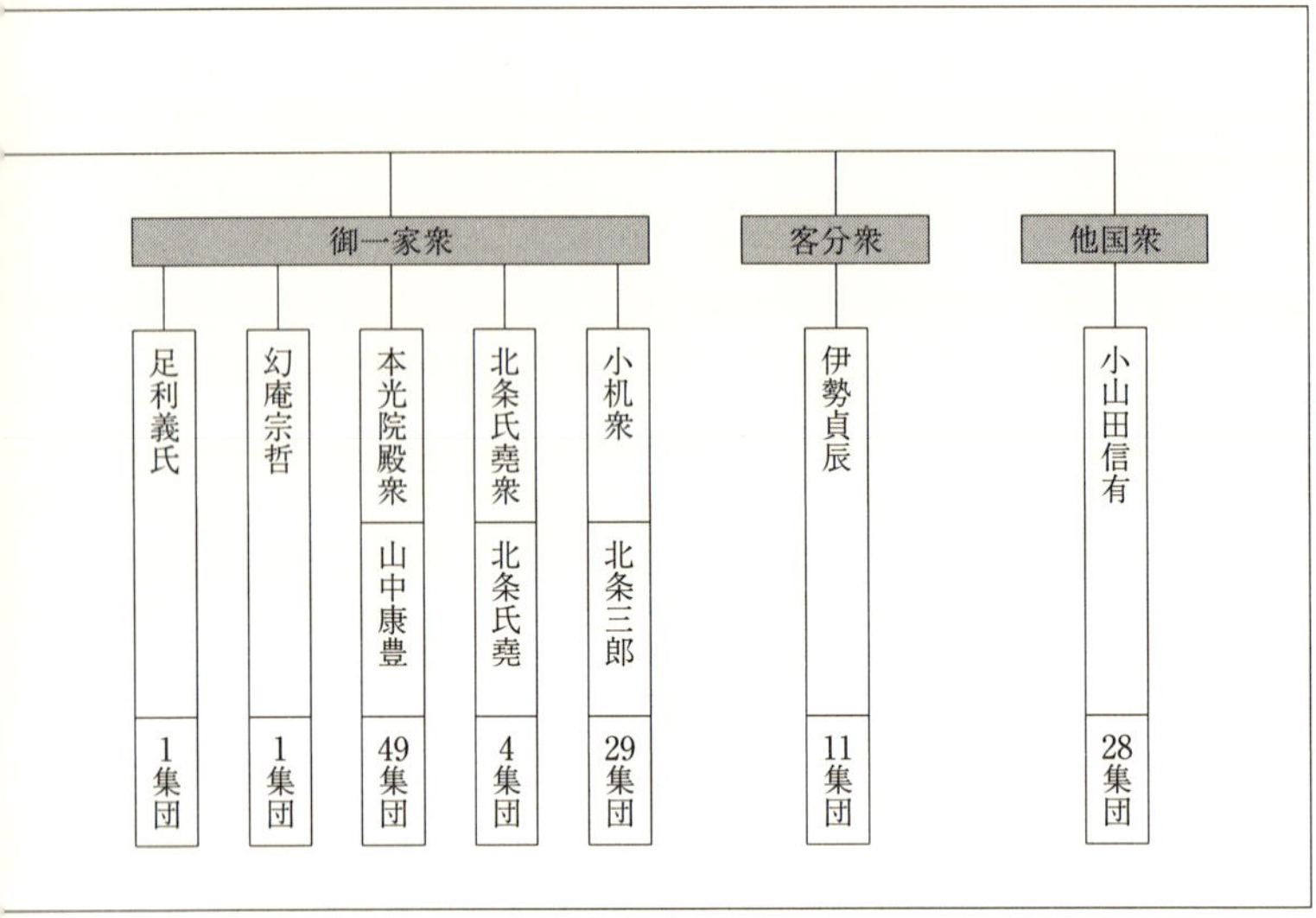

家臣団構造

揮を兼ね備えた「城代」、管轄範囲内の所領支配について独自の権限を認められた「支城主」に階層分類される。先にあげたもののうち「支城主」であったのは玉縄北条綱成・小机北条三郎の御一家衆と津久井内藤康行、「城代」にあたったのは江戸遠山綱景・河越大道寺周勝の「一族」で、伊豆衆の笠原綱信・清水康英が伊豆の、諸足軽衆で相模中郡田原城（秦野市）を本拠にした大藤秀信が相模中郡の「郡代」の地位にあった。ちなみに西郡の郡代は、馬廻衆の石巻家貞《いしまきいえさだ》が務めた。

「本国」以外は、御一家衆や国衆の領国となり、それらを含めた総体が「惣国」と称された、「広義の領国」にあたる。御一家衆の領国といっても、もとは国衆の領国を継承したもので、この時点では、武蔵由井領（のち滝山領、次いで八王子領）の大石（北条）氏照

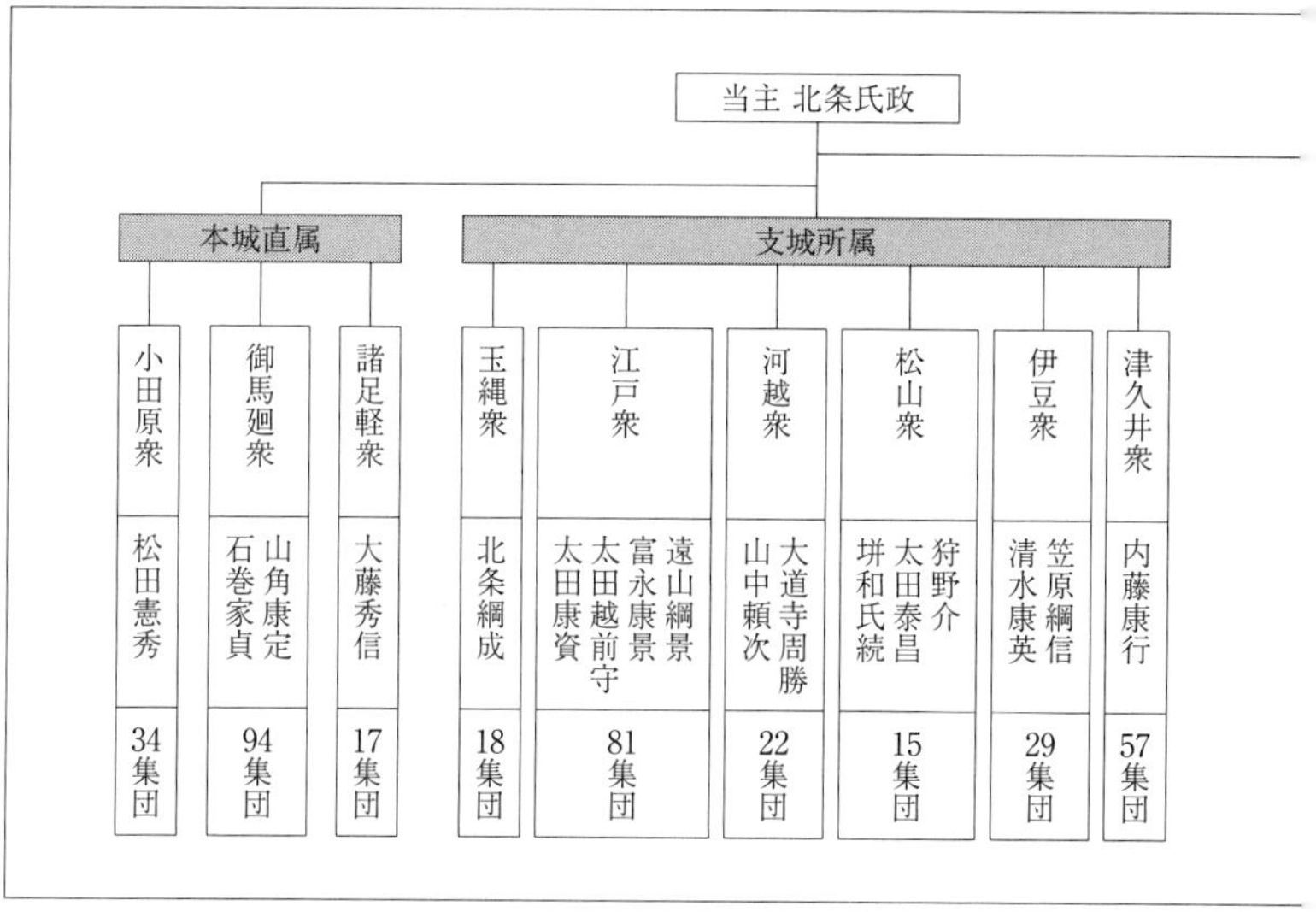

北条家の

（氏康の三男）と同花園領（のち鉢形《はちがた》領）の藤田（北条）氏邦（当時は乙千代丸）、上野沼田《ぬまた》領の沼田（北条）康元（のち氏秀《うじひで》、玉縄北条綱成の次男）があった。これらは北条家当主の関与をまったく受けることなく、独自の領国支配を展開した。国衆も独自の領国支配を展開する自立的な領域権力で、北条家に軍事的・政治的に従属する関係にあった。

この時点では、例えば武蔵には、武蔵勝沼三田綱定・岩付太田資正《すけまさ》・松山上田宗調《そうちょう》・忍《おし》成田《なりた》長泰《ながやす》・崎西《きさい》小田助三郎（成田長泰の弟）・深谷上杉憲盛《のりもり》・御嶽《みたけ》安保《あぼ》晴泰《はるやす》や、古河公方足利家奉公衆の菖蒲佐々木近江守・羽生《はにゅう》広田《ひろた》直繁《なおしげ》・同木戸（当時は河田谷）忠朝兄弟があった、という具合である。それら国衆は、上野・下総のほぼ全域、上総の大半、下野の一部にまで及ぶものとなっていた。ただしそのうち、下総関宿城を本拠とする古河公方足利義氏の領国（公方領国）とその奉公衆の領国、下総佐倉城（千葉県酒々井町）を本拠とする千葉胤富《たねとみ》の領国は、古河公方足利家は北条家よりも上位に位置し、千葉家は北条家と同格であったから、他の国衆領国と同列の扱いにはなかった。

軍事・外交関係についても、引き続いて氏康が出陣し、あるいは書状を出していて、氏康が主導した。氏政が当主になってから北条家が初めて出陣したのは、永

長尾景虎の侵攻

禄三年（一五六〇）四月から五月にかけての、安房・上総の戦国大名・里見義堯《よしたか》が在城していた上総久留里《くるり》城（君津市）の攻撃であったが、軍勢の大将は氏康が務めている。以後においてもしばらくは、氏康が軍事行動を主導し、また大将を務め続けている。氏政の出陣があった場合でも、氏政はそれに同陣するというかたちのものであった。氏政だけが大将となって出陣するようになるのは、これから五年後の永禄八年二月における、上総への進軍が最初のようである（戦北八四八）。

外交文書についても、氏康が出し続けた。氏政が当主になって最初のものとなるのは、永禄三年の五月九日付で陸奥白川晴綱に宛てたものだが、氏康が出している（戦北六二八）。その年のうちでも、順に、古河公方家奉公衆で下総栗橋《くりばし》城主の野田《のだ》弘朝《ひろとも》、出羽米沢城主の伊達晴宗《はるむね》、下野烏山《からすやま》城主の那須資胤とその家臣、常陸太田城主の佐竹義昭《さたけよしあき》、陸奥会津黒川城主の芦名盛氏《あしなもりうじ》、常陸真壁《まかべ》城主の真壁久《ひさ》幹《もと》、上野小泉城主の富岡主税助《ちからのすけ》、古河公方家奉公衆で上総椎津城主の村上綱清、武蔵岩付城主の太田資正、下総結城《ゆうき》城主結城晴朝《はるとも》の家臣、に宛てた書状が、氏康によって出されている。

対して氏政が初めて出した外交文書は、永禄三年に九月十五日付で上野国衆の大戸浦野中務丞《なかつかさのじょう》

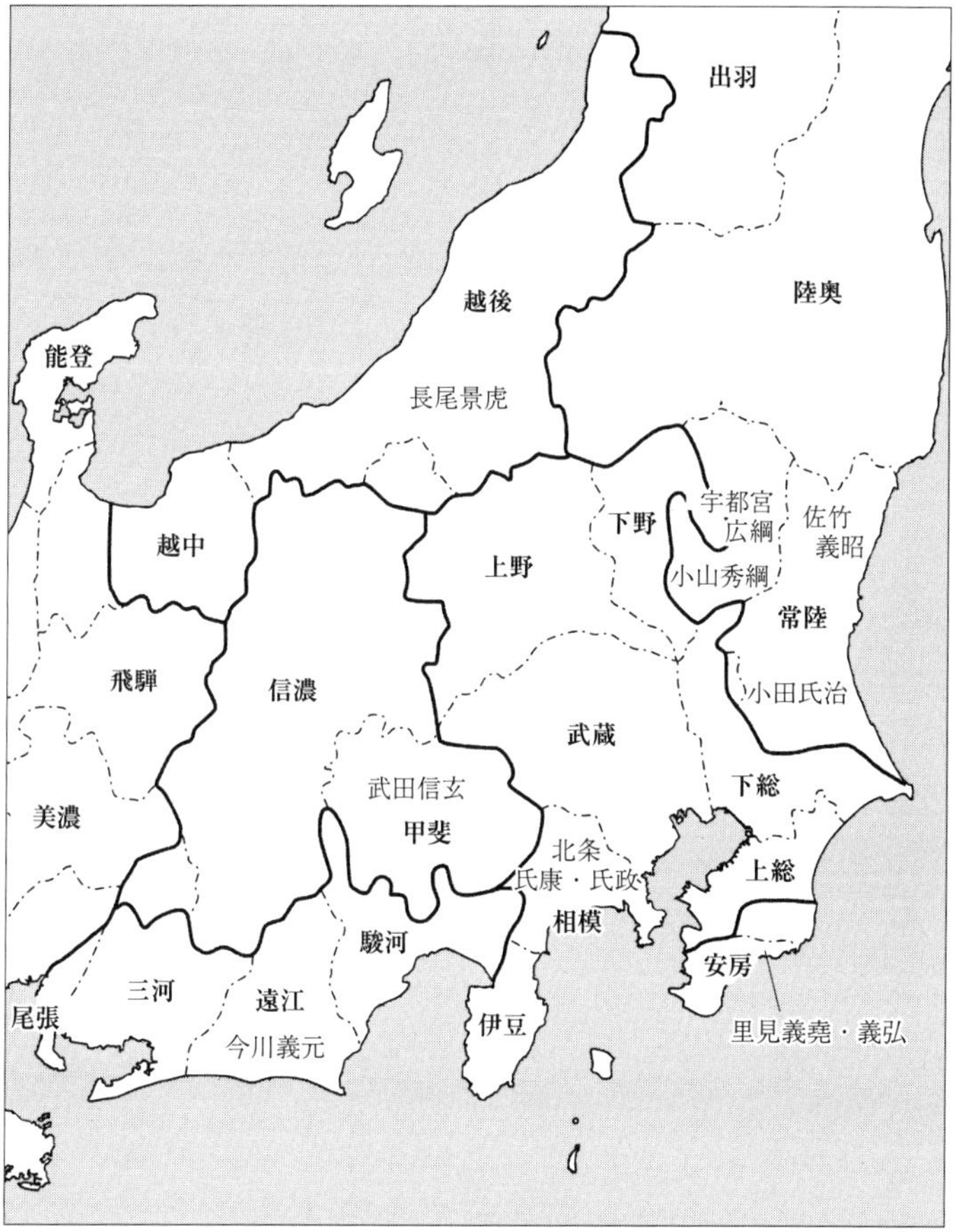

永禄3年初め頃の勢力図

に宛てたもので、人質の提出を要求したものになる（戦北三八六六）。しかしその後に、単独で出した外交文書は、三年後の同六年八月二十九日付で上総国衆の土気《とけ》酒井《さかい》政茂《まさしげ》に宛てた、上総須合《すごう》庄（木更津市）の領有を認めたものまで下っている（戦北八二七）。そして氏政が外交を主導するようになるのは、それからさらに時間を要するものとなっている。

軍事・外交は、領国を維持するうえで重要な要素をなしたが、氏政が家督を継承した直後に、状況が激変してしまう事態が生じた。すなわち永禄三年九月からの、越後の戦国大名・長尾景虎（のち上杉政虎《まさとら》・輝虎《てるとら》、法名謙信）の関東侵攻の展開である。この直前までは、北条家は古河公方足利家を擁立し、領国は伊豆・相模・武蔵の大部分・下総葛西領・上野沼田領にわたり、武蔵北部・上野・下総・上総半国・下野の一部の国衆を従属させ、その他の国衆とも友好関係にあり、それは陸奥白川氏・出羽伊達氏にまでおよぶものとなっていた。そして明確に敵対関係にあったのは、安房・上総の里見義堯、常陸小田《おだ》氏治《うじはる》にすぎない状態であった。

ところが、長尾景虎が、かつて天文二十一年（一五五二）に氏康によって関東から放逐されていた関東管領山内上杉憲政を擁して、それを政治復帰させることを名目にして、関東への侵攻を展開してきたのであった。しかも景虎は、翌年には北条領国に侵攻し、三月下旬には小田原城まで進軍してきた。これは氏康・氏政にとって、初めて本拠への進攻を許すものとなった。幸いなことに、同盟関係にあった武田信玄・今川氏真の援軍がちょうど近づいてきたため、景虎はすぐに退陣したが、氏康・氏政はあらためて景虎との戦争が、これまでのものとは次元を異にするものと感じたことであろう。

そして景虎は、その帰路の閏三月に、上杉憲政から家督を譲られて自らが山内上杉家当主となっている。そうして北条家とは、同じく関東管領職にあるものとして、関東支配をめぐって抗争を展開していくことになる（拙著『関東戦国史』・拙編『北条氏年表』）。

この長尾景虎との抗争は、他国の戦国大名との全面戦争というもので、北条家にとっても長尾景虎にとっても、ともに初めて体験するものであった。これに関しては氏康は、「大敵蜂起、氏政若輩の間、了簡無く、国家の意見を成し候」（「妙本寺文書」戦北七〇二）と、景虎は大敵であり、氏政はまだ若輩なので、引き続き氏康が北条「国家」運営について主導した、と述べているように、家督を継承したばかりの氏政だけでは、とても対処しきれるものではない、と認識するほどのものであった。

景虎の侵攻を受けて、それまで北条家に従属していた国衆、友好関係にあった国衆の多くが、北条家から離叛して、景虎のもとに参陣した。そしてここから永禄十年まで、八年間にわたって、それらの国衆をどちらが味方にするかというかたちをとった、大規模な抗争が展開されていくことになる。

2　氏康の補佐のもとで

譜代家臣への知行充行

氏政が家督を継いでから最初に出した判物は、永禄三年（一五六〇）十二月二日付で、足軽衆伊波氏の同心とみられる池田安芸守に対して、武蔵河越城での籠城における労への勲功として、徳政の適用と、敵方攻略のうえでの武蔵忍領・岩付領における所領充行を約束した

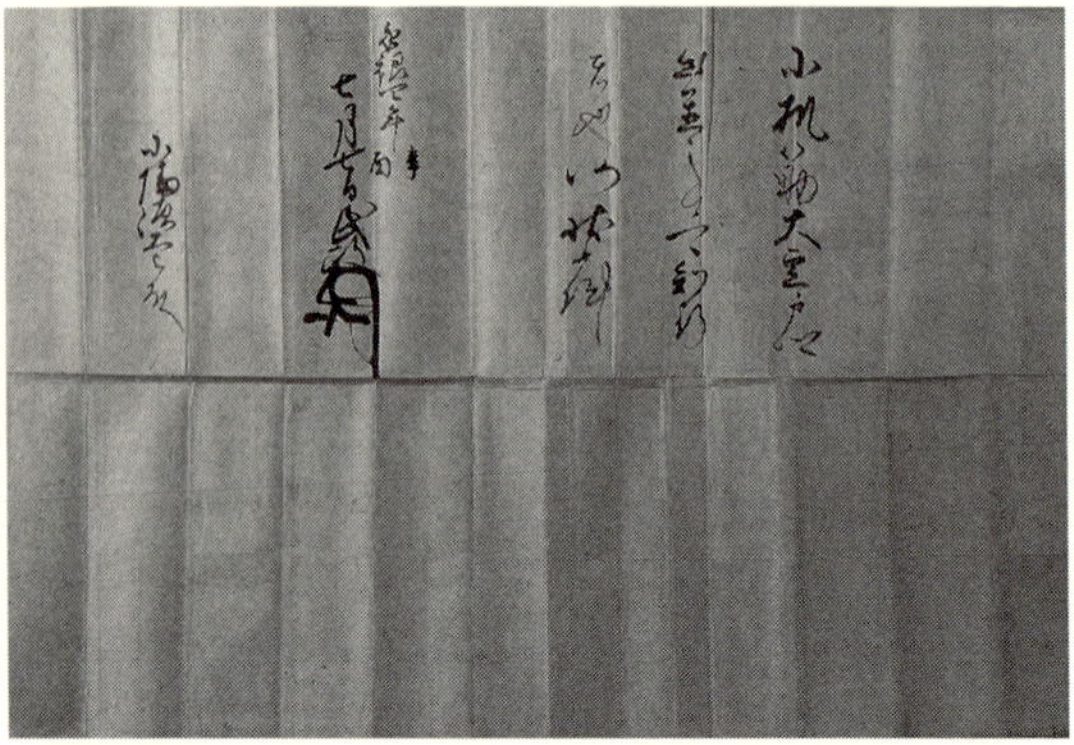

北条氏政判物（永禄４年７月７日）（小田原城天守閣蔵）
氏政が譜代家臣に宛てた判物の初期のもの。

ものになる（戦北六五六）。ただしこの文書は、氏康との連署で出されている。署名の順番は、日下《にっか》で筆頭に氏政、二番目に氏康となっている。北条家の場合、連署の順番は、前のほうが順位が高いとみなされるので、筆頭に氏政が署名しているのは、氏政が当主であることにともなっている。

ここで氏政が署判しているのは、当主として、譜代家臣への特権付与や知行充行《あてがい》の権限が、氏政にあったからと考えられる。同時に、氏康が連署しているのは、氏政の行為を保証するものとみなされ、氏政のそれらの権限行使がまだ効力が少ないとみなされていたか、もしくはこの案件が、氏康の要請によるものであったかの、いずれかと考えられる。なお同文書は写ではあるが、署名の筆跡をみると、氏康の右筆《ゆうひつ》の可能性が高く、発給は氏康の主導によるものであったと思われる。

次にみえる判物になると、氏政単独になっている。すなわち翌同四年三月十日付で、江戸衆小畠源太郎と伊豆衆仁杉六郎のそれぞれに、長尾景虎の小田原城攻撃に際しての同城籠城における戦功を賞し、敵方攻略のうえでの知行充行を約束したものである（戦北六七九・北条補遺八三）。ここから、氏政が単独で、譜代家臣に対して、感状や知行充行状を発給するようになっている。

氏康の家臣宛文書の内容

もっともこの時期は、氏康も同時に、そうした内容の判物を出しているが、その対象は、譜代家臣とみられるものはほとんどなく、御一家衆の家臣、国衆的な有力領主の武蔵世田谷吉良氏朝（頼康の養子、母は氏康の妹山木大方、妻は久野北条宗哲の娘）の家臣、江戸衆太田康資（母は氏康の妹、妻は氏康養女で宿老遠山綱景の娘）の家臣、武蔵勝沼領の国衆・三田綱定の旧臣、紀伊から招請した傭兵で相模三浦郡に配備した梶原《かじわら》吉右衛門尉、といったようなものであった。しかしそれらもほぼ永禄四年でのことにすぎず、一部に同五年がみられ、そして同六年九月に梶原宛に知行充行しているものが、最後になっている（戦北八一九）。

譜代家臣とみられるものでは、永禄三年に江戸衆興津甚兵衛、同四年に河越衆清田《せいだ》内蔵佐《くらのすけ》、足軽衆大藤秀信に感状を出している。ただしこのうち清田宛には、「氏政へ申し、褒美せしむべき者也」とあり（戦北六八三）、本来的な感状の発給と恩賞付与者は氏政とされていて、氏康による発給は当座のものであることがわかる。また大藤秀信に対しては、同日付で氏政も書状を出している。これは大藤秀信が重臣であるとともに、その軍事行動の内容が極めて重要なものであったことによろう。

しかしそうした当座的なものであったとしても、永禄四年以降はみられなくなっている。わずかに同五年八月七日付で、馬廻衆坂口千寿に父民部丞《みんぶのじょう》からの代替わり安堵を行っていること（「思文閣古書資料目録二五四号」）、同九年の六月三日付で三浦衆山本家次に感状を出しているにすぎない（戦北一五三二）。このうち坂口氏は氏康期に馬廻衆であったこと、ここで氏康がその代替わりを承認していることからすると、この時期、氏康付の家臣であった可能性が高い。また山本氏は、氏康が軍事指揮を管轄していた三浦衆であった。そうするとこれらの発給は、氏康管轄の家臣に対して出されたものと判断される。

このようなことからすると、永禄四年になってからは、譜代家臣に対する感状の発給や知行充行は、氏政が管轄するようになったことがわかる。それらの行為は、まさに譜代家臣との主従関係を確定するものであったから、当主である氏政の権限とされたのであり、むしろ当然のことであったとみなされる。

また氏康との連署による感状や知行充行に、永禄四年閏三月に世田谷吉良家家臣の高橋郷左衛門尉宛（戦北六九一）と、同年四月に駿河今川家からの援軍の小倉内蔵助《くらのすけ》宛（戦北六九七）のものがある。前者は氏康の袖判が据えられたもので、日下の署判は氏政であるから、名目的には氏政発給のものに氏康が保証を与えたかたちになっているが、署判の右筆は氏康のものとみられるので、氏康主導で出されたものであろう。世田谷吉良家への統制が、氏康の管轄であったためと思われる。

後者は今川家からの援軍に対しての知行充行であったことによると思われる。というのはそれと同日付で、氏政は別の今川家からの援軍畑彦十郎に対しては、感状を独自に出しているので（戦北六九六）、小倉宛のものが連署になっているのは、知行充行がともなっていること、かつ他家の家臣であったために、まだ対外関係を代表していた氏康の署判が必要で、両者の連署となったと考えられる。

したがってこれら二点は、永禄四年前半というごく一時期にとられた、特殊な発給の在り方であったといえるであろう。

国衆に対する統制や、他国の戦国大名などとの対外的な外交に関しては、氏政の家督継承後も、引き続いて氏康があたっていた。そうしたなか、国衆家臣の戦功に対する感状については、永禄四年（一五六二）後半からは、氏政が出すようになっている。具体的には、十月二十二日付で武蔵松山領上田宗調の家臣木呂子新左衛門尉に感状を出している（戦北七二〇）。

国衆への知行充行

また御一家衆の有力家臣や国衆への知行充行については、永禄六年になると、氏康・氏政の連署で出されるようになっている。すなわち同年二月二十六日付で氏康の五男で武蔵花園領（のち鉢形領）を支配する藤田（北条）氏邦の重臣用土《ようど》新左衛門尉（業国《なりくに》）宛（戦北八〇六）、同年五月十日付で武蔵御嶽《みたけ》領の国衆安保中務大輔《あぼなかつかさのたいふ》（晴泰）・同左衛門尉（泰倫《やすとも》）宛（戦北八一三）である。このうち後者について、署名の右筆をみてみると、氏康のそれとみられるから、これらは氏康の主導で出されたものととらえられる。

しかしそこに当主である氏政が連署しているのは、氏政がそれら国衆やその家臣への知行充行についても、明確に関与するようになったことを意味していよう。そうして先にも触れたが、同年八月二十九日付で上総国衆の土気酒井政茂への知行充行になって、氏政が単独で判物を出すにいたるのである（戦北八二七）。ここにいたって、国衆への知行充行も、氏政の専管事項に移されたといえるであろう。実際にも同八年三月、氏康が上総国衆の勝浦正木時忠に宛てた書状では、前年冬に出された所領安堵の判物・朱印状について、「氏政印判を推し進らせ候」「氏政をもって判形《はんぎょう》・印判申し合わす」と述べていて、氏政の権限となっていたことがわかる（戦北八四八）。

氏政取り立て家臣の台頭

北条家が発給する公文書には、当主の判物のほか、虎朱印状があった。朱印状は、基本的な性格は家臣の奉書《ほうしょ》とみることができ、実際にも「被仰出者也」という奉書文言が明確に記載されているものもみられている（拙稿「戦国大名印判状の性格について」）。しかしながら当主のみが管理する朱印が押捺されていることで、外見的に発給者は当主として理解できる性格にあるといえる。そして朱印状の様式には、直状式と奉書式とがあった。後者のものは、当該文書の取次者が「奉之」と、奉者としてみえているものをいう。

先に触れたように、氏政が当主になってからは、虎朱印状は氏政によって出されるようになったものの、永禄三年（一五六〇）における奉者は、関為清・遠山康英・大草康盛《おおくさやすもり》（二点）と、いずれも氏康の側近家臣によるものとなっている。同四年も、武蔵由井領支配担当の一雲《いちうん》・福阿弥、大草康盛（三点）・篠窪弥太郎・南条（四郎左衛門尉）、武蔵河越領支配担当の大道寺周勝、遠山康英（二点）・藤田綱高（二点）・山角定勝・宮川弥三郎、同五年は遠山康英（二点）・狩野泰光、武蔵松山領支配担当の松田憲秀、遠山康光（康英の父、三点）・南条四郎左衛門尉、武蔵江戸領支配担当の遠山綱景、中村弥三・間宮宗甫《そうほ》・石巻康保《やすもり》・山角定勝・大草康盛・増阿弥、という具合になっている。

このうち遠山康光・康英父子・大草康盛・南条四郎左衛門尉・増阿弥は、いずれも氏康が死去するまで、その側近家臣として存在し続ける者たちになり、その割合の高さが注目されるであろう。対して氏政の代になってから、氏政によって取り立てられたとみなされる側近家臣は、山角定勝・石巻康保しかみられていない。ここからそれら虎朱印状の発給においては、いまだ氏康の意向が強く反映されていたことをうかがうことができるといえよう。

　こうした状況に大きな変化がみられるようになるのは、それから四年後の永禄九年八月以降のことになる。永禄九年の同月以降の奉者は、江戸衆中村宗晴・石巻康保・笠原康明《やすあき》、同十年は大草康盛・小田原衆松田憲秀（二点）・玉縄北条康成《やすしげ》・石巻康敬《やすまさ》・笠原康明、同十一年は長純《ちょうじゅん》・板部岡融成《いたべおかゆうせい》（二点）・笠原康明（六点）・遠山康光、江戸領支配担当の遠山政景（綱景の子）、興津筑後・幸田定治・石巻康敬（二点）・石巻康保（四点）、松山衆垪和氏続、という具合になっている。新たにみえた人物のうちで氏政の側近家臣であったのは、石巻康敬（康保の弟）・笠原康明・板部岡融成・幸田定治である。ここでは氏政の側近家臣の割合が高くなっていることが分かるであろう。

　これらのことから、虎朱印状における奉者については、永禄四年から氏政の側近家臣がみられるようになっているものの、同九年前半までは、氏康の側近家臣の割合が高かったが、それ以降は、氏政の側近家臣の割合が圧倒的なものとなっている。もっともこれには理由がある。氏康は、そのような現象が起きる直前にあたる永禄九年五月から、独自の「武栄《ぶえい》」朱印を押捺した朱印状を発給するようになっており、氏康の側近家臣はその奉者を務めるようになっていったからであった。また狩野泰光などは、その年のうちに弟氏照の家老に転じている。

3　軍事行動の主導

氏政が当主になってからも、北条家の軍事行動を主導したのはいまだ氏康であった。氏政も当主として出陣するも、たいていはそれに同陣したものであった。この時期における氏政の軍事行動をみてみることにしよう。

北条軍の惣大将となる

永禄四年（一五六一）八月、氏康とともに、前年に上杉政虎に離叛した武蔵勝沼領の国衆・三田綱定を攻撃し、三田綱定が拠っていた唐貝山《からかいやま》城（青海市）を攻略して三田家を滅ぼした後、九月には松山領高坂（坂戸市）に進軍して、さらに同じく敵方に離叛していた、花園領における離叛勢力の平定を支援している（戦北七一六）。その後は北武蔵、上野へと進軍していくが、いずれも氏康と同陣であった。

永禄五年では、十一月から、やはり敵方に離叛していた武蔵松山城攻略のため出陣し、翌同六年二月に同城を攻略、四月頃に帰陣したとみられる。七月には、離叛した下野宇都宮《うつのみや》家・小山《おやま》家などの攻撃のために下野に向けて出陣するが、利根川の増水により進軍できず、十月に帰陣している。

同七年正月には、下総小金領市川（市川市）に進軍してきた里見軍を迎撃するために出陣し、市川国府台合戦で里見軍に勝利した。氏政はそのまま小金領市川・船橋（船橋市）まで進軍したが、同月中に帰陣している。次いで七月、里見家から離叛して従属してきた上総勝浦領の正木時忠支援のために西上総に出陣し、八月には帰陣している。

同八年二月には、前年に離叛した上総土気《とけ》領の国衆酒井胤治《たねはる》（政茂の父）の本拠土気城（千葉市）を攻撃している。この時は、氏政単独の出陣であった（戦北八四八）。三月に入ると、氏康とともに、古河公方家宿老で敵方にあった簗田晴助の本拠下総関宿城を攻撃している。いったん帰陣の後、八月から敵方にあった武蔵忍領の成田氏長《うじなが》の領国に進軍し、同領を攻撃したが、十月には帰陣したようである。

そしてこの時の忍領への進軍が、氏康の出陣の最後であった。以後において氏康は出陣することはなくなり、永禄九年からは、北条軍の惣大将は氏政が務めることになったのである。家督を継いでから七年目、氏政は二十八歳になっていた。

左京大夫に任官

そしてこれに伴ってとみられるが、氏政は氏康から、北条家当主歴代の官途名である左京大夫を譲られるのである。ただしその時期については、いまだ確定には至っていない。氏康の官途名左京大夫呼称の終見は永禄八年三月で、氏政に同官を譲った後に称した受領名相模守呼称の初見は、翌同九年五月となり、その間のことであることは確実だが、いまだ一年以上の間隔があるのである。とはいえ氏政が左京大夫を称するようになったのが、氏康の出陣停止、すなわち氏政が北条家の軍事をも主導する立場になったことに連動したものであったことは、確実といえるであろう。

また任官は、室町幕府を通じての、朝廷からの正式のものであったとみなされるものの、ちょうどこの時期は、永禄八年五月の将軍足利義輝《よしてる》謀殺後の、将軍不在の時期にあたっていた。このことからすると、次期将軍と目された足利義秋《よしあき》（義輝の弟、のち義昭）を通じてのものであったか、あるいはその母方実家であるとともに、氏康の父氏綱後室の実家である公家の近衛家を通じてのものであった可能性もある。ただしこれに関しては、具体的な史料は残されていない。しかしその後、氏政・氏康の官途は、将軍任官前ではあったが、足利義秋から承認を受けていることは確実となる。

こうして氏政は、北条軍の総大将となり、また北条家当主歴代の官途である左京大夫に任じられて、祖父の二代氏綱、父の三代氏康に続いて「北条左京大夫」を称するようになった。ここに氏政は、名実ともに北条家当主の地位を確立させたといえるであろう。以後における氏康の立場は、氏政に対して「助言」「異見」するものと認識することができる（戦北八四八）。

氏康の後方支援

永禄九年（一五六六）から出陣しなくなった氏康は、先にも触れたように、同年五月から、独自の「武栄」朱印を押捺した朱印状を出すようになっている。この「武栄」朱印状が担った役割は、氏政の出陣にともなって、虎朱印がその陣中にあるために、その留守にあって虎朱印状の代行を果たすことにあった。しかしそれにとどまるものではなかった。そもそも氏康は、それ以前から、自身の側近家臣を通じて、虎朱印状の発給に関与していたとみなされたが、奉書式だけでなく、直状式のものについても、領国支配に関わる文書については、氏康が主導して出されていたとみなされ、「武栄」朱印状は、その機能をも果たしていくのである。

具体的には、氏政の出陣中においては、戦陣への軍事物資の補給などに関わる命令を出すとともに、平時においても、伊豆から武蔵小机領・小山田庄（町田市）にわたる範囲の領国に関して、年貢・公事の賦課・徴収やそれに関わる支配制度の整備にあたっていくのである（山口博『北条氏康と東国の戦国世界』『戦国大名北条氏文書の研究』）。逆に言えば、それらに関わる内容のものは、それ以前は虎朱印状で出されていたが、それらは氏康の主導で出されたものであったと認識できるといえよう。

そうした永禄三年から展開された、氏康による、領国内村落に対する年貢・公事の賦課・徴収に関わる支配制度の改革は、その後の北条家の領国支配制度の根幹をなすものとなるので、氏康の事業ではあったが、ここでその内容を簡単にみておくことにしたい（拙著『戦国大名の危機管理』『戦国大名』）。

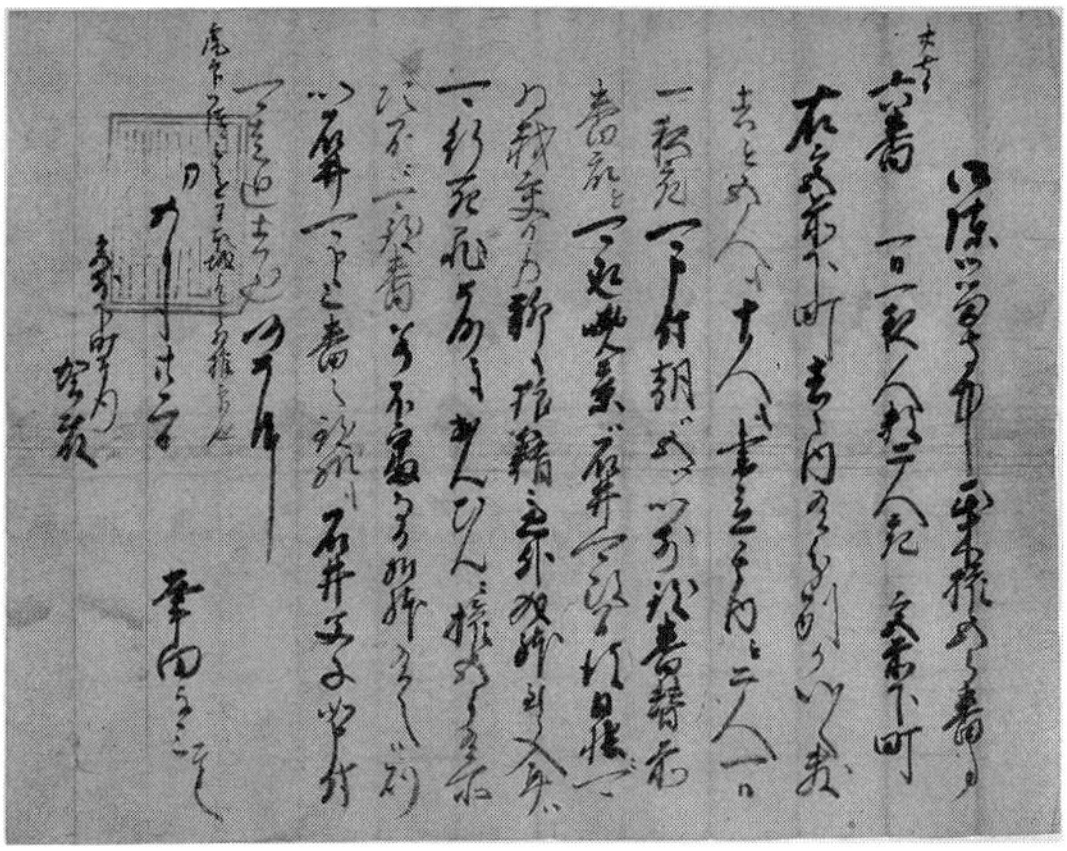

北条氏康朱印状（〈永禄９年〉５月22日）
（三島神社文書／神奈川県立公文書館提供）
氏政の出陣留守に氏康が「武栄」朱印で発給した。

氏康の制度改革

制度改革の端緒は、永禄三年二月・三月の「徳政令」の発令であった。そこではその年の年貢納入の緩和策として、飢饉にともなって撰銭《えりぜに》状況にあったため、年貢納入銭すべてを精銭（一枚一文

北条領国における村負担の主な国役

系統	役名	賦課対象	賦課基準
役銭系	反銭	田方貫高	1反につき40文（天文21年〈1552〉以降）
	懸銭	畠方貫高	貫高6パーセント（天文19年〈1550〉以降）
	棟別銭	屋敷	1間につき35文（天文19年〈1550〉以降）
	正本棟別銭	屋敷	1間につき20文（当初は隔年で40文。弘治元年〈1555〉以降）
	城米銭	村高か	不明
夫役系	大普請役	村高	20貫文につき1人・年10日
	陣夫役	村高	40貫文につき1人・1陣につき10〜20日

で通用する上質の銭貨）で用意できないための対策として、半分について穀物などの現物による納入を認めた。現物納入にともなって、その換金は領主側で行うこととなった。

またこれに合わせて、北条家が領国すべての村落を対象に賦課していた「国役」（役銭・夫役）の「未進」（滞納分）についての徴収方法を変更し、それまでは直後に「公方人」（直属の下級役人）を派遣して「譴責」（暴力的な取り立て）であったものを、利足を付して貸し付けの形態をとるとともに、納入方法についても、それまでは地頭（給人）・代官に納入して、彼らが担当奉行に納入するという間接納入であったが、納入時期を指定して、村落から直接、担当奉行に納入する「直納」とした。そうした納入命令の通知は「配符」と称され、徴収のたびに出されるものとなった。

さらにそれらにともなって、永禄四年からは、村落それぞれに、村落側での納入責任者として「名主」を任命し、また奉行・代官という徴収側の責任者として「小代官」を任命し、ともに彼らに第一義的に責任を負わせるという、村役人制度を構

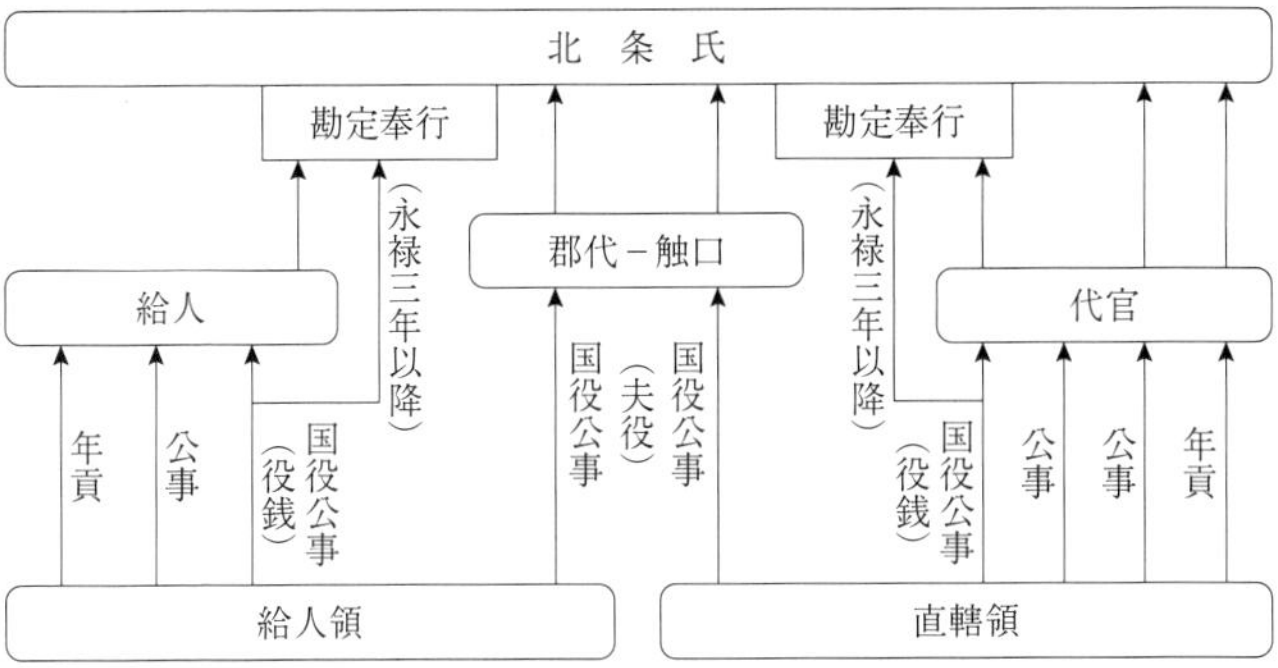

北条領国における年貢・公事納入ルート

築した。これらは永禄三年飢饉への対策として取り組まれたものであったから、大飢饉がそのような制度改革をもたらす契機になっていたことがわかる。

また永禄六年からは、村落に対して賦課していた「国役」のうちの大普請役に関して、改定が行われている。それは、各村落に対して、あらかじめ領域拠点の城郭について、城塀の修理担当を割り当てるという、「末代請切普請」制度の導入である。そしてその負担分については、その年の大普請役から相殺する、というものであった。これは、災害などによって城塀が破損した場合、逐一命令しなくても、各村落は割り当てられた箇所の城塀を修築するという仕組みであった。

永禄七年になると、世間では流通銭貨は精銭に限定されることになったため、年貢・公事の納入方法について、かつて永禄三年に適用した現物納を導入することになり、以後、撰銭状況が全く解消されないこともあって、年貢・公事すべての税目にその適用が拡大されていくことになった。それにともなって設けられたのが、納入貫高と現物との換算値について規定する

「納法」の制定であった。それは世間での売買相場が参照されたから、原則として毎年作成、交付するものとなった。また現物納の恒常化にともない、穀物の計量にあたっては、公定枡の「榛原升《はいばら》」が使用されるものとなった。これにより領国での量制統一が進んでいくことになる。また計量担当者も決められ、それは村落で行うものとし、その担当百姓を「百姓頭」と呼称した。

このように氏康は、永禄三年の飢饉対策を契機にして、領国内村落に対する年貢・公事賦課制度について、多くの側面で改革を進めていった。その結果として構築された支配制度は、村落からの「直納」、村役人制度、現物納の容認、「納法」の制定、量制の統一、滞納分についての債務処理など、後の近世大名における支配制度と遜色のないものが構築されたと評価できるものとなっている。

制度改革の性格

そしてその背景にあったとみなされるのが、永禄三年から開始された、長尾景虎という他国の戦国大名との全面戦争の展開であった。それらの改革は、まさしく大飢饉の克服と、そうした大規模化した戦争に堪えうる、領国内の村落の年貢・公事負担能力の維持という、矛盾するようなことを両立させるための対策であったといいうる。このことはこれらが、まさに戦国時代後期になってみられるようになった、戦争の大規模化にともなって創り出されたものであったとみなされる。

氏康は、こうした年貢・公事の賦課・徴収に関わる事柄について、それこそ元亀二年（一五七一）に死去するまで管轄していくことになる。そしてまたそれらに関する制度改革は、氏康が死去した後には、大きくは行われていない。このことから、言ってみれば氏康は、出陣を停止した後の残りの生涯を、これらに費やしたといってもいいかもしれない。

氏政による文書内容の確認

しかしだからといってそれら氏康の発給文書の内容に、氏政が全く関知していなかったわけではなかったようである。氏政は、氏康の発給文書についても、事後ではあったが、書式や内容について把握していたことが知られる。これに関しては、少し後の事例になるが、永禄十二年の五月十九日付で、氏政から氏康の側近家臣遠山康英を宛名にして出された氏康への披露状に、興味深い内容のものがある（戦北一二二三）。

その内容は、氏康が伝馬使用の手形を与える際に、「武栄」朱印状で出すことが何度か続いた。その奉者を務めたのが遠山康英であった。そのため氏政は、それらの文書について遠山康英に、本来ならば伝馬用の「常調」朱印を押捺すべきなのに、「武栄」朱印が捺されたことに、以前の場合には右筆の間違いかと思ったが、今回も同じであったとして、朱印状ではあるので、伝馬使用に間

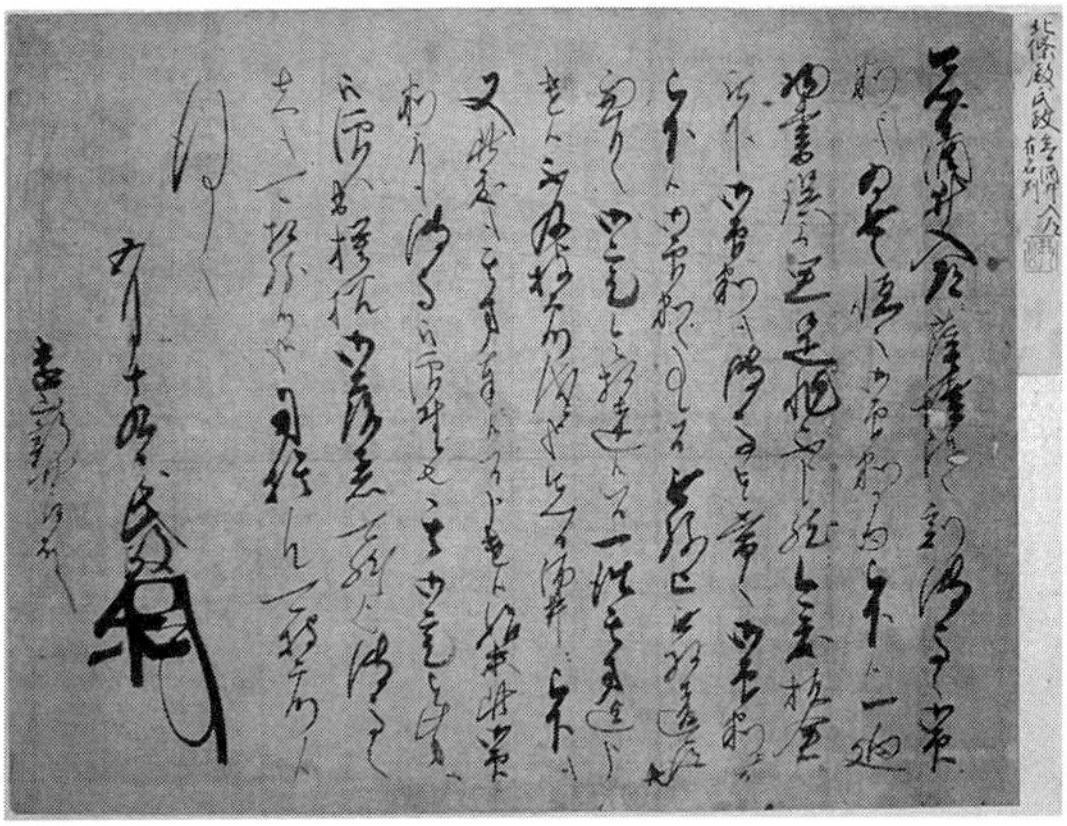

北条氏政書状（〈永禄12年〉 5月19日）
（古文書手鑑「筆陳」／下関市立歴史博物館蔵）
氏政が父氏康に宛て，氏康の側近遠山康英に出した披露状。

違いは生じないものの、兼ねての取り決めとは異なっていると伝えている。そして氏康に伝える必要はないと言いつつも、もしこれからも氏康が伝馬手形を出す場合に、「武栄」朱印状でも出すのであれば、その決まり（「定」）を作成して、伝達するよう求めている。そしてこれについては、そのように解決すれば、伝馬業者も混乱することはなくなるとして、氏康への伝達を求める、というものであった。

氏康と氏政の間で、当然のことではあろうが、文書発給における書式を取り決めていたことがわかる。しかし氏康は、それを無視する行為を続けたため、氏政は、取り決めの通りにするよう、氏康に進言しているものになる。ここからは、取り決め内容におおらかな氏康と、それでは関係者が混乱することになるからとして、取り決め内容に厳格な氏政という、両者の施政に対する姿勢の違いがうかびあがってくる。取り決め内容は厳格に遵守し、変更するのであればその取り決めをする、というのが、氏政の姿勢であったことがうかがわれる。

「着到帳」の内容改定

永禄九年（一五六六）から、北条軍の出陣では氏政が惣大将を務めるようになるが、それと連動するようにして、その年から家臣に対する「着到帳」の内容について改定が行われている。北条家では、家臣が負担する軍役（「着到」と称された）については、与えていた知行の貫高に応じて、軍役の人数と武装内容を規定していた。その規定内容を記した文書が「着到帳」（研究的には「着到書出」ともいわれる）である。そしてこれは、当主の手元に置かれる「御前帳」の一つとされて、家臣に対する軍役検分のための基本台帳とされたものであった（則竹雄一「戦国大名北条氏の着到帳と軍隊構成」）。

当初の段階では、北条家も、家臣の軍役については、個々の家臣の裁量に委ねていたとみられるが、氏康の時の弘治二年（一五五六）頃から、知行貫高に応じて軍役人数を規定するようになっている。この頃の出陣先は、遠方である上野になっていたから、家臣のなかに充分な軍勢を動員してこないものがでてくるようになっていたと思われ、それへの対策とみられる。ただしそこで規定しているのは、馬上兵の人数に限られていた。

また氏政が当主になって、さらに越後長尾景虎の関東への侵攻を受けた直後の永禄四年（一五六一）から、軍勢の武装内容について統一化の志向をみせるようになっている（長屋隆幸「室町末〜織豊期における武具統一政策」）。これはおそらく、他国の戦国大名との全面戦争の展開に伴う戦争の大規模化によって、軍勢の質の維持や敵味方の識別などが必要になって、それへの対策としてとられたと考えられる。

そして永禄九年になると、軍役人数の規定に、馬上兵だけでなく、歩兵についても加えられるようになっている。もっともこの時の史料は、武蔵滝山領（もと由井領）を領国とする御一家衆の北条氏照の事例であるが（戦北九五六）、氏照だけが独自に開始したとは考えられないので、史料は残されていないが、北条宗家においても同様であったとみてよいと考えられる。

「着到帳」改定の意味

ところで家臣が動員すべき軍勢は、馬上兵と歩兵からなるが、人数としては歩兵の割合が圧倒的に高いものであった。たとえば、後の元亀三年（一五七二）正月九日付で

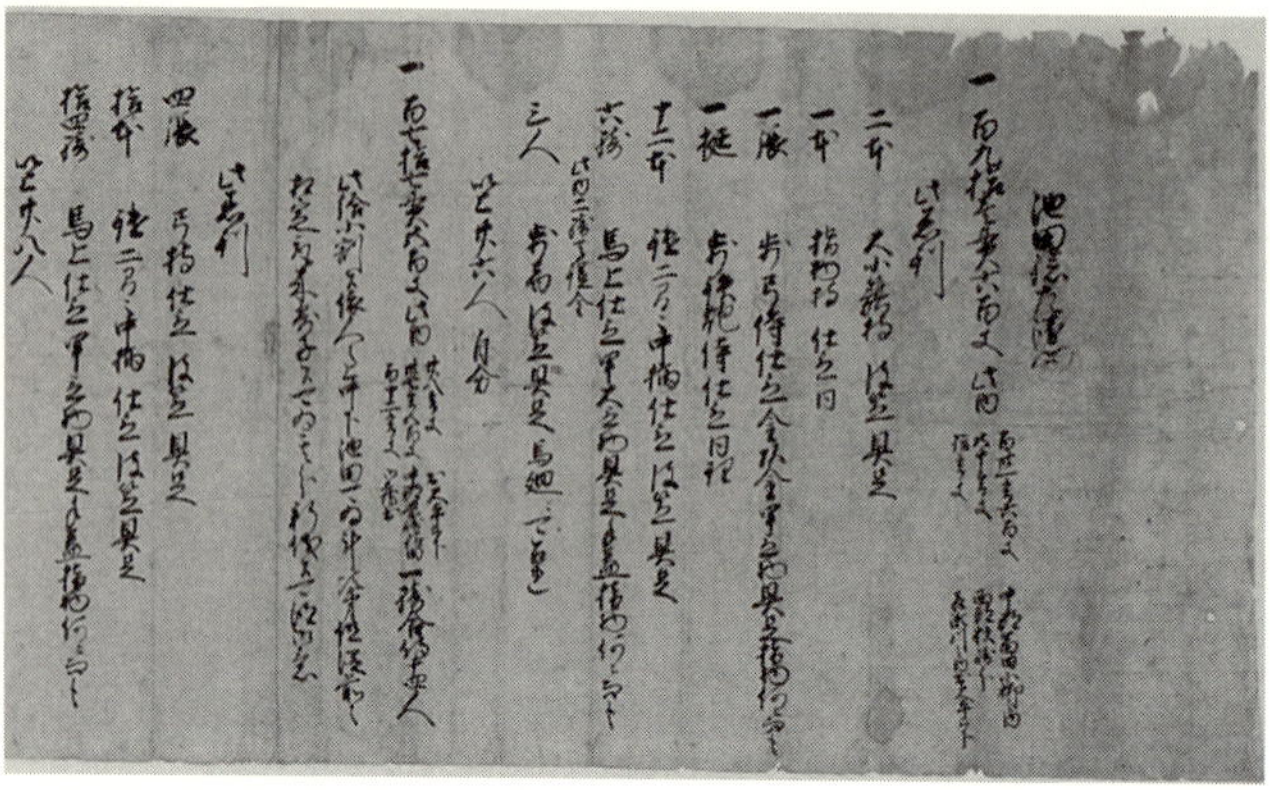

（池田文書／小田原市郷土文化館蔵）

武蔵岩付衆の宮城四郎兵衛尉に出された「着到帳」では（戦北一五七〇）、軍役人数の総数は三十六人であったが、そのうち馬上は自身を含めて八人にすぎず、二割強程度でしかなかったのである。その他はすべて歩兵で、武装の内訳は、大小旗持三人、指物持一人、弓持一人、鉄炮持二人、長柄鑓十七人、歩者四人、という具合である。

ここで歩兵の人数とその武装についても規定するようになった、ということは、動員すべき軍役人数の総数とその武装内容の全体を把握する、ということととらえられる。いうまでもないが、それまでにその必要が生じていて、それへの対策であった、と考えられるであろう。おそらくそれは、長尾景虎との抗争の展開にともない、北条軍の出陣は、武蔵北部・上野・下野・上総と広範囲にわたり、かつ戦争の大規模化にともなって動員する軍勢数も大規模化していたことによるとみられる。

そしてこの改定が、あたかも氏政が北条軍の惣大将になったのと時期を同じくしていることをみると、それに

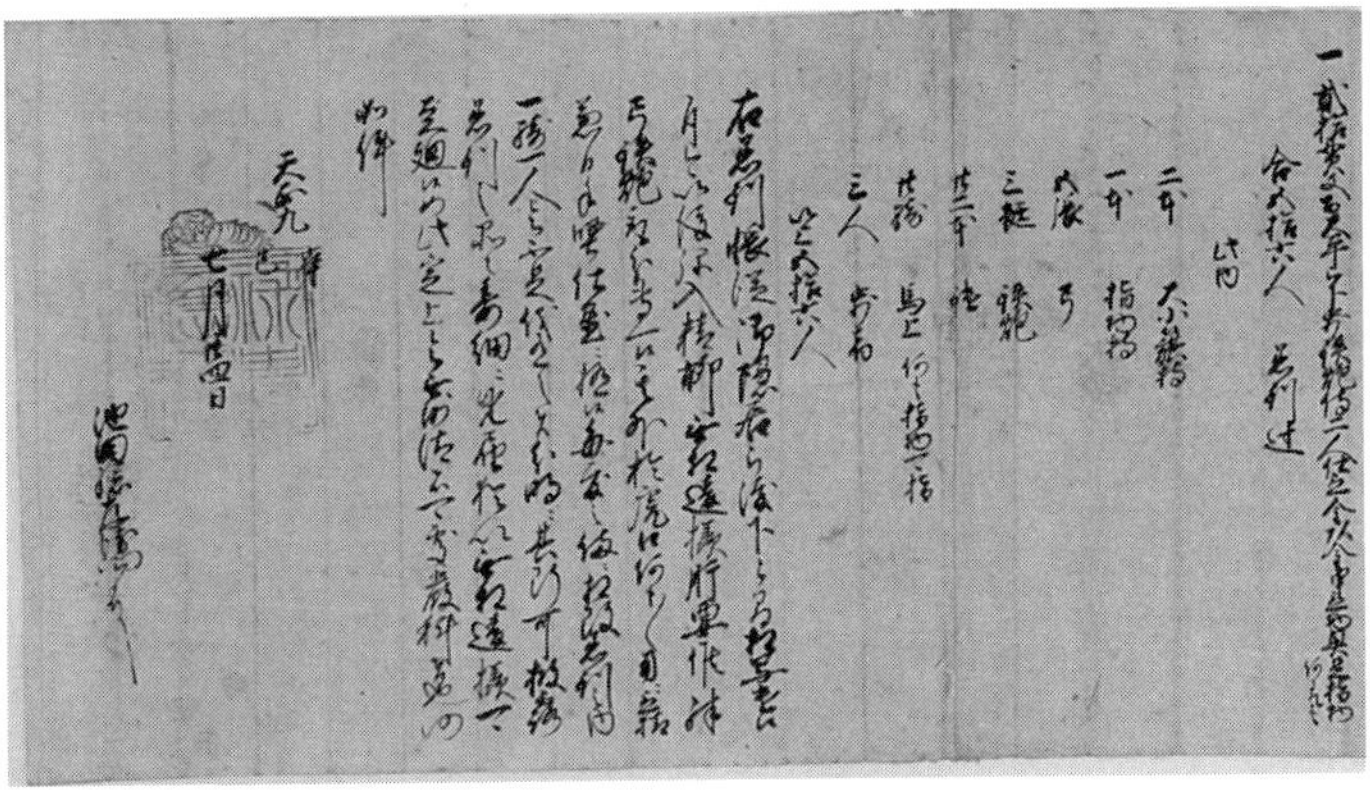

北条家着到定書（天正９年７月24日）

伴って、改めて北条軍の動員人数とその武装の内訳について規定したのではなかったか、と推測される。これにより氏政は、動員の際に、あらかじめ軍勢総数とその武装内容を把握することができるものとなった。すでに軍勢を多方面に動員しなければならない状況になっていたことからすると、限りある軍勢を効果的に運用することが可能になったと考えられる。氏政は、これら軍役人数とその武装規定について「軍法」と呼んでいて、それは「国家安危のところ也」（戦北一五五五）と、北条家の存立を左右する重要問題と位置付けるのであった。

こうした「着到帳」は、この後においては、家臣側の知行貫高の変更だけでなく、当主の代替わり、さらに武装内容の改訂が行われた際に、それぞれ交付されていくことになる。北条家は、これによって個々の家臣の軍役人数と武装内容にとどまらず、その総数をも把握できるものとなったといえる。このことも、後の近世大名に承け継がれていく内容であった。

4　当主としての確立

国衆統制・外交も主導する

氏政が当主になってもしばらくは、国衆に対する統制や、他国の政治勢力との外交は、いまだ氏康が担当し続けた。これらは対外関係になるので、それ以前からの継続的な側面が強かったためか、当主が氏政に代わったとしても、ただちに移管することはできなかったものと思われる。

しかしこの側面においても、やがて氏康から氏政に、全面的に移管されることになる。永禄七年（一五六四）頃から、古河公方足利家との交渉に関わるようになり（戦北八八六）、同八年七月には、忠節した公方家奉公衆に対して、希望する恩賞に関して、古河公方足利義氏から判物を獲得する斡旋を行うようになっている（戦北九二三）。しかしやはりその画期は、氏康が出陣を停止し、氏政が北条軍の惣大将となった永禄九年にあった。

この年の三月には、氏政は、同盟関係にある甲斐武田信玄に下総での戦況を伝える書状を出し（戦北九三九）、四月には従属国衆の上総勝浦正木時忠に書状を出し（戦北九四二）、八月には室町幕府将軍候補の足利義秋（のち義昭）の奉公衆細川藤孝に書状を出し（戦北一〇三三）、九月には従属してきた上野新田領の国衆の横瀬（のち由良《ゆら》）成繁《なりしげ》・国繁《くにしげ》父子に対して、氏康との連署ではあるが、従属に伴う起請文を出し（戦北九七九）、十一月には同じく従属してきた上野小泉領の国衆の富岡主税助《ちからのすけ》に知行充行を約束する（戦北九九四）、といった具合である。

このうち注目されるのは、横瀬家宛の起請文である。ここでは氏康との連署となっているが、それまでの氏康との連署はすべて氏康の右筆によるものであったのに対し、ここでは氏政の右筆によるものとなっているのである。このことからこの起請文は、氏政の主導により出されたものであることがわかる。氏康が連署している理由は確定できないが、やはりそれまでの氏康の存在の大きさによるものであろう。そうではあっても、これが氏政の主導によって出されていることは注意されるし、またこうした国衆への証文に氏康が連署するのはこれが最後になっている。

対して氏康が国衆などに文書を出したのは、永禄九年ではこの横瀬家宛の起請文と、十一月に富岡主税助に宛てたもの二点（戦北九九三・九九八）にすぎない。とくに富岡家宛では「委細は氏政申すべく候」と述べているので、そこでの氏康の立場は、全く氏政の補佐に徹したものとなっている。横瀬家や富岡家などの上野国衆は、それまで氏康が対外的に北条家を代表していたから、これらは、その流れで氏康の関与を望んできていたものと思われる。

翌永禄十年でも、氏康の書状は、四月に富岡主税助に出した書状（戦北九四〇）、五月に従属する下総佐倉領の国衆の千葉胤富に出した書状（戦北四六七七）、十二月に同じく千葉胤富に出した書状（戦北一二六八）がみられているにすぎず、しかも氏康から自発的に出したのは、五月の千葉胤富宛のものだけで、残りの二点はいずれも相手から書状を送られてきたことに対する返書であった。そしてこれを最後にして、氏康が自発的に国衆に書状などを出すことは、基本的にはみられなくなるのであるが、そこでも「委曲は氏政申し入れるべく候」と述べていて、氏康はあくまでも補佐しているにすぎなかった。

こうしてみると永禄九年になってからは、国衆への統制や他国の政治勢力との交渉についても、氏康から氏政に全面的に移管されたとみることができる。そして以後において、氏康が国衆統制に関わっていたとしても、あくまでも氏政を補佐するためのものであった、とみることができる。この年における氏康の出陣停止にともない、氏政は北条軍の惣大将となり、当主歴代の呼称となる「北条左京大夫」を称するようになり、そして従属国衆への統制や他国の政治勢力との政治関係も全面的に担うようになったのであった。これらのことは、氏政がこの時に、真に北条家を代表する存在となったことを意味していよう。

上杉輝虎との抗争の結果

氏政が、真に北条家の代表となった永禄九年（一五六六）はまた、上杉輝虎との抗争状況についても激変させた。この年二月から三月にかけて、上杉輝虎は関東での味方勢力を総動員して、北条方であった下総小金高城胤辰《たかぎたねとき》の本拠の小金城（松戸市）、下総小弓原胤貞《はらたねさだ》の属城の臼井城（佐倉市）を相次いで攻撃したが、攻略できなかったばかりか、大きな損害を出して後退を余儀無くされたのであった。

そのことが輝虎の権威を著しく失墜させたらしく、輝虎が越後に帰国した直後の五月、常陸小田氏治・下総結城晴朝・下野小山秀綱《ひでつな》・同宇都宮広綱《ひろつな》といった北関東の有力国衆が、上杉方を離叛して北条家に従属し、人質（「証人」）を提出してきた。続けて閏八月には、下野皆川俊宗《みながわとしむね》・上野新田由良成繁・武蔵忍成田氏長らも、北条家に従属してきた。九月には甲斐武田信玄が上杉方であった上野箕輪《みのわ》長野家を滅亡させて、西上野の領国化を遂げた。そして十一月には、上野小泉富岡主税助が従属し、十二月には上杉家の重臣で上野厩橋《まやばし》領・大胡《おおご》領を管轄していた毛利北条高広《きたじょうたかひろ》が従属し、同月までに上野館林《たてばやし》領と下野足利領の長尾景長《かげなが》が従属、また古河公方家宿老の下総関宿簗田晴助・持助父子も従属してきた。

翌永禄十年になると、正月に常陸佐竹義重《よししげ》と盟約を結び、五月には古河公方家宿老の下総栗橋野田景範《かげのり》（弘朝の弟）が従属、六月までに上総土気酒井胤治・同東金《とうがね》酒井政辰《まさとき》・下総守屋《もりや》相馬《そうま》治胤《はるたね》が従属、その後の八月に簗田晴助父子、十月に佐竹義重・宇都宮広綱が再び上杉方に転じたが、十一月には下野佐野《さの》昌綱《まさつな》・上野桐生《きりゅう》佐野重綱《しげつな》が従属した。

これらの結果、この永禄十年末の時点での北条家の領国と、従属国衆の範囲は、次のようなものであった。領国は、伊豆・相模・武蔵松山領以南・下総葛西領で、武蔵滝山領・同花園領はそれぞれ御一家衆北条氏照・藤田（北条）氏邦の領国、同岩付領は岩付太田家の当主不在により北条家が直接統治した。これらが北条家が直接に支配する領国と位置づけられる。

従属国衆は、武蔵・下総・上総・上野・下野・常陸にわたるものとなっていた。南関東をみてみると、武蔵では菖蒲領佐々木家・忍領成田家・深谷領深谷上杉家・御嶽領平沢家で、上杉方として残ったのは羽生《はにゅう》領広田家・木戸家だけであった。下総では、小金領高城家・小弓領原家・佐倉領千葉家・守屋領相馬家・関宿領簗田家・栗橋領野田家・幸手《さって》領一色家・結城領結城家で、わずかに佐竹家に従う結城家宿老の下妻《しもつま》領多賀谷《たがや》家だけが敵方であった。上総では、千葉家・原家の領国分のほかは、土気領酒井家・東金領酒井家・勝浦領正木家があり、それ以外の長南《ちょうなん》武田家・万喜《まんぎ》土岐家は敵対していた里見方であった。

北関東をみてみると、上野では新田領由良家・小泉領富岡家・館林領長尾家・桐生領佐野家・厩橋領・大胡領毛利北条家があり、西上野全域と北上野白井《しろい》領が同盟関係にあった甲斐武田家の領国で、上杉方で残っていたのは沼田領だけであった。下野では、館林長尾家の足利領のほか、佐野家・皆川家・壬生《みぶ》家・小山家・那須家があり、上杉方であったのは宇都宮家と佐竹方の国衆だけであった。そして常陸では、結城家の領国分のほか、常陸南部を領国とする小田家があり、上杉方であったのは、北部・東南部を領国とした佐竹家とその従属国衆だけであった。

永禄三年に上杉輝虎（当時は長尾景虎）が関東に侵攻してきた時に、多くの国衆が敵方となって、北条家の勢力範囲は、ほぼ武蔵河越領までの本国の範囲に縮小していた状況であったことを思えば、その間の攻防による勢力回復が著しいものであったことがわかる。直接的な支配領国も、武蔵勝沼領・岩付領を併合し、拡大していた。なかでも永禄九年から翌同十年にかけての国衆の相次ぐ従属は、決定的な結果をもたらしたといえる。そうして永禄十一年には、それまで毎年関東に侵攻してきていた上杉輝虎も、ついに関東に侵攻してくることもなくなった。関東支配をめぐる北条家と上杉家の抗争は、北条家の勝利が確定されたといっていいものとなった。そして関東では、残った敵方勢力は、安房・上総の里見家、武蔵羽生領、上野沼田領、下野宇都宮家、常陸佐竹家にすぎないものとなった。

国衆統制の難しさ

もっとも結果としてそのように領国の拡大、勢力の回復を果たしたとしても、その過程に問題がまったくなかったわけではなかった。直接的領国の外部は、すべて従属する国衆の領国であったから、それら勢力の拡大は、基本的には国衆の従属によるものであり、したがってその維持は、それら国衆の従属を維持することによってもたらされるものとなる。しかしながら従属してくる国衆というのは、その前後において互いに領国の維持をめぐって抗争する関係にあったから、そうした国衆同士の紛争への対処が重要となった。

北条家は国衆の従属を受け入れると、互いの当主の間で血判起請文が交換された。国衆から北条家に対しては、以後における忠節が誓約された。対して北条家からは、国衆の領国と家中を安堵し、敵方から攻撃された際には援軍をはたらき、他の国衆との間で紛争が生じた際には公平に裁判する、といった国衆の進退維持を保証した（拙著『増補改訂戦国大名と外様国衆』）。

たとえば、永禄十年（一五六七）四月十八日付で下総関宿簗田晴助・同持助父子にそれぞれ出された氏政の起請文では（戦北一〇一六〜七）、

(1)世情が思い通りになったとしても、晴助・持助には別心を抱くこと無く懇切にする。
(2)「佞人」が何か申し立ててきても、何度も糊付けした書状で確認する。
(3)守屋相馬家の領国と守屋城（守谷市）は要請通り支配を認める。もし相馬治胤が古河公方足利義氏に嘆願してきたとしても、氏政は晴助によいように周旋する（晴助宛のみ）。

(4)もし晴助・持助父子が大敵に攻められたとしても見放さない。付則、味方の国衆との間で戦争になった場合は、究明して、非分の側を打ち捨てる。
(5)本領国と今回足利義氏から与えられた所領十郷については、将来にわたって保証する。付則、境相論が生じたら、双方から代官を小田原に出頭させ、究明する（持助宛のみ）。
(6)あなたから家中・親類・加世者（奉公人）を引き離すことはしない。
(7)晴助・持助父子が氏政の陣所や小田原に参府した時に、抑留することはしない。

といったことが誓約されている。(3)(5)(6)が領国と家中の保証、(2)(4)(5)が他の国衆との紛争解決、(4)が援軍派遣、(1)(7)が国衆としての存立の保証、といったように、総じてその進退をそのまま保証するものとなっている。

ちなみに(5)で、他の国衆との境相論の場合には、双方から代官を小田原に出頭させるとしていること、(7)で当主の陣所や本拠に参府することになっていること、といったことは、その後の江戸時代における江戸幕府と諸大名との服属関係の在り方にも継承される内容といえる。またそれらのなかでも、(6)と(7)の内容は興味深い。(6)は家中のなかから、直臣に取り立ててしまうことで、実際にもかつて、氏康は江戸衆太田康資から同心の太田越前守を直臣に取り立てて、康資と並ぶ江戸衆のなかの寄親の地位を与えたことがあった。康資と越前守の間では所領をめぐる紛争が生じ、結局、太田康資は永禄七年の市川国府台合戦に際して、敵方に離叛した、という結果となっている。

また(7)では、参府してきた国衆当主を抑留する、という事態があったことが知られる。実際の事例としても、永禄三年に長尾景虎は出頭してきた上野厩橋長野彦九郎と大胡左馬允《さまのじょう》を陣所で誅殺し、北条家でも後の天正十一年（一五八三）に、上野新田由良国繁と館林長尾顕長を拘束して小田原に連行した、という事例がある。国衆にとって、従属する戦国大名への出頭は、そのような危険をともなうものと認識されていたことがわかる。

下総守屋城をめぐる問題

さてこの簗田家との間では、直後から(3)の守屋相馬家領の扱いに問題が生じた（拙稿「古河公方・北条氏と国衆の政治的関係」『戦国期東国の大名と国衆』）。簗田晴助が懸念していた通り、相馬治胤が自立的な進退維持を図って、足利義氏に従属を嘆願したのである。もともと簗田家と相馬家には姻戚関係があり、それをもとに簗田家は相馬家を同心に編成して、「指南」する関係にあった。ところがこの時の相馬家当主の治胤は、庶家から家督を継いだこともあって、簗田家からの自立を図ったらしいのである。そして従属にともなって、足利義氏に、自身の本拠である守屋城を、義氏の御座所として提供することを申し出るのである。

足利義氏は、永禄三年の長尾景虎の関東侵攻を受けた際には、下総関宿城を居城としていて、景虎は義氏を古河公方としては認めず、庶兄の藤氏《ふじうじ》を公方に立てたため、関宿城は景虎方から攻撃され、義氏は籠城戦を展開した。しかし同四年、開城を余儀無くされ、やがて北条方になっていた上総佐貫《さぬき》城（富津市）に移るが、同七年に同城も敵方の里見家に攻撃されて、北条領国の相模鎌倉に移っていた。そして同十年になって古河公方家宿老の簗田家・野田家・一色家が北条方となった。

氏政・義氏ともに、義氏の公方領国への復帰を待望していたらしく、簗田家が従属してくるにあたって、古河城を義氏の居城として提供させ、代わりの所領として新たに十郷を与えることとしたのであった。(5)にみえた「十郷」がそれにあたっている。もっとも従属にともなってのそれらの条件は、氏政と晴助・持助父子の間で協議されたもので、義氏は全くの事後承認であった。義氏も晴助父子の帰参を認めて、起請文を与えるが、それは氏政から起請文が出された三日後の二十一日のことであった（戦古八九八）。

もともと義氏は、かつて居城であった関宿城を、簗田家から返上させるつもりであったが、氏政は、義氏以前の歴代の古河公方が本拠としていた古河城こそが、義氏の本拠に相応しいと考えたのか、同城を提供させることにした。これを受けて義氏は、「氏政達して意見の上は」として、関宿城を返上させることを諦めている。また新たな居城の場所についても、義氏は報されていなかったのか、「何方成共、向かい寄りの地、氏政と談合致し」と述べるにとどまっている。そして義氏は、晴助父子に対して、「氏政の助言」通りにとして、守屋相馬家領を含めた領国を保証しているのである。

ところが六月になって、簗田家の配下にあった相馬治胤が、自立的な国衆化を図って、義氏に直接に従属を申し入れてきたのである。そしてそこで、従属を認めてもらうための方策として、守屋城を義氏の居城として進上することを申し入れたのである。義氏はこれをうけて、このことを氏政に相談した。氏政は簗田家への約束があったから、「相馬治胤を赦免することを公表することは難しく、時期をみるように」と返答した。しかし義氏は、一刻も早く公方領国に帰還したかったためか、「密々」

に赦免を認める御書を治胤に与えてしまうのである（戦古九〇四）。

そのうえで直後の六月二十七日に、氏政に対して、相馬治胤の赦免を承認したこと、守屋城を当面の居城とすること、江戸衆遠山政景の軍勢で同城を請け取って欲しいこと、簗田家から古河城が返上されて、同城に移住したら、守屋城は簗田家に渡すこと、などを要求している。そしてそこでは、氏政に対して、「この件について、悠長に対応して、脇から妨害でも入ったなら、これまで何度も血判起請文で忠節を尽くすと言ってきていたことはすべて反古になる、義氏が危険にさらされるようなことは二度とあってはならないので、義氏一人でも（鎌倉から）守屋城まで行けるように、そちらの軍勢をすぐに派遣して欲しい」と述べて、守屋城に入部できる環境をすぐに整えるよう、強く要求しているのである（戦北四四四四）。

氏政はこの義氏の態度を受けて、それらの要求を認めざるをえなかった。古河公方家は、現実には北条家の全く庇護下に置かれていたとはいえ、その存在は「関東の将軍」として、関東政界の頂点に位置する存在であり、北条家も、それを補佐する「関東管領職」という立場にあることをもって、関東の国衆たちに対して上位権力として振る舞い、その統合を遂げることができていたという側面も否定しきれないからであった。

しかしこのことは、簗田家に約束したことを実現できなくなったことを意味した。氏政は七月二十七日に晴助・持助父子に書状を出して、事態の経緯を説明している。ここでの冒頭には、簗田家が参陣命令に応じてこなかったことについて不満を示しているが、これ自体、簗田家からの抗議であったものであろう。それに続けて守屋城の問題について釈明している。そして軍勢を派遣して守屋城を請け取ったこと、義氏が古河城に移城したら、守屋城は当初の約束通りに簗田家に引き渡す、という義氏の意向を伝えたうえで、これらのことは決して「氏政無届けの様」、対応しなかったのではなかったことを伝えている。

この頃、守屋城は北条家に請け取られ、義氏から奉公衆が派遣されて、義氏入部の準備が進められたが、規模が小さいためか、その準備は一向にはかどらなかったらしい。そうこうしているうちに、簗田家からは約束の通り、古河城が引き渡されてきた。氏政は、翌同十一年五月に、あらためて守屋城・古河城ともに、義氏が入部するに相応しい普請を進めていくものの、同年八月、簗田家自体が、再び北条家から離叛して、上杉方に属してしまうのである。結局のところ、簗田家の再度の離叛は、氏政による従属条件の一部不履行が原因であった。もっとも氏政としては、それは足利義氏の一方的な行為を受けてのことであったので、何ともし難かった、というのが本音だったかもしれない。

勝浦正木家の孤立

国衆の従属を維持することがいかに困難をともなったのか、もう一つ、上総勝浦領の正木時忠の事例を挙げておきたい（拙稿「勝浦正木氏の成立と展開」『戦国の房総と北条氏』）。正木時忠は、もとは安房・上総の戦国大名・里見義堯の宿老の一人であったが、永禄七年（一五六四）正月の市川国府台合戦の勝利によって、北条家の攻勢が強まったことを受けて、五月頃に里見家から離叛して、北条家に従属した。正木時忠はすぐに氏政に支援を要請し、氏政はこれを受けて同年七月から八月にかけて、上総南部に進軍している。翌同八年二月に、氏政は再び上総に進軍し、里見方勢力の攻略を進めている。

永禄九年二月から三月にかけて、上杉輝虎による下総進軍があり、その後に氏政は上総に進軍することを約束していたらしい。ところが五月、西上野に武田軍が出陣してきたため、それに合わせて上野に出陣することにしている。そのため時忠には、「指南」を務めていた北条氏照が、「こちらが片づいたら、そちらに何度でも進軍する」と述べている（戦北九四八）。しかし閏八月になっても、上総への進軍はなく、ここでも氏照は時忠に、「そちらへの進軍が遅れていることに不審に思っているとのことは、当然のことと思う。先月から続いている大雨のため、洪水で四方への通路が不自由になり、大軍での進軍ができないので、延期になっていてたいした行動ができていない」と事情を説明している（戦北九七七）。

こうして氏政の上総進軍は、なかなか実現されない状況になっていて、同十年六月には、時忠は本拠勝浦城（勝浦市）での籠城戦を想定するようになったらしい。これを受けて氏政は、伊豆から海上で、矢・兵糧などの軍事物資を補給している。そのうえで「勝浦城はたとえ何年籠城したとしても、軍勢の入れ替えさえできていれば、矢・兵糧はこちらから運び込むので、安心して欲しい」「敵の攻撃があったら、両酒井（土気酒井胤治・東金酒井政辰）にしっかり対処するよう命じた」と述べて安心させるとともに、近いうちの進軍を伝えている（戦北四六七八）。

そうして実際に、八月に西上総に進軍するが、二十三日に里見義弘（義堯の子）の本拠となっていた佐貫城を攻撃しようとしたところ、三船台（君津市）で迎撃を受けて敗戦してしまった。逆にその後は、里見家が北条方の国衆を攻撃していく状況になった。氏政は、その後は、下野佐野領や下総関宿城攻めを進めていて、上総には進軍できない状況が続いた。そして永禄十一年十月、氏政は時忠に、「こちら（関宿城攻め）が片づいたら、とりあえず帰陣して、ともかくもそちらへの進軍は、一区切りつけたら好機を待つので、決して気をゆるめることはない」と述べて、いずれのうちの進軍をほのめかしている（戦北四六八〇）。

ところが同年十二月、甲斐武田信玄が駿甲相三国同盟を破棄して駿河今川領国に侵攻を開始し、氏政は今川家支援のため駿河に向けて出陣、武田家との抗争を展開した。これによって氏政は、上総に進軍するどころではなくなった。翌永禄十二年に入ると、これを受けて里見家の北条方への攻勢はますます強まり、時忠は北条家に支援を要請した。正月、氏政が伊豆に出陣中のため、小田原城に在城していた氏康が、時忠に返書を出して、「氏政の支援が遅れているのは、四方で取り乱れているためで、すぐに（氏政が在陣している）伊豆三島（三島市）に人を送って、戦略についてきちんと意見しておく」と述べている（戦北一一三五）。しかし氏康自身、大敵である武田家との抗争のため、上総に援軍を送ることが極めて難しいことを認識していたに違いない。

北条家は、武田家と抗争するにあたって、それまで抗争を続けていた上杉家と和睦して、同盟を結ぶ戦略をとった。幸いにも、正月に入って同盟交渉に入ることが認められた。続けて北条家は、氏康が中心になって里見家にも同盟締結を申し入れた。しかしながらこれについては、三月には里見家から拒否された。これを受けて氏政は、時忠に書状を送って、「里見家と北条家の和睦について、これまで氏康（「本城」）から取り計らっているとのことであるが、どうしたことか決裂し（「事切れ有り」）、下総に向かって里見軍が進軍してきたことはどうしようもない」「このうえでもし（里見家）と一味したとしても、どうしてあなたを見捨てるだろうか、氏政の現状が困難な状況にあるとしても、従属してきた味方（「先忠《せんちゅう》の味方」）を見捨てるようなことは、決して無いので、深く安心に思っていただきたい」と述べている（戦北四六八三）。

見捨てはしない、というのはいずれ援軍を派遣して救援する、ということである。しかし氏政は駿河への在陣を継続せざるをえない状況にあり、対して時忠は周囲を里見方に囲まれ、その攻勢を受けている状況にあった。氏政としても、ただちに支援することは困難であることは承知していたであろうから、時忠が北条方の立場を維持しようとすれば、全く自力によって里見方の攻勢を凌がなくてはならなかった。結局は、これが時忠が北条方の立場にあったことを示す最後の史料であり、時忠はその後、里見家に帰参するのである。

時忠からは、何度も援軍派遣を要請されながら、永禄十一年以降、氏政はそれを果たすことができなかった。時忠の離叛は、詰まるところは援軍の派遣が無かったことにあった。この時忠の事例は、国衆は、その存立を保証してくれる戦国大名に従属するのであり、それが果たされなければ、敵方の戦国大名に従属することになる、ということを如実に示すといえるであろう。またその一方で、氏政は最後まで、従属してきた国衆を見捨てることはないこと、援軍をはたらくことを主張し続けていた。それが従属下にあった国衆に対する、戦国大名の示す態度であったことがうかがわれる。

中央情勢の影響

またこの時期から次第に顕著になってくるのが、中央情勢の影響といってよいであろう。その端緒というべきものが、永禄九年（一五六六）二月二十一日付で、将軍候補の足利義秋（のち義昭）から、上杉輝虎との和睦を要請されたことといえる。義秋は、もとは大和興福寺の一乗院門跡で「覚慶」といったが、二月十七日に還俗して「義秋」を名乗ったところであった。前年五月に兄義輝が謀殺されると、その後継者を自認して、八月には上杉輝虎に上洛のための支援を要請していた。輝虎からは、北条家との和睦斡旋を求められたとみられ、それを受けて、北条家に輝虎との和睦を要請してきたのである。

義秋の御内書《ごないしょ》（将軍が出す書状）は、氏康・氏政に出され、副状が近臣の細川藤孝から客分衆の伊勢兵庫頭《ひょうごのかみ》に出されて、使者として森坊増隆《もりのぼうぞうりゅう》が派遣された（戦北四四五一）。氏康・氏政がこれにどう対応したのかは史料が残っていないためわからないが、了承する旨を返事をしたことは間違いないであろう。ただし和睦は、ともに輝虎と抗争関係にあった甲斐武田信玄を加えた「三和」とするよう要請したものと思われる。

これを受けて義秋からは、再び、輝虎と「甲相」三和の和睦を要請する御内書が出されてきたとみられ、それへの返事を、氏政は八月二十五日付で、近臣の細川藤孝に宛てた披露状（主人への披露を依頼する形式の書状）を出している（戦北一〇三二）。そこでは、輝虎と「甲相」三和について命じられたことを承ったこと、しかしそれについては武田信玄へも要請してもらいたいことを求めるものとなっている。

その後、この件に関して北条家の動向はみられなくなっている。義秋は八月に、尾張織田信長から上洛支援を獲得していたが、織田信長が敵対する美濃一色《いっしき》（斎藤《さいとう》）龍興《たつおき》に撃退されたため、上洛は実現できず、越前朝倉義景《あさくらよしかげ》を頼って越前に移った。そして九月三日に輝虎に、それらの事情を伝えるとともに、あらためて北条家との和睦を成立させて、参陣することを要請していることがみえるにすぎない（上越五二六）。

この時の足利義秋からの働きかけは、ひとまず一段落となったようだが、ここに激変する中央情勢からの影響の強まりをみることができる。それまでも北条家は、決して室町幕府と交流がなかったわけではなかったし、将軍からの他大名との和睦要請についても、氏康は、天文十四年（一五四五）に足利義晴（義輝・義昭の父）から駿河今川義元との和睦要請、永禄元年（一五五八）に足利義輝から武田晴信（信玄）と長尾景虎（上杉輝虎）の和睦への尽力、同五年に今川氏真と三河松平（のち徳川）家康の和睦への尽力、を要請されたりしていた。

しかし今回のことは、それらの状況とは性格が異なるものとなっていった。その後における義秋を軸にした中央情勢の状況から、周囲の戦国大名との関係に少なからぬ影響を受けるようになっていくからである。そもそもこの時の義秋の上洛要請においても、上杉輝虎や織田信長が応じ、朝倉義景も義秋の庇護を受け容れ、信長と敵対する一色龍興が阻む、といったように、広範囲の戦国大名に影響を与えるものとなっていた。

そしてそうした状況は、翌十年に信長が美濃一色家を滅亡させて美濃を領国化し、同十一年四月に義秋が元服して義昭に改名、七月に再び織田信長の支援を得て上洛を開始し、八月に敵対する近江六角家を滅亡させ、九月に上洛を遂げ、そして三好《みよし》家らを屈服させて畿内を平定し、十月に将軍に任官して、新たな政権の樹立へと展開していった。この政権がそれまでの幕府と性格が異なるのは、政権を支える織田信長が、尾張・美濃・近江・伊勢を領国とする戦国大名であったことにあろう。

またそのことが北条家にも少なからぬ影響を与えていくことになる。すでにこの時点で信長は、武田家・上杉家と同盟関係にあり、今川家と敵対しているという具合に、北条家の隣国の戦国大名と政治関係を持っていた。足利義昭・織田信長をめぐる状況が、今川・武田・上杉らの隣国の戦国大名の動向と関連していくことになり、それが北条家の動向にも大きく関わるようになっていくのである。そしてそれは、永禄十一年十二月の、武田信玄による駿河侵攻にもあらわれていた。信玄の侵攻は、織田信長・徳川家康との同盟を踏まえてのものだったからである。

第三章　越相同盟と武田信玄との戦争

1　越相同盟の交渉

三国同盟の破綻

永禄十一年（一五六八）十二月六日から、武田信玄が今川氏真との同盟を破棄して、駿河に侵攻すると、氏康・氏政は、信玄からの味方化の誘いを一顧だにせず、ただちに氏真支援と信玄との断交を決定し、すぐさま駿河に援軍を派遣、また氏政自身も駿河に向けて出陣した。これにより十五年に及んでいた駿甲相三国同盟は崩壊することになる。この同盟はこの間の東国政治史を大きく規定する枠組みとなっていただけに、その崩壊は、新たな政治ステージの展開を意味するものとなった（事実関係については、拙著『関東戦国史』・拙編『北条氏年表』などを参照）。

武田家と今川家との関係は、すでに永禄八年頃から動揺するようになっていて、同十年十月に信玄が嫡子義信を自害させたことで決定的となった。氏真は義信後室（嶺寒院殿）の返還を要請したが、

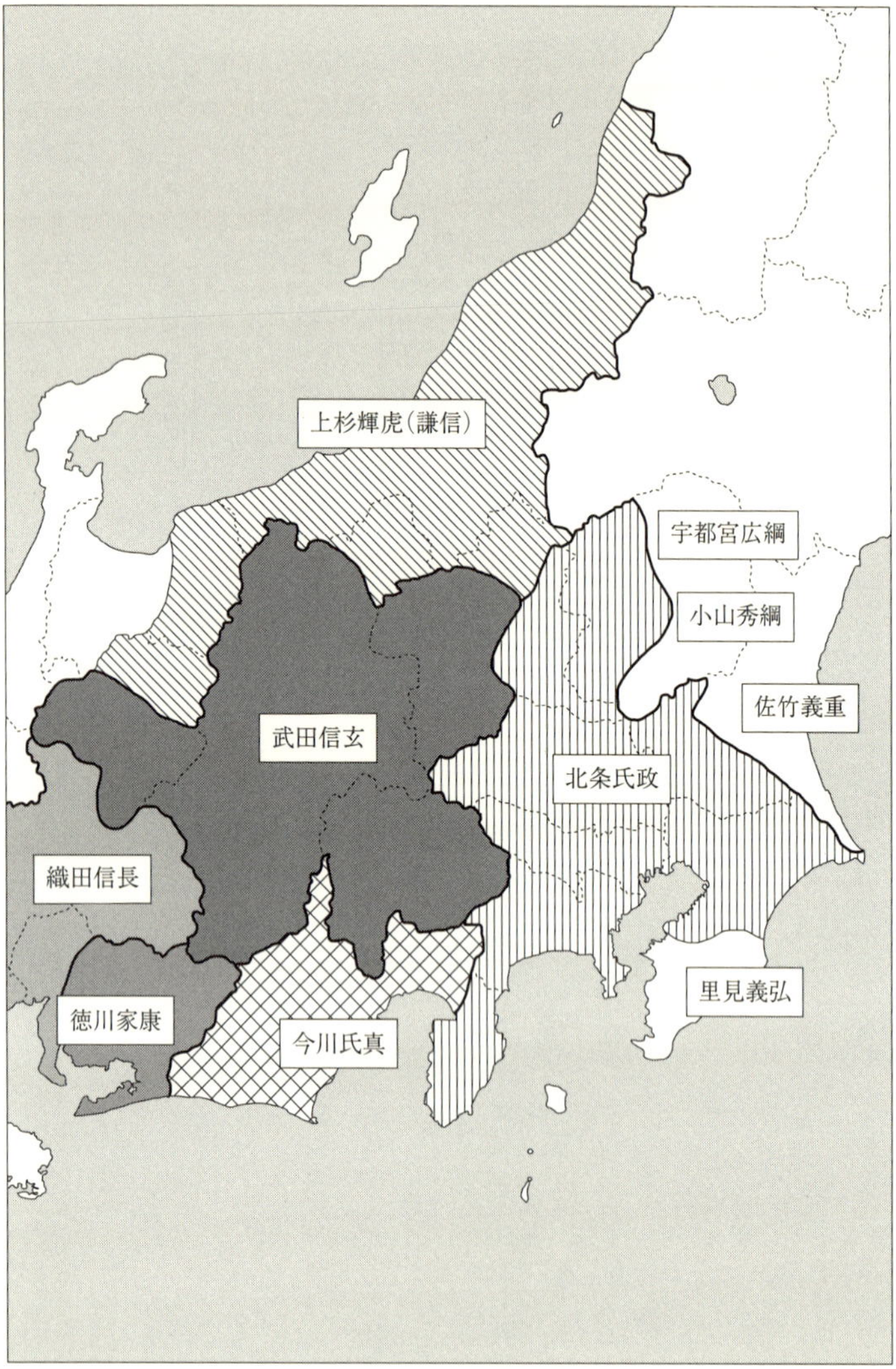

永禄11年末頃の勢力図

信玄が承知しなかったため、氏康・氏政父子が中人《ちゅうにん》となって、義信後室の駿河返還、氏真から信玄に同盟継続の起請文を提出することで、事態を収拾した。翌同十一年二月に、義信後室は北条家を通じて、今川家に帰還している。ところが氏真は、信玄との同盟継続は本心ではなく、その一方で上杉輝虎と盟約を結んだのである。これは北条家にも報されていなかったように思われる。そして同十一年四月には、武田家・今川家ともに互いの手切れは必然と認識するようになっていて、ついに十二月に信玄の侵攻となったのであった。

今川家支援の決定

これに際して氏康・氏政が、ただちに今川氏真支援を決したのは、前年における信玄と氏真の同盟関係維持に、中人として尽力したにもかかわらず、事前に相談もなく信玄がそれを一方的に破棄したからと考えられる。それによって中人としての面目を失わさせられ、名誉を損害されることになった。名誉の回復は、それを損害したものに報復することによって遂げられたから、氏康・氏政はただちに信玄と交戦することにしたと思われる。

しかも氏真・早川殿が駿府から退去する際に、早川殿は輿の用意もされない状況のため、徒で逃避する羽目になっていて、これを聞いた氏康は、「その恥辱、雪ぎ難し」と激昂を押さえきれなかった(戦北一一三四)。氏康・氏政の信玄への怒りは相当なものであったとみられ、そのために氏政は、正妻の黄梅院殿を離縁して、甲斐に帰国させるのである。離縁の時期は明確ではないが、この年末か、遅くても翌年初めのことであったとみられる。これにより北条家は、武田家との婚姻関係を解消し、関係を絶縁したのである。

しかし強大な戦国大名であった武田信玄と全面戦争を展開するのは容易なことではなかったため、それまで抗争関係にあった上杉輝虎との同盟を図った。すでに今川氏真は輝虎と盟約を成立させていたから、氏康・氏政はそれに同調しようとしたと思われる。そして氏政が出陣する以前に、弟氏邦と、それが「指南」を務め、かつて上杉方にあった上野新田領の由良成繁を通じて、上杉家に同盟締結を申し入れさせて、十二日に氏政は駿河に向けて出陣した。

北条軍は年末のうちに駿河河東（富士川以東の地域）を占領、翌永禄十二年正月二十六日に伊豆三島に在陣していた氏政が駿河に進軍、二十七日に武田方の最前線であった薩埵山《さったやま》陣（静岡市）を攻略して、逆に同陣を最前線拠点とした。以後、武田軍とは対陣が続いたが、信玄は四月二十四日に退路を断たれることを避けて、守備を固めたうえで帰国した。しかし氏政は残留の武田軍を攻略できなかったため、五月九日に、氏真が籠城する遠江懸河《かけがわ》城（掛川市）を攻撃していた徳川家康と同城開城についての和睦を成立させ、十七日に氏真を駿河に引き取った。二十三日には、氏真に嫡子国王丸（氏直）を養子とさせ、氏政は駿河支配に関わることを取り決めて、三島に帰陣した。そして二十八日、氏真に家督を国王丸に譲らせて、氏政はその後見として駿河支配権を継承するのである。

越相同盟交渉の開始

氏政の伊豆・駿河での在陣は五カ月以上にわたるものとなったが、その間、上杉輝虎との同盟交渉は、小田原城に在城していた氏康が実務を担っていた。とはいっても内容については、すべて氏政のもとにもたらされ、氏政の了承があってはじめてその次の手順にすすむことができた。そのため氏政の在陣中は、小田原と駿河との間で連絡の遣り取りが行われたので、その分だけ時間もかかることにもなっていた。

当初、氏邦・由良成繁による交渉ルート（「手筋」と称された）は不調であったものの、永禄十一年十二月十七日には上杉方の最前線であった上野沼田城（沼田市）の在城衆への接触に成功し、上杉方から三カ条の条件が示され、翌永禄十二年正月二日に氏康がその承諾を回答したことから、交渉は本格化されることになるが、三カ条承諾が正式に伝えられたのは、二月二日まで下る。それは在陣中の氏政の了解を得て行われたからであった。なお三カ条の内容は、⑴関東管領職を氏政から輝虎に譲る、⑵領土協定、⑶輝虎が援軍する際には氏政はこれに同陣すること、というものであったと推測される。

氏康と氏政は条件受諾を表明する起請文を作成し、それらを上杉方に届けるための使僧が小田原を出立したのが二月六日で、同月末には輝虎のもとに届けられたとみられる。その到着を見越した三月七日、氏政は、初めて輝虎宛に書状を出している。先に起請文を出しているから、輝虎宛の文書は二度目になるが、書状としては初めてのものであった。輝虎との同盟にあたって北条家が求めていたのは、武田領国である信濃への進軍であり、起請文が届いたところを見計らって、その実現を要請する内容であった。

ちなみにこの越相同盟の締結に関して、積極的に進めたのは氏康であり、氏政は消極的であったとするような評価がよくみられている。しかしながら起請文を届けるための使者が小田原を出立する日に、氏政は取次を務める由良成繁に書状を送って、交渉における成繁の尽力について「満足候」と述べるとともに、同盟成立の実現を求めていることをみると（戦北一一五二）、氏政がこれに消極的であったとはいいえないであろう。むしろ対武田戦争のために是非とも必要と考えていたと思われる。

越相同盟の成立

さて氏康・氏政の起請文への、輝虎の返事がもたらされたのは三月下旬のことで、それを受けて四月中旬頃に、双方の家臣が由良成繁の本拠であった上野新田領の金山《かなやま》城（太田市）で会談し、上杉方から提示されていた条件であった領土協定を中心に協議が行われた。同月下旬に領土協定について大枠が合意をみた。その内容は、⑴関東管領職は氏政から輝虎に譲られ、北条家は一大名の存在となり、四月二十四日付の文書から、輝虎のことを他の関東武家と同じく「山内殿」と尊称するようになっている。⑵領土協定は、北条家は伊豆・相模・武蔵を領国とする、ただし永禄三年時に上杉方であった北武蔵の国衆領国は上杉方の管轄とする。⑶同陣についても了解され、それらの「証人」として、氏政の子を輝虎の養子とすることになった。

これを踏まえて双方とも起請文交換の準備に入っていった。そして五月初めに北条家の使者が小田原を出立し、同月末にようやく輝虎の本拠春日山《かすがやま》城（上越市）に到着、閏五月初め頃に輝虎は氏康・氏政に宛てた血判起請文を作成した。北条家の使者はこれと上杉方の使者をともなって、同月末に小田原に帰還、六月九日に氏康・氏政は輝虎宛の起請文を作成した。同時に、輝虎の養子には、氏政の三男国増丸（のち太田源五郎）があてられることになった。これにより同盟締結を示す起請文の交換が完了し、越相同盟の成立をみた。時あたかも氏政が駿河から帰還してから、二週間ほどのことであった。

もっとも完全な同盟成立となるのは、輝虎がそれらの起請文を受け取ってからになろう。上杉方の使者は、十日に小田原を出立したが、十六日にはまだ金山城に滞在していた（上越七六四）。帰路には北条家から氏康の側近家臣遠山康光が同道することになっていたが、ちょうどその頃に、武田軍が駿河御厨《みくりや》に侵攻してきたために、出立が遅れていたことによる。そして康光が小田原を出立したのは二十八日、金山城を出立したのは七月一日であったから（戦北一二六七）、輝虎のもとに届けられたのは、さらにそれから数日後のことであったとみられる。

これらのことをみると、交渉に少し時間がかかりすぎているように思われる。北条方の使者が小田原を出立してから春日山城に到着するのに、二月の場合も五月の場合もほぼ一カ月を要しており、逆もまた同じくらいの時間がかかっている。わずか二度の遣り取りに四カ月が費やされている。その結果、北条側が同盟打診をしてから、ほぼ半年経って、ようやく同盟成立をみるものとなっている。そのためもちろんながら、その間、輝虎からの援軍は得られていない。そもそも輝虎との同盟締結は、対武田戦争において輝虎から支援を得るためのものであったから、このことは氏政にとっては大きな誤算であったかもしれない。

武田信玄の対抗策

越相同盟の成立に辿り着くのに半年がかかったとはいえ、その間における武田家との戦争は、幸いにも北条家にとって優勢に展開した。他方、関東では、上杉方の関宿簗田家の本拠関宿城攻めが続けられていて、これを上杉方の佐竹家などが支援していた。またやはり上杉方であった安房・上総の里見家が、下総・上総の北条方への侵攻を展開していた。里見家に対しては、越相同盟交渉が開始されるとすぐに、氏康が和睦を打診していたが、これについては三月には里見義弘から拒否されていた。

これらの勢力に対しては、四月下旬以降、同盟条件の合意を受けて、輝虎から北条家との和睦が伝えられた。北条家による関宿城攻めは五月七日に停戦が成立したが、里見家による侵攻は継続された。そのため輝虎は、里見義弘に下総の支配を委ねることを申し入れたが、義弘は誠意をみせなかった。また佐竹義重も、北条方国衆との交戦を続けていった。そうした彼らには、三月から武田信玄から通交を求められ、これに応じるようになっていたのであった。やがて里見家は九月には輝虎との通交も断絶して信玄と同盟し、佐竹義重らも翌元亀元年八月には、輝虎との関係を断絶させて、関東で第三の勢力を形成していった。

その武田信玄は、駿河での戦況が思わしく進まないなか、必死の外交工作を行っていった。永禄十二年二月には織田信長を頼って将軍足利義昭に輝虎との和睦周旋を要請し、三月には引き続いて信長に輝虎との和睦周旋を依頼し、また関東で北条家と敵対していた、簗田家・佐竹家・里見家・宇都宮家と、相次いで通交を進めていった。そして四月にも、再び信長の尽力を受けて足利義昭から輝虎に対して、和睦を要請してもらっているが、結局は四月下旬に一旦の帰国を余儀なくされるのである。しかし信玄は、六月下旬には駿河御厨から伊豆に侵攻し、転じて駿河富士郡北部の大宮城（富士宮市）を攻略しており、次第に武田家の攻勢が強められるようになってきていた。

困難な領土割譲

輝虎は、氏康・氏政の起請文を受け取ったことを受けてのことか、七月下旬に信濃進軍のために軍勢を春日山城に参陣させたものの、武田方から和睦申し入れがあったので延期することにした（上越七八〇）。次いで八月五日に関東への出陣のためか、輝虎は越後府中まで出陣している（上越七八二）。しかしちょうど家中の所領紛争が生じて、このために出陣は取り止められたらしい。

その一方、輝虎は七月二十四日付の書状で、氏政に対して、武蔵松山領の割譲問題について抗議してきた。これが北条方に届いたのは、八月一日のことであった。松山領の問題とは、四月の領土協定では上杉方に割譲されるとしていた際に、氏政は、同領は国衆上田宗調の「本地本領」であるからとして、割譲を拒否しており、それは「氏政の扱い相違」である、というものであった。

これについて氏政は、そのことについては四月にすでに申し入れていることであったが、納得しないのであれば、輝虎の考えに従う旨を返事し（戦北一二九四）、取次の由良成繁も、そのことを詳しく述べるとともに、武田領国へのただちの出陣を要請している（上越七八五）。ここでは氏政は、いったん折れた態度をとっているが、それはあくまでも援軍の実現を優先したからと思われる。この松山領問題は、その後も延々と継続していくのである。

もっともここでの氏政の主張には、明らかな嘘が入っている。松山領が上田家の領国であったのは事実だが、この時は、上田家の所領は一部にすぎず、上田家は松山城（埼玉県吉見町）に在城していたけれども、領国の大半は北条家の家臣の所領とされ、松山城にも北条家の譜代家臣が多く在城していたから、本質的には北条家の直接的な領国というべきものであった。しかし氏政は、上田宗調が在城していることをもとに、同領を上田家の領国と主張したのである。

というのは、北条方から上杉方への領土割譲の実態は、国衆の帰属が北条家から上杉家に変更となることであり、対象となった国衆が上杉方に転じるかどうかは、その国衆の判断次第だったからである。実際にも、武蔵深谷領の深谷上杉憲盛は、七月十五日に自発的に上杉方に転じている。ここで氏政が松山領は上田家の領国と主張したのは、帰属の可否は上田家の判断次第であるとするためであった。上田宗調は、かつて永禄三年からの輝虎の侵攻の際にも、北条方の立場を堅持した存在であったから、氏政は、彼が上杉方に転じることは決して無いと確信していて、それを見越してのものであったと考えられる。しかも氏政は、この対応を踏まえて、やがて（元亀二年六月から同四年〈一五七三〉四月までの間）、松山領全域を上田家に与えて、その領国とし、輝虎に返答した状況を実際のものとすることになる。

合意条件の不履行

氏政が輝虎に返書を出した頃は、ちょうど輝虎が関東に向けて出陣しようとした時にあたっていた。輝虎はその後は出陣を中止するのであるが、それは氏政には連絡されなかったらしい。氏政は八月十八日に、下総佐倉千葉胤富に、六日に輝虎が沼田に向けて出陣する予定で、五日くらいで着陣してくるであろうと述べるとともに、「一ヶ条」の「申し事」（松山領問題）があって、それが解決すれば越相「一和」は実現されると述べている（戦北一二九九）。これをみると氏政は、松山領に関しては輝虎の考え通りとする旨を返答したことから、問題は片付くと見通していて、それを受けて輝虎の関東出陣は確かなことと思っていたのであろう。

しかし輝虎は、出陣の時期に家中内紛争が生じただけでなく、あろうことか、かつて四月に足利義昭から要請されていた武田信玄との和睦について、承諾してしまうのである（丸島和洋「甲越和与の発掘と越相同盟」）。直前に武田方からのはたらきかけがあったらしいので、それに乗ったものと思われる。それへの義昭の返書が、八月十日に輝虎に出されているから（上越七八六）、輝虎が義昭に受諾の返事をしたのは、七月末か八月初めのことであったと思われる。さらにそれだけでなく、二十日には越中に進軍していくのである。

甲越和睦の受諾は、いうまでもないが、北条家との同盟とは相容れないものであった。もっともその直後から十月末まで、越中に出陣していることをみると、輝虎にとっては、関東での勢力回復よりも、越中の領国化のほうが優先事項であったのかもしれない。だとすると、関東への出陣の姿勢をとっておきながら、松山領問題を持ち出してきたのは、関東への出陣を回避するための方便であったのかもしれない。しかしこの輝虎の態度は、武田信玄を利するだけであった。むしろ信玄の必死の努力の甲斐であったともいえる。

この甲越和睦のことは、氏政はもちろんながら承知していなかったに違いない。しかし氏政も、輝虎との領土協定を実現する気は無かったらしい。

八月二十六日付で、由良成繁・国繁父子に与えた判物をみると、それ以前に氏政は由良父子に向けて、「関東管領職と上野一国、武蔵所々を岩付領まで引き渡したのに、輝虎はなおも勝手なことを言っていて、氏政はどこまでも追い詰められてしまうようで、堪えられない」と伝えたらしい。それに対して由良父子からは、「氏政に浮沈をともにするつもりだ」として、血判起請文を提出してきた。

これを受けて氏政は、由良家の希望を踏まえて、すでに氏邦に与える約束をした西上野烏川《からすがわ》以南の地（国峰領《くにみね》）を除いた、上野一国を与えることを約束しているのである（戦北一三〇四）。

越相同盟によって、上野が上杉方の管轄とされたにもかかわらず、氏政はすでに、氏邦と由良家にその充行を約束しているのであり、これはいうまでもなく同盟とは相容れないことであった。

再度の起請文交換

氏政と輝虎は、ともに同盟に背反するような行為も行っていたことになる。これでは同盟の実効があらわれないのも無理はなかった。しかも互いに、同盟における合意条件を、なかなか履行しようとはしなかった。氏政のところには、輝虎から八月下旬に関東に出陣するとの連絡が来ていたらしいが、その時になっても実現されていなかったため、氏政は九月七日に出陣を要請する書状を出している（戦北一三〇九）。おそらく同時に、越中に出陣したことについて、同盟を蔑ろにしていると抗議したように推測される。

その後の九月九日から十月六日にかけて、次にみるような、武田信玄による武蔵・相模への侵攻がみられたが、その直後に、氏政のもとに、再び輝虎から、同盟条件の履行についての要求がもたらされてきた。今度は、同陣と養子についてであった。これに対して氏政は、十月十六日付で取次にあたっていた由良成繁と毛利北条高広に理由を述べるとともに、輝虎への取り成しを依頼している（戦北一三二三）。

それによると、輝虎から示された要求は、自身が関東に出陣した際には、氏政が武蔵まで出陣してくるように、養子をすぐに渡すように、というものであったらしい。同陣については、「何回も伝えているように他意はない、駿・豆の城々に一門・家老を在城させていて、駿・豆・甲の境は山一つであり、武蔵まで出て行くことはできない」と理由を述べ、そうした事情を理解しない輝虎の態度について、「輝虎はどのように考えているのか、もし事実無根のことを取り上げているのなら、言いがかりをつけているとしか思えない、私の言っていることは嘘ではない、輝虎が望むように血判起請文を出す、そのうえ家臣を派遣して、駿・豆の城々の状況を確認してもらいたい」と述べている。

養子については、「以前からお願いしているように、五、六歳のものを手元から引き離すのは、親子の情からとても出来かねることで、お願いには他意は無い」と、養子と決めた国増丸はまだ五、六歳にすぎず、あまりに幼少なので、もう少し待って欲しいことを、以前から申し入れていたことがうかがわれる。そして輝虎から「これまで甲冑を着るだけでなく、戦争で大功を立ててきたので、上杉家に寄り添って渡して欲しい」と要求されていることについては、「私も深く理解しているから、この件について父氏康に嘆願するつもりであり、そちらからも助言して欲しい」と述べている。

輝虎の養子に氏政三男の国増丸をあてるというのは、どうやら氏康が取り決めたことであったらしい。そのことがみえるのは、氏康・氏政が輝虎宛の起請文を作成したのと同じ六月九日付の、両者の連署書状であったが、その右筆は氏康のそれであったからである（戦北一二五三）。永禄九年以降は、両者の連署状の右筆は氏政のそれが務めていたなかで、その文書のみ、氏康の右筆であるというのは、その件は氏康の取り決めであったことを示しているとみることができる。そのため氏政は、国増丸引き渡しの延期を、氏康にかけあうとともに、由良らにも輝虎への助言を求めている。

そしてこれと同時に、氏康・氏政父子は、輝虎の要求に従って、血判起請文を作成し、使者を派遣して、あらためて関東への出陣を要請した。使者には遠山康光が金山城まで付き添い、康光は二十八日には金山城に到着しているから（戦北一二三七）、数日後には血判起請文は輝虎のもとに届いたとみられる。そしてそれを受けて、輝虎からも血判起請文が出され、それは十一月十三日に氏康・氏政のもとに届けられている（戦北一二三二～三）。ともに起請文そのものは残されていないが、輝虎からの内容は、「今回越中への出陣は、表裏ではない」ことを誓約したものであったらしい。北条家は北条家で、関東に出陣しないで、越中に出陣したことについて、同盟違反と詰問していたことがわかる。

ともかくも氏康・氏政と輝虎は、ここにあらためて、互いに、同盟に伴う条件の履行と、同盟を維持することを確認しあったのであった。そしてこれを受けて輝虎は、関東に向けて出陣し、十一月二十一日に上野沼田城に着陣するのである。

2　武田信玄との戦争

小田原城への侵攻を許す

氏政と輝虎が、互いに同盟条件の不履行をめぐってのすれ違いが重なって、肝心の輝虎の関東出陣がなかなか実現されないなか、九月九日になって、武田信玄が武蔵・相模の北条領国に進軍してくることになる。武田信玄は武蔵に進軍すると、平沢家の御嶽城（埼玉県神川町）、氏邦の鉢形城（同寄居町）、氏照の滝山城（八王子市）を攻撃した後、相模中郡に侵攻してきた。

これに際して十七日、氏政は相模の軍事拠点に在城する有力家臣に宛てた書状で、中郡田原城を本拠とする重臣大藤秀信を小田原城に召集したことについて、「もし攻撃することになったなら、無二の一戦の覚悟なので、召し寄せた」と述べたうえで、「どこかが『火に成り、水に成』ったとしても、取り合わないで、『その地』を堅固に守備し、どこかで『凶事』が生じたとしても、そこから『一足も』こちらへ来てはいけない」「そこを捨ててこちらに来たら、『当方名字』が続いているうちは、斬首する」と述べている（戦北一三一四）。「その地」がどこか明確ではないが、氏政が、小田原城の防衛のみに拘るのでなく、領国の主要拠点の維持をもとに、防衛体制を構想していた状況がうかがわれる。

その後、二十七日には小田原城まで迫られることになった。しかし信玄は、十月四日に相模津久井領に向けて後退した。翌五日、津久井の入口にあたる三増《みませ》峠（神奈川県愛川町）には、武田軍を追撃してきた氏照・氏邦らが布陣して、信玄を待ち構えた。またその日には、氏政も信玄追撃のため小田原城を出陣して挟み撃ちを図った。そのため信玄は、六日早朝、氏照・氏邦らの軍勢を強行に突破し、かろうじて甲斐に帰国した。氏政が到着したのはその日のことであったが、間に合わなかった。これについて氏政は、「当旗本一日の遅々のため、取り逃がした、誠に無念の至り」と悔しがっている（戦北一三二一）。

しかし信玄に小田原城まで迫られたことは、やはり衝撃は大きかったと思われる。

武田家との全面戦争の影響

そもそも武田家との全面戦争は、武田家が隣国の戦国大名であったから、それまでの上杉輝虎との抗争とは、大きく性格が異なるものであった。すでに北条家は、二月には、百姓・職人の納税身分に対して、軍事物資などについて規定以上の負担を強いなければならなくなって、それを説得するための論理として、「御国の論理」を生み出すようになっていた（久保健一郎『戦国大名と公儀』・拙著『戦国大名の危機管理』）。

八月には、村落に課していた城郭普請を務める大普請役について、この年の負担分はすでに消化してしまったためか、追加を負担させることになった。武田領国は隣接していたから、武蔵・相模・伊豆・駿河にわたる長大な国境線の防備が必要となっていたからであった。そしてここでも「御国の論理」を持ち出すとともに、それだけでなく、城郭を堅固にすることは「第一に御国のためであり、第二に自分たちのためでもあるから、村落も北条家に奉公すべきだ」と、村落に対しても、北条「国家」への奉公を要求するようになっていた（戦北一二九六）。

不足したのは物資や普請役だけではなかった。軍勢もそうで、それについては境目の軍事拠点の守備のために大がかりな移動をともなう、時限的な在番制が導入された。たとえば、永禄十二年五月、武蔵岩付城（さいたま市）に在番していた江戸衆富永政家《まさいえ》を、滝山領由井城（八王子市）に移動させ、代わりに従属国衆の下総佐倉千葉家配下の国衆の助崎《すけざき》大須賀信濃守を在番させる、という具合である（戦北一二一八）。

その後この仕組みは、拠点城郭と境目の拠点ともに、在番制が展開されていき、そこでは軍勢数の規定やその配分、相番などについても規定されていき、さらに天正三年（一五七五）からは、城郭運用や在番衆の行動規定のための「城掟」の制定や、小田原城など北条家当主が直接管理する拠点城郭については、在番衆の城内での配置や法度としての「番帳」が作成されるようになって、組織的・機能的な軍勢と城郭の管理・運用体制が構築されていくのであった（佐脇敬一郎「後北条氏における城郭運用体制の発達」）。その契機こそ、この武田家との全面戦争にあった。

また同時に、それまでほとんど遠方への在番がみられていなかった、下総の国衆に対しても、それが命じられるようになっている。それまでは、国衆は基本的には本拠周辺が最前線におかれていたために、本拠での在城そのものが北条家への忠節とされていた。ところが武田家との全面戦争の展開は、そうは言っていられなくなり、国衆に対しても、北条領国全体の防衛への軍事行動が、恒常的に要求されていくようになった。

先の大須賀信濃守は、千葉家領国が里見家から侵攻を受けているなかにもかかわらず、北条領国の拠点城郭に在番を命じられているのである。そもそも千葉家は、北条家とも同等の、関東武家のなかで高い家格にあり、そのため他国への軍事動員はみられていなかったが、この武田家との戦争のなかで、千葉家当主そのものも、相模まで動員されるようになるのである。この後、国衆はそれこそ、北条家に従属している限りは、北条領国全体の防衛のための軍事行動を課されるものとなっていくのである。そしてそれについてもその契機は、武田家との全面戦争にあった。

深刻化する領国存亡の危機感

信玄の小田原侵攻は、一種の陽動作戦であったとみられ、本命は、十一月からの駿府再占領の軍事行動であった。駿河富士郡に進軍すると、十二月六日に北条方の前線拠点であった蒲原城（静岡市）を力攻めしてわずか一日で攻略、城将の御一家衆久野北条氏信（宗哲の次男）以下は戦死し、その報告を聞いた氏政は、「余りに恐怖（とても不安）」と感想を述べている（戦北一三五七）。十二日には最前線の薩埵山陣も攻略され、信玄は十三日に駿府の再占領を遂げた。これらにより駿河における領国は大幅な後退を余儀無くされた。

これにより北条家は、再度の本国への侵攻を覚悟せざるをえなくなり、そのためさらなる軍事動員体制の変更として、村落への軍事賦課を図るものとなった（拙著『戦国大名の危機管理』『戦国大名』・拙稿「戦国大名の民衆動員」）。

もともと中世を通じて、領主は戦場地域の村落には軍事動員を賦課していた。戦国時代に入ってからも、基本的にはその状況は変わらなかった。ところが戦国大名の領国が大規模化するにつれて、領国の中心地域から次第に、戦場地域から解放されるようになっていき、それにともなって村落への軍事動員はみられなくなっていった。そうして領国の中心地域では、軍役を負担する侍（兵）と、軍役を負担しない百姓（農）の区分が、明確化される状況がみられるようになっていた。

北条領国においては、当主の直接的な領国である「本国」では、遅くとも氏康の代にはそのような状況になっていたとみなされる。ちなみにその表裏の事態ととらえられるのが、災害・飢饉にあたっての村落に対する統一的な復興策の展開といえる。北条家では、氏康の代の天文十九年（一五五〇）

に、そのような領国全域の村落を対象にした復興対策がとられているので（「公事赦免令」）、その頃には「本国」では、侍と百姓の役割区分が明確化されていたと考えられる。

「人改め」による民兵動員

しかし武田家との全面戦争は、軍勢数の不足をもたらし、それを補填するために、十二月二十七日の年末になって、村落に対して、「人改め令」による百姓の一時的な民兵化を導入したのである。これは各村落に対して、村高に応じて動員人数を規定して、領域拠点の城郭への守備を命じるものであった。武器は持参だが、兵糧は支給され、動員日数も限定された。この動員の在り方は、夫役賦課の延長に位置づくものであったから、明らかに一般の侍とは区分されたものであった。

そしてこの動員には、やはり「御国の論理」が持ち出されているとともに、「御国にこれ有る役、一廻りに走り廻るべき事」（御国にいる者の務めなので、侍と同じように働くべきだ）、「抑もか様の乱世の時は、さりとてはその国にこれ有る者は、まかり出て走り廻らずして叶わざる意趣に候」（そもそものような乱世の時代では、どうしてもこの国にいる者は、出てきて働かないわけにはいかない、という考えだ）と、領国に居住するものの義務である、と主張しているのである（戦北一三三六・一三八四など）。

もちろんこれは、本来の戦国大名と村落との関係の在り方からすれば、逸脱したものであった。しかし北条家は、領国の存続が村落の存続と連動しているという認識のもとに、大名家の存亡の危機にあっては、村落であっても侍と同じく、大名家の存続に協力すべきである、という「御国の論理」を生みだし、そうした非常事態における規定外の村落の戦争協力を、領国民の義務として要求したのである。ここに戦国大名領国と領国内村落との一体的関係の形成をみることができる。そしてこうした際に動員される戦力は「一揆衆」と称され、この後においても天正八年（一五八〇）の再度の武田家との戦争、同十五年から同十八年までの羽柴政権との戦争においても、同様の動員がみられた。また同様のことは、この頃から、他の戦国大名家でも一般化するようになっている。

これらをみると、北条家にとって、いかに武田家との全面戦争から受けた影響が大きかったかがわかる。しかしそれへの対応のなかで、領国全域を対象にした在番制や国衆の動員、さらには「本国」の村落に対する「御国の論理」による戦争動員、なかでも百姓を「一揆衆」として軍事動員する体制を構築することになった。こうした家臣・国衆、さらには村落をも一体化させた領国の在り方の構築は、その後の近世大名にも継承されるとともに、戦国時代になって形成された大名領国という領域国家の在り方の、基本的な到達点をなすものといえる。

三度目の起請文交換

上杉輝虎は、沼田城にしばらく在陣した後、明けて永禄十三年（元亀元年・一五七〇）正月になると、下野佐野昌綱の攻略のため、佐野領に進軍した。下野は輝虎の管轄とされたにもかかわらず、佐野家のみ、いまだ輝虎に従属してきていなかったためであった。これには北条家も驚いたようで、輝虎に対しては「外聞実儀面目を失い、恐怖に申し」と不安に感じていることを伝え、佐野昌綱には、「御侘び事申し上げるべき」との助言をした（戦北一三七六）。しかも輝虎からは、佐野在陣中に武蔵岩付領・松山領の割譲と、養子の引き渡しを求めてきた。氏康・氏政は二月十八日に、ひたすら申し合わせる旨を誓約した血判起請文を出し（口絵参照）、これを受けて輝虎は沼田城に帰還した。

北条家では、ともかく養子の引き渡しを実現することにし、養子には幼少の国増丸に替えて、氏康の六男で末子の三郎を宛てることにした。それが知られるのは三月五日であるから、実際の決定はそれ以前のことであったろう。ただこの三郎は、前年十二月六日の久野北条氏信の戦死をうけて、宗哲の婿養子に迎えられていたところであったから、わずか数カ月でそれを破談にしての決定であった。北条家が養子の引き渡しをとにかく急いで準備したことは間違いないとみられる。ちなみに仮名の三郎は、久野北条家のものである。

そして氏康は、輝虎からも将来にわたって協力しあうことを誓約する血判起請文を求め、輝虎からは三月二十六日までに、要求通りの血判起請文が届けられた。それを受けて氏康・氏政は、四月五日に三郎が小田原を出立すること、武蔵国衆の忍成田家・松山上田家の帰属に関する見解、輝虎が氏康・氏政父子のことを「表裏」であると非難していることへの弁明などを述べている。

このうち成田家・上田家の帰属の問題に関する見解は、輝虎への帰属変更となる国衆に対しての、北条家の態度をよく示しているものとなる。彼らは領土協定での合意により、輝虎への帰属とされたものの、いまだに従属が実現していないことが問題にされていたらしい。それに対して北条家は、「成田家らは輝虎に帰属すると、成敗されると認識していて、越・相が血縁関係を結んだなら、一緒にこちらからも成敗しなければならなくなる、そうしたら彼らは信玄を頼るほかはなくなってしまい、数回通交しただけで信玄に属してしまうであろうから、信玄に通じることを防ぐには、輝虎から進退を保証する起請文を出してもらって、こちらで成田家らから人質を取るのがいい」といったことを述べている（戦北一二三九七）。さすがにこれは詭弁というほかないと思われる。これでは輝虎から「表裏」と非難されても仕方がないであろう。

そもそも氏政は、領土協定にあたっては、これまで北条家に従属している国衆の帰属は、そのまま維持されることを求めていた。ところが輝虎は、かつて関東に侵攻した永禄三年の時点での帰属関係に戻すことに固執し、結局は氏政は折れて、武蔵北部の国衆までの帰属変更を容認したのであった。またすでに直接支配下にあった岩付領について、輝虎が旧国衆で現在は常陸佐竹家の重臣になっている太田道誉《どうよ》（資正）を復帰させることを主張してくると、道誉の子梶原政景《まさかげ》を小田原に人質にとることを条件に出して、氏政は基本的には了承していた（戦北一三七九）。ところが輝虎が太田道誉にこの件をもちかけると、道誉は拒否しているのである。輝虎の志向が、そうした国衆当人の意向を考慮しない、独善的なものであったことが分かる。

越相同盟の実効化

氏政がこのように妥協を重ねたのは、いうまでもなく輝虎からの援軍獲得のためであったが、それがいまだに行われていないことから、国衆の帰属についてはできるだけ現状の維持を図るようになっていたと考えられる。しかも実際には、輝虎は武田家と和睦していたとみられるから、氏政にしても、なかなか武田領国に侵攻しない輝虎の態度には、図りかねるところがあったに違いない。

そもそもそれら国衆の帰属変更は、国衆の自発的な選択に委ねられたが、そうしたのは、かつて輝虎の重臣であった厩橋・大胡領の毛利北条家と上杉氏一門であった深谷上杉家、佐竹家との抗争が続いていた常陸小田家だけであった。また館林・足利長尾家については、かつて館林領は輝虎から与えられたものであったことをもとに、すぐに取り上げられるということがみられていた。その他の国衆は、なかなか輝虎への帰属変更を実現しなかったのが実状であった。下野佐野家はそのために輝虎から追討を受ける羽目にもなっていた。

こうしたことからすると、それら国衆は、どちらかといえば北条家への従属の継続を望んでいたとみられ、氏政はそれをもとにできるだけの勢力維持を図ろうとしていた、とみることができる。ただし北条家は、それら国衆から人質をとっていて、帰属変更にともなって、それらの人質は上杉家に引き渡されることになっていた。ところが氏政はそれを実行していなかった。国衆からすれば、人質は北条家に出したままとなっているから、そのままで上杉家に従うわけにもいかなかったのが実状かもしれない。これに関しては、輝虎が関東に出陣してきたら、引き渡すという取り決めにあったようだ（戦北一四七五）。しかしこれは実現されることはなかった。

さて輝虎の養子となるべき三郎は、四月十日に輝虎が在城する沼田城に到着、翌日に対面した。輝虎は三郎をともなってすぐに帰国し、十八日に春日山城に帰陣、二十五日に養子縁組の祝言をあげた。三郎は輝虎の初名を与えられて、「上杉三郎景虎」と名乗った。これにより北条家と上杉家は血縁関係を結ぶことになり、越相同盟はようやく本格的に発動をみることになった。輝虎の管轄とされた上野の国衆は、輝虎への帰属を実現した。その結果、由良家では、かつて輝虎から離叛した経緯のある成繁は隠居し、嫡子国繁が当主になる、などのこともみられている。また両家の協同の軍事行動として、すでに七月の西上野侵攻が取り決められていたが（戦北一三九一）、その七月になって、輝虎は武田家からの使僧を成敗しており（戦北四四六一）、甲越和睦を明確に破棄して、武田家とは対戦の姿勢をとったのである。

同陣をめぐる応酬

北条家と上杉家は、協同の軍事行動を、予定通り七月に行うとして、十七日には取次の藤田氏邦と輝虎側近家臣の山吉豊守《やまよしとよもり》との間で、近日中の打ち合わせを取り決めたが、そうしている間に、八月四日に武田信玄が伊豆に侵攻して、西上野への出陣どころではなくなった。さらに同月六日には、氏康が病気で倒れ、しかもかなりの重態となってしまった。ちょうどこの時、協同の軍事行動の打ち合わせのために、上杉家の使者が小田原を訪れていた。そこでは主に、同陣のことが協議されていたらしいが、信玄の侵攻により中断を余儀なくされていた。

同陣の実現にあたって、上杉方からは、いくつかの案を示されている。互いに途中まで出陣して、家老同士で日取りを決めるというもの、途中までの出陣が無理なら、氏邦に宿老筆頭の松田憲秀を付けて利根川端まで出て行って相談する、というものであったが、中断となった。また輝虎の関東進軍に際してのこととして、輝虎が厩橋城に着陣したら、氏政兄弟一人を沼田城に寄越すことについては、承知せず、人質との疑心があるのであれば、輝虎は十本の指でも二十本の指からでも血を出して誓約し、これを景虎に見せる、と言われたが、これも拒否した。それではと御一家衆北条綱成の二人の子のうち一人を寄越すか、松田の子でも寄越すか、と対案を示されても拒否した。そして、北条家からは、関東進軍の際には、家老の子弟二、三人を沼田城に送り、上杉方からも家老の子一、二人を寄越してもらい、滝山城か鉢形城に置く、という提案を「公事むき」（裁判向けの口調）で出すという有様であった（上越九二九）。

北条方で対応したのは、氏邦と、氏政の側近家臣の山角康定《やすさだ》・岩本定次であったとみられる。十三日付で氏政は、その上杉方の使者に宛てて、西上野への侵攻を要請し、同陣については、輝虎が進軍してきたら、防備を調えたうえで、同陣しにいくことを伝えるにとどまる内容になっているから（戦北一四三六）、結局、この件はどのように決着をみたのかはわからない。しかしここからは、北条方が同陣についてはかなり拒否的な態度にあったことは間違いない。

しかしともかくも輝虎は、九月五日になってようやく春日山城を出陣、関東に向けて進軍した（上越九三八）。すると信玄は転身して、七日に信濃から西上野に進軍、上杉方の沼田領・厩橋領を攻めた後、十月には北武蔵の北条領を攻撃した。輝虎は、ようやく十月二十日に関東に進軍してきたものの、武田軍が北武蔵を攻撃していたから、そもそも同陣などは無理であった。また輝虎も、自己の領国維持に終始し、武田軍が退陣するとそのまま帰国してしまうのである。そして十二月になると、信玄は今度は駿河御厨に進軍してくるという状況であった。氏政はこの信玄の神出鬼没ともいうべき軍事行動の展開に、翻弄される様相になっている。

越相同盟の破綻

元亀二年（一五七一）正月、北条方の駿河御厨の拠点であった深沢城（御殿場市）は落城、氏政は謙信（輝虎）に援軍を要請した。謙信は自身は越中出陣を予定していたため、二月になって家臣を上野まで進軍させてきたものの、武田軍が退陣したのを受けて帰陣させている。そうして三月に自身は越中に出陣してしまうのである。こうした状況のなか、北条家は武田家と和睦したという風聞が流れるようになっていたらしく、これを聞き付けた謙信から、事情を問いただされた。これに対しては、氏康から四月十五日付で、そのようなことは無いことを返答するとともに、あらためて援軍を求めている。なお氏康は、前年の重態から、暮れ頃には快復をみせていたものの、ここでは花押を自署していないので、再び体調が悪化していたものと思われる。

その数日前に氏政も謙信に書状を出しているが、武田家との和睦などのことには一切触れていない。謙信からは、信玄が侵攻してきたらすぐに後詰めするという意向が伝えられていて、氏政は越中での戦果を祝うとともに、後詰めの意向に感謝を示しているにすぎない。対して氏康の書状は、武田家との和睦の件の弁明、謙信からの助言への回答、国衆からの人質の引き渡しの件についてなど、かなり丁寧に返答している。これらをみる限りでは、氏政は完全に、謙信との同盟に見切りをつけていたと考えてよいと思われる。

他方の謙信はといえば、境目の城郭を堅固にすることや、家臣に軍事支援することなどの助言をしていたらしいから、謙信としてはあくまでも同盟維持を尊重していたようにも思われる。八月には武田家との敵対関係を見据えて、遠江徳川家康との同盟交渉を開始しているから、謙信自身は、北条家との同盟を踏まえて、武田家との抗争に取り組む姿勢をとりつつあったといえるかもしれない。

そうであったとしたら、氏政と謙信とでは、同盟において重視すべき内容が、あまりにもかけ離れたものであったと考えざるをえない。氏政は、互いに対等の戦国大名同士として、互いの領国を尊重しあい、共通の敵に対して協同の軍事行動を行ったり、互いに援軍を出し合うなどの関係を求めていたのであろう。これはいわば、それ以前にあった、駿甲相三国同盟の在り方であったといえる。対して謙信は、自身を関東管領として位置づけ、北条家をそれに従えるかたちをとることに拘っていたと考えられる。領土協定や同陣の問題が、最後まで合意に達しなかったのは、互いがこの同盟に求める内容の違いにあったといわざるをえない。とはいえ北条家と上杉家の通交は、その後も続けられたらしい。九月の下総進軍を謙信に連絡していたようで、それに関しては十月三日付の景虎の書状に、氏政から景虎に書状が送られたこと、景虎が謙信の指示を得てそれに返書を出したこと、などがみえている（戦北四三六三）。

氏康の死去

しかしその間の七月には、氏康が再び重態におちいった。かなりの重態であったとみられ、四男氏規は昼夜小田原城に詰めるという状況であった（戦北四〇五九）。そして八月には、それまで氏康が「武栄」朱印状で命じていた、「本国」の諸役賦課に関する文書も、氏政が虎朱印状で出すようになっているから、もはや氏康の快復は見込めない状態になっていたと思われる。実際にもそのまま快復することなく、十月三日に五十七年の生涯を閉じた。『異本小田原記』（「国史叢書」本）によれば、葬儀は二日後の五日に行われ、御一家衆はいうまでもなく、家老衆の面々は嘆息し、その死を惜しみ、それは父母との別れ以上のものであったという。法名は大聖寺殿東陽宗岱大居士と贈られ、菩提寺として、北条家の菩提寺早雲寺の塔頭として大聖院が建立されることになる。

この氏康の死去を契機にして、これ以後、氏政と謙信の通交は全く途絶えるものとなった。氏政は、謙信との同盟は無意味と認識するようになっていたためと考えられる。武田家との戦争に際して、援軍獲得のために同盟したにもかかわらず、これまで一度も有効的な支援を受けることはなかった。武田家との戦争は当初の優勢から、完全に劣勢となり、駿河の大半を領国化され、さらに武蔵北端の御嶽領も経略された。領土協定によって、上野・下野・北武蔵国衆を手放したうえ、里見家からは上総・下総に侵攻を受け、勝浦正木家や土気・東金両酒井家は里見方に属し、佐竹家からは小田家領国の経略を進められるなど、勢力を大きく後退させるようになっていた。ここにきて氏政は、外交政策を反転させて、武田家との同盟締結を図るのであった。

第四章　甲相同盟から御館の乱への対応

1　氏政の単独政権

甲相同盟の復活

氏政が武田信玄との同盟を復活させたことが分かるのは、氏康の死去から一カ月ほど後の、元亀二年（一五七一）十一月十日のことであった。この日、このことを聞きつけた上杉謙信は、最前線の上野厩橋領にあった毛利北条高広に、「氏政が信玄と一緒に自分を攻めても滅ぼせないとわかって、氏政が信玄と手切れして同盟を求めてきたとしても、謙信は信玄と同盟して、伊豆・相模は信玄が攻撃することにし、ここは氏政と謙信の『運くらべ』である」と述べている。

そして「このように『馬鹿者』とあらかじめわかっていたら、里見・佐竹・太田道誉に手切れしたことを後悔している」と述べている。ここでの「馬鹿者」について、かつて里見らのこととらえたが（拙著『関東戦国史』）、これは氏政に対するものとみるのが妥当のようである。さらに謙信は続けて、「昨日までは氏邦がきっと（釈明のために）やってくるか、あるいは氏政があわててひたすらに（釈明を）言ってくるかと思っていたが、そのようなことはなく、あまりの『馬鹿』に言う言葉もない」と、再び氏政の行為を「馬鹿」といって、閉口の様をみせている（上越一〇六八）。

これらのことから、氏政が信玄との同盟を復活させたのが、これより以前のことであることがわかり、それこそ氏康が死去してしばらくのうちに、その交渉を進めたと思われる。これについて謙信からは、そのように激しく非難を受けるのであるが、それは当然といってよい。信玄との同盟について全く通知しなかっただけでなく、それは謙信との手切れを前提とするものであった。謙信は前日まで氏政から釈明があることを期待していたらしいから、謙信の側では、あくまでも氏政との同盟維持を尊重していたことがうかがわれる。

謙信は、この氏政の動きに対抗して、そこで毛利北条高広に伝えている通り、ただちに信玄との同盟締結を図るのであった。これについてはその高広が窓口となって、「密談したい」と、武田家宿老で武田方の最前線にあった上野箕輪城代の内藤昌秀《まさひで》に申し入れをし、それを受けて信玄は、同じ十一月十日に、家臣雨宮淡路守存哲《ぞんてつ》を高広のもとに派遣している（戦武一七四七）。信玄は十一月十日に毛利北条高広への使者を出しているから、高広からの申し入れはそれ以前のことであったことがわかる。

そこで謙信側からは三カ条の同盟条件が提示されたが、その内容は、以前に申し合わせた内容（甲越和睦の際のことであろう）と変わらず、そのため内藤昌秀は信玄・勝頼《かつより》父子には取り次ぐに及ばないと判断した。これを受けて信玄の宿老跡部《あとべ》勝資《かつすけ》は、十二月十七日に、毛利北条高広父子に対して、現在、信玄と氏政は同盟しているので、謙信と和睦するなら、「三和一統」（北条・武田・上杉三家の同盟）以外にはありえないと返答し、謙信からの申し入れを拒否している（戦武一七六二）。なおここでの「三和」の申し入れの主体について、かつては毛利北条高広と理解したが、武田家とみるのが適当と考えられる（丸島和洋『戦国大名の「外交」』）。

氏政の外交判断

氏政と信玄は、氏康の死去を契機にして同盟関係の復活を進め、対して謙信は、そのことを把握すると、ただちに逆に信玄との同盟を図るという具合に、水面下での激しい外交合戦が展開された。そこで主導権を握っていたのは信玄であり、信玄は、謙信から同盟打診を受けてから一カ月半後に、提示された条件が話にならなかったこともあり、明確に拒否を回答した。そうして氏政と信玄との同盟、それに伴う氏政と謙信の同盟破棄が決定されることになった。

ちなみにこれらの外交政策の反転について、氏康が死去する際、謙信との同盟を破棄して、信玄と同盟を結ぶよう遺言した、という話が伝えられているが、そのことを示す当時の史料はなく、また江戸時代前期に成立した軍記物にもみることはできないから、これは後世での創作に違いない。それではこの政策は氏政の独断のものであったのか、そしてそれは氏康の意志に反するものであったのか、考えておく必要がある。確かなことは、それをうかがわせる史料がないためわからないものの、氏康が、再び重態に陥る直前まで、信玄との再同盟の動きを否定し、謙信との同盟維持の姿勢を示していたことは間違いない。しかしそれはあくまでも、謙信から援軍を得るためのものであった。

問題は、このことをどのように評価するか、ということになる。氏政は、先にも少し触れたが、その直前に謙信に返事しているなかでは、信玄との再同盟の件にはまったく触れていない。そのことからすると、氏政は信玄との再同盟に大きく傾いていたものと思われる。しかしその動きは当然ながら、氏康も承知していたとしか考えられない。そうであるとすれば、少なくとも氏康は、氏政のそのような考えを黙認していたのではないかと思われる。氏康としても、一向に有効的な援軍を実現しない謙信の態度には、不満を抱いていなかったとは思われないのである。

しかしながらここでの外交政策の反転が、まさに氏康の死去を契機にしていることを重視するならば、やはり氏康は、その死去まで、謙信との同盟維持を第一に考えていたとみなさざるをえないと思われる。それは信玄との同盟決裂の経緯を、簡単には水に流すことはできなかったのではなかろうか。それに対して氏政は、信玄はかつての舅でもあったから、氏康ほどには信玄への嫌悪感は少なかったのかもしれない。しかしそれよりも氏政は、越相同盟交渉においても、基本的には、現実の勢力の維持を優先して考えていたことをみると、現在の北条家の勢力維持を考えて、信玄と再同盟して、謙信と抗争するほうが、適切であると判断したのではないかと思われる。

とにかくも氏政は、このようにして氏康の死去を契機に、一転して外交政策を反転させて、それまでの上杉謙信との同盟を破棄し、敵対していた武田信玄との同盟を成立させた。十一月十日にはそのことが確認されるから、その成立は、遅くても十一月初めのことであったとみられる。同盟の条件として確認できるのは、謙信との断交と領土割譲であった。前者については、互いに「手切れの一札」

（宣戦布告書）を取り交わしている。後者については、西上野を除いて関東は北条領国、駿河・西上野は武田領国と取り決められたらしく、北条家からは駿河駿東郡南部の興国寺城《こうこくじ》（沼津市）・平山城（裾野市）とその城領を割譲した。これにより駿河における領国は、伊豆に接する黄瀬川《きせ》以南の大平《おおひら》城領のみとなり、それらについては以後は「伊豆」と称されるようになっている。対して武田家からは、武蔵北端の御嶽領を割譲されることになる。

由良家からの抗議

そして十二月二十七日の年末、氏政は、これまで越相同盟において取次を務め、これからは上杉方への最前線に位置することになる、氏邦とその「指南」を受ける上野国衆に、上杉方への敵対にともなう戦略について指示している。氏邦については、あらかじめ通知されていたと思われるものの、由良家などの国衆に対しては、この時に初めて外交政策の反転を通知したものであった。これを受けて、由良成繁・国繁からは、年明けて元亀三年正月十一日付の書状で、武田家との同盟について報されていなかったことで「面目を失」った、との抗議がよこされた。これは越相同盟が、由良成繁の取次により成立したものであったから、それを破棄することは、「中人」であった成繁の面子を潰すものであったからである。

この抗議を受けて氏政は、「前月中旬から病気で臥せっていて、二十八日に針治療をし、正月も七日になって政務を始めたもので、火急のことではなかったので、由良家に通知するのが遅くなっただけで、決して蔑ろにしたわけではない」し、また「御一家衆・家老にもこのことを初めて報せたのは二十七日のことで、このことは偽りではないので、起請文にも書き載せる」と弁明している。しかしこの内容は、見え透いた言い訳としかとらえられないであろう。

氏政は由良家からの書状を十五日に受け取ったとして、その日に、由良成繁・国繁父子にそのような弁明を行い、またあらためて上杉家との同盟破棄と武田家との同盟にともなう領土協定の内容について、連絡している。そのうえで、由良家への弁明内容について、「けっして方便ではなく、心底そちらを疎略にするつもりはないのに、恨まれるのは迷惑であるが、このうえで弁明を聞き入れてもらえないのであれば、氏政を敵とされても、力不足と思うしかないが、これまで入魂にしてきた間柄であり、また決して蔑ろにする考えは無いので、これからはより一層相談してもらえれば喜ばしい」と書き送った（戦北一五七二）。

ここからは、氏政自身も、由良家を蚊帳の外に置いたかたちでの外交政策の反転は、由良家の離叛を招きかねないものであったことを十分に認識していたことがわかる。氏政はそのため、なりふり構わない言い訳をして、由良家の引き留めにあたった、といえるであろう。しかし同時に、気に入らないのであれば敵になっても構わない、というに等しいあたりは、氏政の強気な姿勢をうかがうことができる。結局、由良家は氏政への従属を継続することにし、二月十三日にはあらためて互いに血判起請文を交換して、北条家に従属する立場を確定させるのである（戦北一五八二）。

政権交代に伴う人事変更

氏康の死去はまた、北条家において一つの「代替わり」と認識された。氏康・氏政がともに「御屋形様」として存在した「二御屋形」「御両殿」の在り方から、氏政の単独政権に変わったからであった。すなわち政権交代として認識されたのであった。

それにともなって元亀三年（一五七二）正月から閏正月にかけて、家臣への軍役を規定する「着到帳」の改定が行われている。確認されるのは武蔵岩付衆と、北条氏光による同小机衆に対してのみであるが、それ以外の軍団でも改定が行われた可能性はあろう。またこれにともなって、玉縄北条家では、綱成から嫡子康成に家督が譲られ、氏政は康成に北条家の通字「氏」の偏諱を与えて、「氏繁」と改名させている。

当主側近家臣にも入れ替わりがみられた。最後まで氏康の側近家臣であった者のうち、大草康盛は久野北条宗哲の家老に転じた。遠山康光はすでに景虎の上杉家養子入りにともなってその家老となって越後に赴いていたが、その子康英は、表舞台からほとんど姿を消していった。同じく石巻家貞・幸田与三・南条四郎左衛門尉なども同様であった。代わって氏政の政務は、石巻康保・同康敬兄弟、板部岡融成・笠原康明・幸田定治・関江雲《こううん》・垪和康忠・山角康定・同定勝・依田康信《やすのぶ》といった、氏政取り立ての側近家臣を中心に執り行われていくのである。

軍団構成にも変化がみられた。これは武田家との戦争終結の結果を受けてのことという側面もあったが、武蔵江戸城代遠山政景は、江戸領のうち下総葛西領の行政担当に縮小し、代わって江戸城代には玉縄北条氏繁の弟氏秀が就任した。この氏秀も、兄の改名と同時に、氏政から偏諱を与えられて、康元から改名したと推測される。「一手」の構成者では、かつて武蔵河越衆寄親であった山中内匠助家（頼次の子頼元）は、独立した軍団とされて、小田原城に配属され、またかつて武蔵松山衆寄親であったもののうち、垪和氏続は馬廻衆に編入され、狩野介・太田豊後守家（泰昌の子十郎）は「一手」

構成者から外されている。そして馬廻衆では、石巻家貞が外れて、それまでの山角康定に加えて、垪和氏続・依田康信の三手とされたと考えられる（戦北四二九五）。

目安制に基づく裁判制度において、裁判担当者を務める「評定衆」の構成についても、大きな変化がみられた。それまでは主として氏康側近の石巻家貞と狩野泰光が務め、案件により領域支配担当の笠原綱信・清水康英（伊豆）と山中康豊（相模三浦郡）の参加があったが、途中で石巻家貞がその嫡子康保に代わったうえで、元亀三年からは、石巻康保・山角康定・依田康信が主として務め、その他では、笠原康明・垪和康忠が管轄する領域や案件について参加がみられるにすぎない。すなわち元亀三年からは、氏政側近の馬廻衆のみがあたっており、そのなかでも石巻康保・山角康定・依田康信の三人によって務められるようになっている（拙稿「北条家評定衆の構成について」『戦国大名領国の支配構造』）。

これらのことはいずれも、氏政の単独政権の成立にともなう人事変更ととらえることができるであろう。そしてここで構築された人員構成は、その後に嫡子氏直に家督が譲られた後も、基本的にはそのまま継承されて、小田原合戦まで継続されるものとなっている。

2　関東八カ国支配に向けて

謙信との抗争再開

謙信は前年末から上野に進軍してきていたが、元亀三年正月に武田信玄が西上野に進軍すると、両軍は利根川を挟んで対峙した。氏政は、信玄との同盟に基づいて、閏正月にまず弟氏照と河越城代大道寺政繁《まさしげ》を派遣し、二月には自らも出陣して、上杉方の厩橋領を攻撃した。ここに氏政は、再び謙信との抗争を展開することになった。ただその状況は、それ以前と比べると、少し異なるものとなっていた。謙信はこの時、常陸佐竹家とその与同勢力、および房総里見家とは、まだ連携する関係に戻っていなかったのである。

また氏政にとって当面の攻略目標となったのは、それまでも上杉方であった武蔵羽生城（羽生市）の木戸忠朝・菅原為繁（広田直繁の子）と下総関宿簗田家、越相同盟に基づいて上杉方となった、武蔵深谷上杉家と下総栗橋野田家であった。八月からそれらへの攻撃を進め、十二月七日には栗橋城を攻略した。他方で佐竹方との抗争も展開され、下野那須家と下総結城家が相次いで佐竹方となった一方、すでに下野佐野昌綱は従属し、下野宇都宮氏に従属していた皆川広勝《ひろかつ》（俊宗の子）・壬生義雄《よしかつ》が従属してきた。そのため栗橋城を攻略した後に、そのまま両家支援のために下野に侵攻した。十二月二十九日の多功原《たこうがはら》で佐竹方と合戦となったが、敗北を喫している。

これを聞いた謙信は、「(氏政は) このように東方衆（佐竹方勢力）とさえ戦って負けているのに、ま

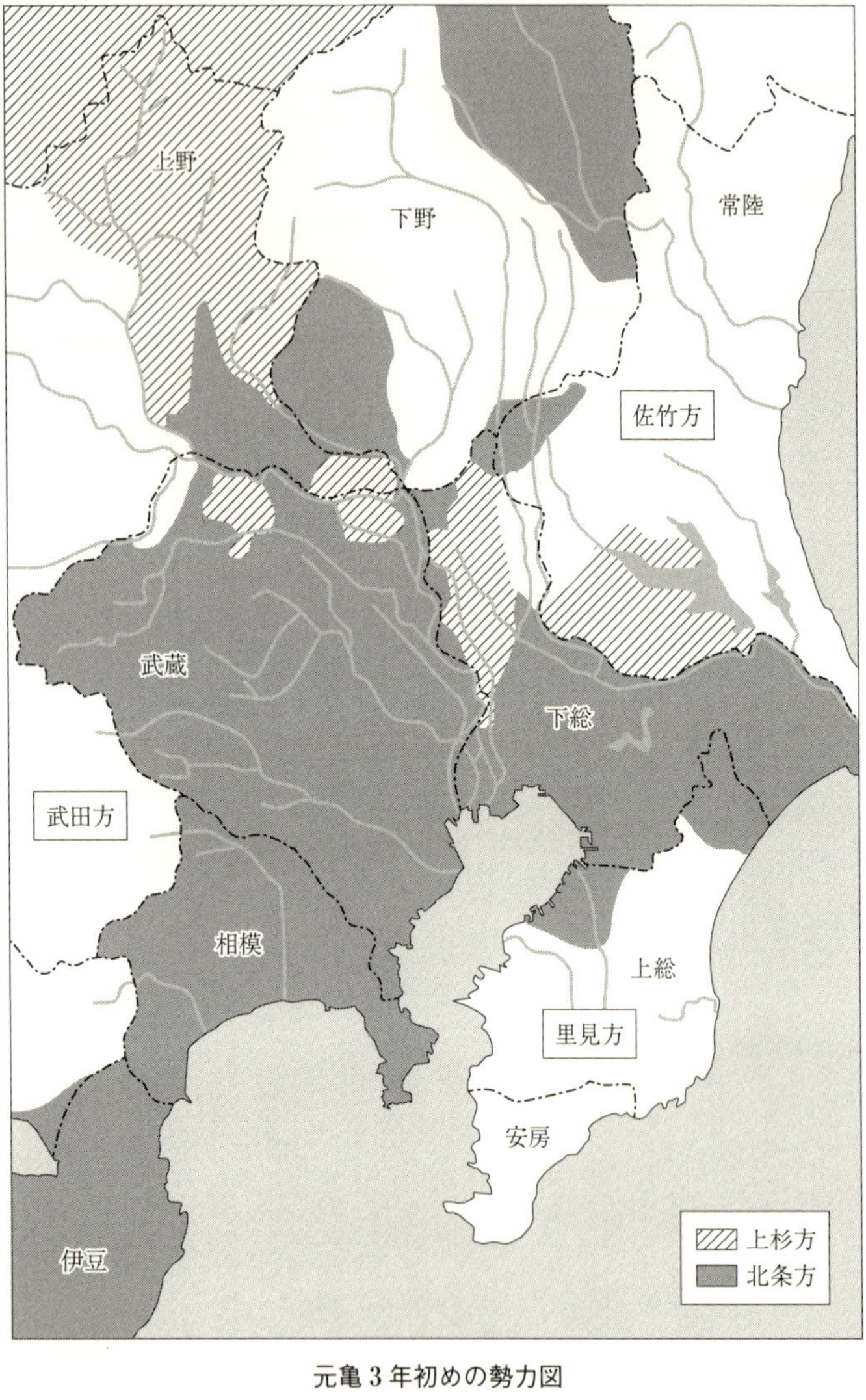

元亀３年初めの勢力図

してや謙信が越山した時に戦う（「旗を合わせる」）のだとしたら、『腹筋』（おかしくてたまらない）である」「氏政だけで謙信と対陣してきたとしたら、そちらでも『咲い物』にすることだろう、信玄・氏康が同陣した時でも、何度も謙信は向かっていき、退散させた時もあったことは、みんなも聞いているでしょう」と述べて（上越一一三九）、氏政を酷評している。他方で謙信は、東方衆に対しても、「芦名盛氏を謙信に同心させまいとしても、すでに氏政と手切れしているからには、こちらに付かなくては叶わないだろう」と、佐竹方勢力は、単独では氏政に対抗できないとも観測している。

上杉方への攻勢

元亀四年（天正元年・一五七三）二月以降も、下総関宿城・武蔵深谷城（深谷市）・同羽生城への攻撃が続けられている。そうしたなかで四月十二日に武田信玄が信濃で死去したが、武田家では信玄は病気のまま生存していることとされ、七月に嫡子勝頼に家督が譲られた、という体裁をとった。これを受けて氏政は、勝頼の家督相続を祝し、あらためて勝頼との間で、浮沈をともにする旨の起請文を交換している（戦北一六五五）。もっともすでに信玄死去については、その直後から謙信や徳川家康らにより公然化されていたから、氏政もそのことを認識していたに違いないが、これは武田家の体面に合わせたものとみられる。

またその間の四月、謙信はようやくに佐竹方勢力との盟約を復活させ（上越一〇九四～五）、織田信長・徳川家康と連携して武田・北条領国への侵攻を申し合わせると、氏政に対しては「信玄を押し詰めたら、『その足で蹴倒す』つもりだ」とまで意気込むようになっている（上越一一五〇）。謙信は、佐竹方と同時に、武田家と盟約していた里見家にも働きかけをしていて、翌天正二年二月、里見家は謙信との盟約を復活させて、北条家に手切れすることになる。こうして謙信と佐竹方勢力・里見家との盟約は復活をみて、越相同盟以前の政治関係に復活するのである。

その天正二年、氏政は正月から関宿簗田家を攻撃、対して謙信は二月、二年ぶりに関東に進軍してきて、北条方の新田由良家を攻撃してきた。前年に上野桐生領を攻略されたことへの報復であった。そのうえで四月半ばには利根川端まで進軍して、羽生城への兵糧支援を図るが、氏政は対抗のために武蔵本庄（本庄市）に在陣した。ここに再び、氏政と謙信の対戦となった。しかし利根川の増水により、互いに進軍できず、謙信の羽生城支援も失敗し、謙信は同月末に帰国した。すると氏政は、五月に再び関宿簗田家を攻撃、下野皆川・壬生両家からの支援要請を受けて、佐竹方の下野小山家領国の小山領・榎本《えのもと》領に侵攻した。これにより小山秀綱から、和睦を申し出られるようになっている。

氏政は七月に、由良家への支援のために、上杉方の厩橋領・大胡領に進軍したが、月末から八月にかけて、再び小山領・宇都宮領への進軍を図った。この頃、下総結城晴朝は佐竹方から離叛して氏政に従属してきていて、佐竹義重や小山秀綱は、その晴朝を頼んで、和睦を申し入れてきた。謙信の退陣、氏政の攻勢を受けてのことであったと考えられる。しかし八月、氏政はそれを拒否しているので、佐竹方への強気の姿勢がうかがわれる。

上杉勢力の衰退

十月になると、氏政は再び関宿領を攻撃、すると謙信も支援のために、この年二度目の関東への進軍を行った。十一月に入ると、利根川両岸域で北条方の国衆領国を攻撃、月末には佐竹義重に参陣を求めて、小山領に転進している。しかし佐竹義重は、結城晴朝

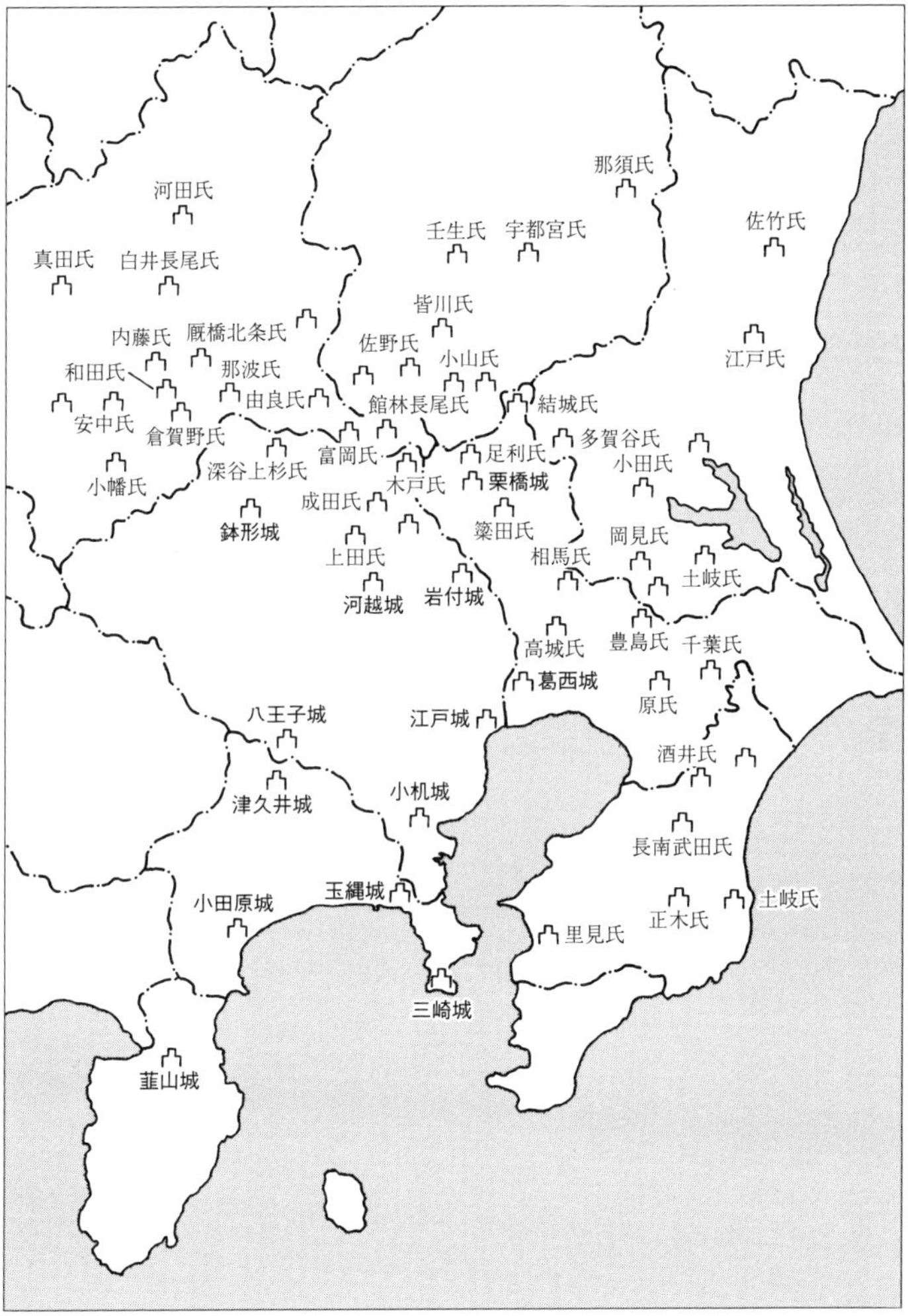

関東諸将分布図（北条氏が管轄する城郭をゴシックで示した）

を通じて、武田勝頼に依頼して氏政との和睦交渉を進めていたため、謙信からの要請には応じず、逆に簗田家と氏政との和睦についての一任を求めるのである。謙信は佐竹方との共闘を諦め、閏十一月に再び北条方の国衆領国を攻撃したうえで、十八日に羽生城に着城すると、同城を破脚し、在城衆を引き連れて、十九日に上野厩橋城（前橋市）に退陣、その後に帰国するのである。放棄された羽生城については、氏政は忍成田家に与えることになる。

それと同じ閏十一月十九日、佐竹義重の斡旋により、簗田家は氏政に降伏・従属、関宿城を開城して、水海《みずみ》城（古河市）に後退した。同時に、氏政と佐竹義重・宇都宮広綱は和睦した。これは結城晴朝を通じての、武田勝頼の斡旋によるものであった。

越相同盟崩壊後からこの年閏十一月にかけての氏政と謙信との攻防は、氏政の圧倒的な勝利に終わった。武蔵羽生領、下総栗橋領・関宿領が北条方に帰し、上野桐生領を由良家が攻略し、下野足利領を館林長尾家が奪回し、下総結城晴朝、下野佐野昌綱・皆川広勝・壬生義雄、常陸小田氏治は氏政に従属し、佐竹義重・宇都宮広綱も氏政と和睦するに至ったのである。そして謙信方として残った勢力は、氏政・佐竹方双方と敵対した下野小山家と房総里見家のみとなった。

その直後ともいうべき十二月十九日、謙信は出家した。神仏の加護をさらに得ようとしてのことであったから、氏政との抗争の劣勢が、それを促したのではなかったかと思われる。そして翌天正三年四月二十四日、謙信は氏政追討を春日山城内多聞天に祈願した（上越一二五〇）。そこでは「北条氏政は非分を行い、上杉家分国を侵攻し、勝手な振る舞いをしている。先年謙信と一和していた時、数枚の起請文を寄越し、翌年にはそれを破り、弟景虎と年来忠信を尽くしてきた遠山康光・康英父子を見捨て、父氏康の遺言に背き、『東将軍』を切腹させ、天道・神慮の筋目をわきまえず、親子兄弟の好も知らず、起請文の罰を考えない」と激しく非難している。そして出家後も深く信心していることを述べて、関東経略と氏政退治を祈願している。

ここからは謙信の氏政への怒りと同時に、それとの抗争が優勢に進まない悔しさが滲み出ているように思われる。謙信はその後も、天正三年・同四年と関東に進軍してくるが、攻撃は由良家の新田領・桐生領にとどまるにすぎなかった。もちろん謙信の関東侵攻の影響力は小さくはなかったが、もはや氏政の攻勢に対抗しうるものとはならないようになっていた、といっていいであろう。

古河公方勢力の統合

天正二年（一五七四）閏十一月における簗田持助の降伏、従属にともなって、関宿城は北条家の管轄となった。それにともなって氏政は、関宿城を拠点にして、公方領国全体を事実上の支配下に収めるようになっている。

氏政は簗田家には、本来的な本拠であった水海城に後退させ、所領も安堵して、そのうえで古河公方足利義氏にも赦免を求めた。義氏は、簗田家に対しては相当の遺恨を抱いていたらしく、「御鬱憤の旨を深く仰せ出された」が、氏政の説得を受けてであろう、その後は考えを改めて、十二月十四日に赦免することを承諾している（戦北一七五四）。これにより簗田家は義氏への帰参を果たし、以後においてはかつてと同じく、古河公方家の宿老筆頭として存在していくのである。

ちなみにこれより以前の元亀元年（一五七〇）六月に、足利義氏は、古河公方家歴代の本拠の古河城への帰還を果たしていた。これは越相同盟のなかで、謙信も古河公方に義氏を承認したことを受けてのことであった。なお古河城は、先にも触れたように、それ以前の永禄十年（一五六七）に、簗田家が北条家に従属した後に、簗田家から義氏に返還されていたものであった。ここに義氏は、それこそ永禄四年以来の、公方領国からの流浪状況に終止符を打って、ようやくに領国への復帰を遂げてたのである。なおその際に、氏政の妹浄光院殿が、義氏の正妻（「御台」）として入稼したと推測される。

越相同盟の崩壊に伴い、簗田家は、栗橋野田家らとともに、謙信方に属して、それこそ古河城の義氏に敵対した。しかも関宿城には、それまで房総里見家のもとにあった義氏の兄藤政《ふじまさ》を、古河公方として擁立して迎え入れていたらしく、藤政は開城にともなって切腹させられたらしい。先に謙信が願文で述べていた「東将軍」とは、藤政のことと思われる。かつて謙信が永禄三年に関東に侵攻して以降、簗田家は義氏と敵対している際には、義氏には兄にあたる藤氏、その死後は藤政を、古河公方として擁立していた。ここで藤政が死去し、簗田家が義氏に帰参したことによって、それ以来続いていた古河公方家の分裂は、ようやくに解消されることになったのである。

古河公方領国の併合

そのことと関わるとみられるが、氏政は関宿城を請け取ると、同城を北条家の、公方領国支配のための拠点とした。また公方家も、氏政に対して、関宿城管轄の村落への、百姓還住《かんじゅう》と濫妨狼藉禁止を認める虎朱印状の発給を求め、十二月二日にそのリストを提出してきた。氏政はそれを受けて、十一日・十二日付で各村落にそれらを認める虎朱印状を出すとともに、関宿城維持のための普請役などの賦課を命じている。このことはそれらの村落が、関宿城を維持するための役割を担うものとされたことを示し、ここに関宿城を支配拠点とする関宿領の形成をみることができる。

もっとも関宿領は、あくまでも古河公方家の領国であり、そこでは足利義氏による奉公衆への知行充行や公事賦課は行われた。しかし領国維持のための関宿城普請役を、北条家が各村落に直接に賦課し徴収するようになるということは、領国の平和維持を北条家が担うようになったことを意味している。足利義氏による領国支配は存続したが、それを北条家の領国支配が覆うものとなった。

関宿領については、支配開始当初には、河越城代大道寺政繁を在番させるとともに、岩付衆を派遣して領域支配を担当させていたが、やがて江戸城代北条氏秀を城代として派遣するようになる。また足利義氏の本拠古河城にも、北条宗家から江戸衆・岩付衆が在番衆として派遣され、取次の北条氏照も家臣を在番衆として派遣した。さらには天正五年から同八年にかけては、領国東端の幸島《さしま》郡に飯沼城（坂東市）が構築され、岩付城代であった玉縄北条氏繁が城代として在城した。こうして北条家は、古河公方領国の全域を、事実上、領国への併合を遂げたととらえることができる（長塚孝「足利義氏政権に関する一考察」「後北条氏と下総関宿」・佐藤博信『古河公方足利氏の研究』・拙著『古河公方と北条氏』）。

下野への進出

天正三年（一五七五）になると、氏政の攻略目標は、下野小山家と房総里見家に絞られた。六月、小山家と皆川家の抗争に伴い、氏政は小山領に侵攻して、小山家の有力拠点の榎本城（栃木県大平町）を攻略し、その後は氏照が引き続いて小山城（小山市）攻略にあたった。そして氏政は、八月からは上総に侵攻して里見領国の経略を進めた。こうした情勢を受けて、佐竹義重らの佐竹方勢力は氏政とは手切れして、小山家支援のために再び上杉謙信と盟約を結び、九月には謙信がその支援のために上野に進軍してくる。さらに十二月、謙信が仲介して、佐竹義重と里見義弘は盟約を結ぶことになる。こうして再び、上杉・佐竹・里見の連携が成立した。

しかし氏政は、十二月二十五日には、小山家の本拠小山城（祇園《ぎおん》城）の攻略を果たし、小山家を没落させて、その領国を併合した。そして小山領は攻略に功のあった氏照に与えられた。これによって北条家は、下野に本格的な領国を得ることになった。それだけでなく、北関東において鎌倉時代以来の名家にして有力国衆であった小山家を没落させたことは、北関東の政治構造にも大きな影響を与えるものとなった。

北関東では、関東の戦国時代をもたらした享徳の乱（一四五五〜八二）の展開後も、下野宇都宮・小山、下総結城、常陸小田・佐竹らの室町時代以来の有力領主がなおも併存して存立している状態を維持していたのであったが、ここにその有力な一つであった小山家が、ついに没落をみたのである。残された宇都宮家以下は、北条家との抗争に存亡の危機を強く抱くようになったに違いない。

新たな戦略構想

そして北条家では、この小山領攻略を果たしたのとほぼ同時期に、御一家衆と重臣の有力者の通称を、一斉に受領名に改めることをしている。そこでは北条氏照が陸奥守、藤田（北条）氏邦が安房守、北条氏繁が常陸守、さらには側近的な重臣のうち、石巻康保が下野守、山角康定が上野守、笠原康明が越前守、垪和康忠が伯耆守、山角定勝が紀伊守、依田康信が下総守、といった具合であった。もちろんこれらの改称が同時のものであったかは、まだ確定できないが、それらがいずれもこの時期に改称していることは、偶然のこととは考えられないので、氏政による統一的な措置とみて間違いないであろう。なお現在のところ、改称の時期については、天正三年の八月から十二月までの間のことと推測される。

さらにそれらの改称には、大きな意味があったことが認められる。氏照の陸奥守は、鎌倉時代の北条氏において、宗家の相模守・武蔵守に次ぐ家格を示していた。氏照が宗家に次ぐ地位を明確にされたといえる。氏邦の安房守は、室町時代の上野国主であった山内上杉家の歴代官途であった。氏邦はここで、上野攻略の担当者に位置づけられたといえる。氏繁の常陸守は、この後の天正五年に、常陸への最前線となる下総飯沼城を構築して入部することをみても、常陸攻略の担当者に位置づけられたといえる（長塚孝「戦国武将の官途・受領名」）。

そのなかでも氏邦については、とりわけ大きな意味があった。氏邦は氏康の五男でかつ庶出であり、氏照との間には、四男でしかも嫡出の氏規がいた。そのうえ御一家衆のなかでの家格は、これまでは養子で年少とみなされる氏忠よりも下位に置かれていた。ここで氏邦は、安房守を与えられたことに伴って、氏忠よりも上位に位置するようになる（拙稿「北条氏康の子女について」）。氏邦は越相同盟交渉や上野国衆への指南など、大きな役割を果たすようになっていたが、これによって家格の面でも上昇をみることで、文字通りに有力御一家衆の立場になったのである。

氏政はこれからの北条家の戦略を考えて、上野経略を氏邦に担当させることにするとともに、氏邦にそれに相応しい地位を与えることにした、と考えられる。また氏繁は、氏政には三歳年長の従兄でかつ義弟にあたったが、すでに以前から、父綱成（法名道感）とは別の役割を与えられて、氏政の兄弟衆として活動していた存在であった。ここで常陸守を与えているのも、その地位を改めて明確にするものであったといえる。

一方、ここにみえている側近的な重臣は、すべて虎朱印状の奉者を中心的に務め、そのなかでも石巻康保・山角康定・依田康信は評定衆の中心的存在でもあった。改称された受領名のうち、石巻康保・笠原康明・山角定勝についてはいずれも父からの襲名になる。それを除いたもののうち、山角康定の上野守と依田康信の下総守が注目される。さらにこれ以前から、玉縄北条道感（綱成）は、家督を氏繁に譲った後は上総守を名乗るようになっていた。ここに、北条宗家の相模守のほか、依田康信の下総守、北条道感の上総守、北条氏邦の安房守、山角康定の上野守、石巻康保の下野守、北条氏繁の常陸守というように、関東八カ国の受領名が勢揃いするようになっている。なお武蔵守は、鎌倉時代においても相模守と同等の地位に置かれていたことから、北条宗家が兼ねるものとして、除かれているものと考えられる。

関東八カ国領国化の志向　すでに名乗りがみられていた上総守・下野守を含むとはいえ、ここで有力御一家衆と側近的な重臣たちに一斉に、しかも関東での残りの受領名を称させるようになっていることに、氏政の関東八カ国領国化の実現への強い意向を汲み取ることができるように思われる。もともと北条家は、祖父氏綱の時に関東管領職を与えられてからは、古河公方足利家の補佐を務め、関東支配を担う意識にはあったものの、八カ国の領国化までは真剣に意識していたわけではなかったと思われる。それがこの時になって、それを真剣に意識するようになったと思われるのである。

その背景にあったのは、やはり前年における上杉謙信との抗争に優勢を確保するに至ったこと、古河公方領国の併合をとげたこと、そして直前における北関東の名家であった小山家を没落させたことなどがあったと考えられるであろう。ここに氏政は、上杉勢力を関東から放逐し、他の敵対勢力の鎮圧による、関東支配の確立を自覚化したものとみなされる。そしてこの後、上野は氏邦に、下野は小山領を併合した氏照に、常陸は氏繁に、そして房総については玉縄北条道感とその娘婿の氏規に、それぞれ攻略を担当させる構想を描いたと考えられる。

3　関東支配の進展

「甲相越三和」の動き

北条家と武田家は、元亀四年（天正元年・一五七三）七月の武田家における信玄から勝頼への家督交替後も、同盟関係を続けた。その武田家は、信玄の時からの織田信長・徳川家康との抗争を続け、また上杉謙信は織田・徳川両家と同盟関係にあるというものであった。ところで信玄は死去する直前まで、越前朝倉義景・近江浅井《あざい》長政《ながまさ》・摂津大坂本願寺らと連携して、織田・徳川攻めを展開した。これを受けて室町幕府将軍足利義昭も、二月に蜂起した。ところが信玄は、病気のために甲斐への帰国を余儀無くされ、四月、その途中で死去するのであった。

これによって中央情勢は、かつてないほどの激変をみせていくことになる。武田軍の帰国を受けて、織田信長は足利義昭を攻撃、いったんは和睦が成立したものの、七月に信長は足利義昭を山城から追放した。これが結果的には、室町幕府の滅亡となった。そして同月のうちから近江に進軍して浅井家を攻撃、その最中の八月に越前に侵攻して朝倉家を滅ぼすと、そのまま浅井家も滅亡させた。さらに十一月には義昭を匿った河内三好義継《よしつぐ》をも滅ぼして、畿内近国における勢力を一気に拡大するとともに、将軍に代わって「天下」支配にあたるのであった。

とはいえ足利義昭の政治勢力は、これで終焉したわけではなく、京都への復帰支援を周辺勢力に働きかけていくのである。そして天正三年春（正～三月）に、氏政・武田勝頼・上杉謙信に、互いに「三和」を成立させて、上洛支援を要請する御内書を出してくるのである。この動きは、翌天正四年まで継続されていくのであり、この動向を、足利義昭による「相甲越三和」調停と把握することができる（丸島和洋「武田・毛利同盟の成立過程と足利義昭の『甲相越三和』調停」）。

氏政がこれに返答したのは、八月六日になってのことで、義昭の近臣真木島昭光《まきしまあきみつ》に宛てて、義昭の意向に従い、上洛の際には随身する旨と、その際に勝頼が軍事行動することに関して協力することを返答している（戦北一八六四～六）。九月十五日には謙信から義昭への返答が出されている。そこでは、「越・甲だけなら上意に応じるが、相州を加えるのであれば、滅亡したとしても、また（義昭から）御勘当をうけたとしても、どうしても受け容れられない」と述べている（上越一二三一〇）。謙信としては、勝頼との和睦は構わないが、氏政との和睦は決してありえない、と言っているのである。

このことはその直前の四月に、先にみたように氏政を痛烈に非難して、その滅亡を強く祈願していたところであったから、今さら神仏への願意を翻すことなどできるわけもなかった。さらには八月には、佐竹方との盟約を再生させており、この九月には、里見家との盟約も深めたところであった。勝頼と謙信の和睦交渉はある程度進められたらしく、十月晦日に謙信の重臣毛利北条高広・景広《かげひろ》父子は、佐竹家重臣の梶原政景に、「越と甲の和睦は内々落着」を報せている（上越一二七二）。

これに関しては氏政も、時期は不明だが、「三和に関しては、甲・越両国は速やかに成立したが、結局は越後への（義昭）の御下知にかかっている」（戦北一八八六）と述べている。武田・上杉の和睦が成立したことに触れているから、十月以降のものとみられるが、ここで三和が成立するかどうかは、義昭が謙信を説得できるかにかかっている、と言っている。この口調からすると、氏政は謙信との和睦について、受け容れる姿勢をとっていたように思われる。もちろん実際に成立するかどうかは条件次第であったろう。しかし謙信の方は、先にみたように、全く受け容れる余地のない態度であったから、事の正否は謙信への説得次第と見立てているのであろう。

武田勝頼との同盟強化

ともあれここで氏政は、勝頼と謙信の和睦について容認しているのであるが、自身と謙信の和睦成立の見通しが経たないなかでのことであったため、勝頼との同盟関係の強化を図ってであろう、翌天正四年正月に、妹（桂林院殿）を勝頼に嫁がせるのである（丸島和洋「桂林院殿」黒田・浅倉直美編『北条氏康の子供たち』）。この婚姻が、どちらから申し入れたものかは明確ではないが、勝頼は前年天正三年五月の三河長篠合戦で織田・徳川両家に大敗し、その後は軍備の再編に追われていたことからすると、やはり勝頼からの申し出であったように思われる。そうすると勝頼は、十月までに謙信と和睦し、その一方で、氏政とは新たな婚姻関係の形成を進めた、ということになろう。

おそらく氏政は、この婚姻により、勝頼との関係については安心したことであろう。またこの同盟では、氏政がどちらかといえば上位に位置したらしく、氏政は勝頼に援軍を要請するようになっている。直後の五月に謙信が上野に進軍してくると、氏政は勝頼に出陣を要請しているのである（戦北四四八二）。この頃、足利義昭は安芸毛利輝元《てるもと》の領国であった備後国鞆《とも》に在所していて、毛利家から上洛支援の獲得に成功していた。これを受けて三月十六日に毛利輝元から氏政に書状が送られて、これに五月十日に返事を出し（戦北一八五一）、さらには六月十二日に、義昭と毛利家は、北条・武田・上杉三大名とその取次に御内書と書状を送って、あらためて三和の成立と、毛利家の軍事行動への支援を要請している。

それらのうち、氏政から毛利輝元に出した返事には、勝頼と相談するとのみ述べていて、義昭から北条家に宛てたものでは、「たとえ遺恨が幾重にも重なっていたとしても」と述べている（戦北四四七一）。また毛利家家臣から武田家に宛てたものでは、「相州と越州の和睦を（義昭が）成立させる」と述べられていて（戦武四〇八三）、いまだ氏政と謙信の和睦は見通しが経たない状況にあったことがうかがわれる。そして北条家がこれに関わった史料はこの後はみられなくなっている。さらに三和に関する史料も、九月を最後にしてみられなくなるのである（戦武二七二二）。足利義昭も、氏政と謙信の和睦の困難さに断念したのかもしれない。

こうして足利義昭の相甲越三和調停は頓挫した。そこでは武田家と上杉家の和睦は成立をみたものの、実効的なものではなかったといえる。勝頼は氏政との同盟に基づいて、謙信との対戦に援軍を行っているからである。それは勝頼が、氏政との同盟維持を重要視していたからとみられる。足利義昭による調停ということで、氏政はある程度尊重する態度をみせたものの、その一方では、その間にも着実に関東での経略を進めていっていたのである。

そこで話を氏政による関東経略に戻すことにしよう。そこでは北関東侵攻と房総侵攻が並行して進められていったが、まずは先に解決することになる房総侵攻の状況をみておくことにしたい（拙著『戦国の房総と北条氏』）。

里見領国への侵攻

氏政は、天正三年（一五七五）八月から里見領国への本格的な侵攻を開始するが、それは里見方であった上総一宮正木家と同万喜土岐家が服属してきて、それへの支援が契機になっていたとみられる。その年は、里見方の上総土気・東金両酒井家の領国、上総長南武田家の領国に侵攻し、九月に上総佐貫城を本拠にしていた里見義弘が出陣してきたため、対陣となったが、十月には帰国したらしい。その後は、上杉謙信との盟約を成立させた里見方から、下総佐倉千葉家領国や万喜土岐家領国への侵攻を受けるようになっている。

天正四年には、九月に侵攻し、まずは西上総北部の椎津《しいず》領に有木《ありき》城（市原市）を構築して、前線拠点を確保し、その後は土気・東金両酒井家の攻略を進めたと考えられ、冬には両家を従属させている。この直前のこととして興味深いのは、この年三月に、三崎城主北条氏規が、西上総に所在した「半《はん》

上総国衆関係図

手《て》」村落に対して、「半手」を継続するか敵対するか態度の決定を求めていることである（戦北四〇〇七）。「半手」とは、敵味方双方に年貢・公事を納入して、双方から味方認定を受けるとともに、軍事的には中立の立場をとった状態をいった（拙稿「戦国期『半手』村々の実態」『戦国期領域権力と地域社会』所収）。

この氏規の対応は、西上総への侵攻を控えて、敵味方関係を明確にすることを求めたものといえる。また同年七月には、玉縄領の武蔵久良岐郡本牧《ほんもく》郷（横浜市）から申請された「半手」要求を氏政は却下し、その代替として、西上総への海上の安全確保を保障している（戦北一八五九）。「半手」は敵対双方の大名家の承認のもとで成立するものであり、それは安全保障を遂げられないことが理由であった。ここで氏政が「半手」要求を拒否したのは、西上総への侵攻を控えて、江

北条氏直
（早雲寺蔵／箱根町立郷土資料館提供）

戸湾の制圧に自信があったことによるとみられる。

里見家を屈服させる

そして同五年九月になると、また侵攻を展開し、氏政は本軍を率いて東上総に侵攻し、三崎城主北条氏規が率いた軍勢は海路から西上総に侵攻するという、両面作戦を展開した。同月中には、氏政の軍勢は長南武田家の領国経略を進めたすえに、武田家を従属させ、氏規軍は里見家の本拠佐貫城に迫った。またこの時の出陣は、嫡子氏直の初陣とされた。氏直はこの年、十六歳になっていて、前年末かこの年の初めに元服していた。この年三月には、古河公方足利義氏にも初めての言上を行ったところであった。氏直の初陣としていることは、氏政には、この時の進軍には大きな自信があったのであろう。

十月になると、里見義弘から和睦を申し出てくるに至り、氏政はこれを認めた。これによって氏政と里見義弘は和睦し、さらに氏政の次女竜寿院殿が義弘の嫡子義頼に嫁いで、両家は同盟関係を展開していくのである。婚姻時期は明確ではないが、この年の末か翌年のことであろう。彼女はわずか十二、三歳にすぎなかった。北条家と里見家は、祖父氏綱の時の大永六年（一五二六）から抗争を続けてきた関係にあった。その間、一時的に和睦していた時期もあったとはいえ、基本的には敵対関係にあったといって差し支えない。それがついに、ここにきて婚姻関係を伴った同盟関係を形成することになったのである。

このことは北条家の領国における安全確保という観点からも、大きな意味を持った。里見家との抗争が終息をみたことで、同家の領国との境目にあたっていた江戸湾の安全が確保されることになったからであった。江戸湾を挟んでの、武蔵・相模と房総との交流は安全なものとなり、また西国から江戸湾への交流も安全なものとなった。北条家と里見家の同盟関係は、この後も小田原合戦まで維持されるのである。その間、武田家との抗争や、中央政権の羽柴政権との対立状況のなか、里見家はそれらと通交することもあったが、結局は同盟を破棄することはなかった。里見家が北条家との同盟を破棄するのは、まさに小田原合戦のさなかになってからであった。里見家としても、もはや単独で北条家と抗争することは難しい状況になったことを認識していたものとみられる。

下総結城家の離叛

次に北関東での抗争についてみていきたい。天正四年（一五七六）では、五月に謙信が、結果として最後となる関東進軍を展開した。氏政はこれに対抗するために武蔵河越城まで出陣したが、謙信は同月のうちに帰国したため、ついに謙信との対陣もみられないものとなった。この年の出陣はこの時だけで、事態の変化は、翌同五年にみられるようになる。

六月に、下総結城晴朝が離叛し、佐竹方に味方したのである。北条家と結城家は、氏康の時の天文十九年（一五五〇）から盟約関係にあり、北関東の国衆のなかでは最も北条家に友好的な立場にあった。一時的に、上杉謙信や佐竹方に味方することもあったが、基本的には盟約関係にあったといえる。それがここにきて、北条家から離叛したのである。理由は明確ではないが、結城家では、忠節の代償に不満があったとしている。新たな領国を与えられなかったなどのことだったのであろう。

この結城家の離叛は、氏政にとっては想定外のことであったに違いない。ただ結城家も、これまで宿老の下妻多賀谷家が佐竹方に属し、宿老の山川家が上杉方に属すなど、分裂状態を続けるかっこうになっていたから、そもそも北条方か上杉方、さらには佐竹方となるかで、内部に対立を抱え込んでいた様子がうかがわれる。ここにきて佐竹方となることで、家中が一致したのであろう。

これを受けて氏政は、七月十三日頃に結城城（結城市）に向けて出陣した。結城家に対する前線拠点、公方領国の防衛拠点として、飯沼城を構築したのも、この時のことであった。そしてまた、佐竹方にあった下野烏山那須家を、佐竹方から離叛させて、味方に付ける工作を行っている。閏七月五日に結城城を攻撃して、三千余人を討ち取る戦果をあげ、宇都宮広綱も氏政に従ってきた。結城家が頼れるのは、佐竹義重のみとなった。しかし氏政は、そのまま結城城の攻撃を続けるのではなく、九日に退陣してしまうのである。

ここで氏政が、なぜ結城城を攻略しないままに退陣したのかはわからない。しかしこのことが、その後の展開において、非常に重要な意味を持ってくることになる。結城城攻撃は、その後も氏照によって続けられているので、氏照に委ねたものか、九月から嫡子氏直の初陣となる房総への進軍を行っているので、その準備のためか、といったことが考えられるが、かなり追い詰めていたにもかかわらず、ここで同城を攻略しておかなかったことは、後に大きな禍根を残すものとなるのである。

常陸への進軍

それでも状況は氏政に有利に展開していたらしく、房総で里見家を屈服させると、十一月初めまでのうちに、その帰路にそのまま下総守屋領から常陸に進軍し、今は木田余《きだまり》城（土浦市）に在城する小田氏治のかつての本拠で、佐竹家の重臣となっていた梶原政景が在城していた小田城（つくば市）の攻略に向かっている。そのうえさらに、最近になって判明したことになるが、十二月初めまでのうちに、結城家の宿老多賀谷重経《しげつね》が在城していたとみられる「多賀谷城」の城際まで攻め寄せたうえで、帰陣している（「思文閣古書資料目録二五四号」）。

小田城への侵攻は、小田家からの支援要請を受けてのものであった。小田氏治は越相同盟の時の永禄十二年（一五六九）十一月に佐竹方から本拠小田城を攻略された後は、木田余城に在城していた。その後も佐竹方から領国への侵攻を受けていて、元亀二年（一五七一）十一月には、まだ越相同盟崩壊を知らなかったのか、上杉方に従属している。その後、北条家と上杉家の抗争が展開されるなか、天正元年（一五七三）三月には、佐竹家との和睦をも模索していたが、上杉家と佐竹家の盟約が復活されたためか、北条家に従属した。しかしその後も佐竹方からの侵攻により、領国を次第に経略されつつあった。氏政に支援を要請したのは、そうした状況でのことであった。

そしてその後さらに、「多賀谷城」まで攻め寄せたという。これが具体的にどの城を指すのかは明確ではないが、小田城近くから転進したものであったとすれば、多賀谷家の本拠の常陸下妻城（下妻市）の可能性が高いように思われる。そうすると氏政は、小田家支援に続いて、結城家にも圧力をかけたとみなされる。また小田家は、その多賀谷家から領国への侵攻も受けていたことから、そのことそのものが小田家への支援でもあったといえる。しかしこれらのことは結城家に危機感をもたらし、十二月、結城晴朝は、宇都宮広綱の次男（のち朝勝）を養嗣子に迎えることで、宇都宮家を再び佐竹方に引き戻すのであった。

「東方衆一統勢力」との対峙

天正六年になると、氏政は南奥の国衆と積極的な外交を進め、正月二十五日には氏政が初めて出羽米沢の伊達輝宗《てるむね》との通交を開始し、二月二十三日には陸奥会津の芦名盛隆（盛氏の後継者）と佐竹家挟撃を約して血判起請文を交換した。そしてすでに陸奥三春《みはる》の田村清顕《きよあき》とも盟約を成立させていたから、芦名・田村両家と共闘して佐竹方への侵攻を図り、四月下旬頃を期日とした。一方の佐竹方も、前年から上杉謙信のもとに援軍要請のために使者を派遣し続けていて、二月十日付で、関東進軍を承諾する書状が出されている。そして謙信は、四月に出陣することを伝えてきた。

ところが三月十三日、謙信は関東出陣の準備を進めていたなかで急死してしまった。享年は四十九であった。ただしこの謙信の死去についてはすぐには公表されず、三月中は外部には隠されたとみられる。毛利北条高広は、問い合わせしてくる関東諸将に、病気と返事して取り繕っている。そして三月二十四日に、養嗣子であった景勝（謙信姉の子、上田長尾政景の次男）が春日山城の本城に入って、その家督を継承するが、もちろん関東への出陣は中止となった。

四月下旬、佐竹義重が結城晴朝と味方になっていた那須資胤の軍勢などとともに、北条方の壬生義雄を攻撃すると、氏政はその支援を兼ねて、結城領に進軍して、結城家の宿老山川家の本拠山川城

（結城市）近くまで進軍し、五月十五日から結城城・山川城を攻撃した。これに対して佐竹義重は、宇都宮広綱や常陸大掾《だいじょう》清幹《きよもと》の軍勢も加えて、二十一日に結城城の東方の小川原に、次いで二十八日に小川台（筑西市）に布陣した。これを受けて氏政は、山川陣を引き払って、結城城と山川城の間の但馬・武井に陣をとって、佐竹方と絹川《きぬがわ》を挟んで対陣した。

ちなみにこの五月下旬から、上杉家では、家督をめぐる景勝と景虎の抗争（御館《おたて》の乱）が展開されるのであるが、氏政はこのように絹川で佐竹方と対陣していたため、迅速な対応をとれないものとなった。そして佐竹方では、互いに血判起請文を交換し、「佐竹・那須・宇都宮を始め、東表の面々一統有り」（戦北二〇〇四）と、佐竹義重を代表とする東方衆は、反北条家のための「一統」を成立させるのである。これを「東方衆一統勢力」と呼ぶことができるであろう。

そして氏政は、これに為す術なく七月四日まで対陣を続けることになり、たいした合戦のないままに、退陣を余儀無くされるのであった。これについて氏政は、「敵は切所（要害な場所）に陣取っているため、すぐに勝敗を決することができず、徒に在陣したままで、『一代の無念』である」と述べていて（戦北一九九六）、かなり悔しがっている。この時、佐竹義重が動員した勢力は、それこそ関東での味方勢力すべてであった。それが「一統」して氏政に対抗してきたのであった。すでに謙信の影響力が無くなりつつあったなかで、佐竹家らは互いに密接な連携を構築することによって、北条家への対抗勢力へと変貌したのであった。ここに氏政にとっては、関東全域の領国化にあたっての対抗勢力として、新たにこの「東方衆一統勢力」が立ちふさがってくるものとなったといえる。

4　御館の乱への対応

上野上杉勢力の分裂

氏政が絹川に在陣していたなかの五月十三日、越後では、実弟で謙信の養子であった景虎が、新たな上杉家当主となった景勝に反対する家中に擁立され、春日山城を出て府中御館に立て籠もり、景勝に対抗した。これが翌年三月に景虎が滅亡するまで続く、上杉家の家督争いの内乱である「御館の乱」の始まりであった。景虎は戦乱にあたり、実兄の氏政に支援を求めてきた。また上野在国の上杉方武将のなかでは、厩橋領・大胡領の毛利北条芳林《ほうりん》（高広）・景広父子、今村領の那波顕宗《なわあきむね》、沼田在城衆の河田重親《かわだしげちか》らが景虎方になっていった。

もっとも上野では、五月七日には上杉方での内部抗争が開始されたらしく、毛利北条家が国衆の八崎《はっさき》長尾憲景《のりかげ》を攻撃している。そのためか長尾憲景は、おそらく五月中には、新田由良成繁・国繁父子を通じて、北条家への従属を申し出てくるようになっている。しかし氏政は、自身は絹川に在陣中ですぐには景虎支援を行えない状況にあったため、同盟者の武田勝頼に、越後への進軍を要請した。その勝頼の宿老で上野吾妻《あがつま》領・白井領を管轄していた真田昌幸は、六月三日に、長尾憲景の属城の不動山《ふどうやま》城（渋川市）を攻略するという、上杉方への独自の行動をみせてもいた。

それを受けて長尾憲景は、すぐに由良家父子を通じて氏政に連絡してきた。氏政は、四日に不動山城に目付（検査役）を派遣し、その目付は七日に帰着してきた。おそらく同時に、氏政は勝頼に抗議したとともに、不動山城を引き渡させたものと思われる。ちなみに勝頼は二十九日に、昌幸に対して、氏政から抗議があったことを伝えて、沼田領経略を図っていると思われないよう、行動に注意するよう指示している（武田補遺四九）。上杉領国の枠組みがにわかに動揺したため、上野北部では複雑な動向が展開されたことがわかる。

景虎方武将を従える

景虎方の上杉方武将の主人は、もちろん景虎であった。しかし景虎は御館にあったため、彼らに直接指示を出すことはできなかった。そのため景虎は、それらへの指揮や上野における支配を氏政に委ねることとし、上野衆に北条軍を添えて、越後への進軍を要請した。これが氏政のもとに届いたのは、六月十日頃のことであった。これを受けて氏政は、景虎方の河田重親に、現在の進退を保障する起請文を与えている。

なお毛利北条芳林には、その間に、氏照・氏邦から味方化を働きかけていたものの、まだ返答が無い状況であったらしい。景虎に問い合わせると、景虎にもまだ挨拶がなく、敵対が明らかになったら攻撃してほしいとの返答があったところで、毛利北条芳林からの返事には、「景虎に使者を送っているが、通行できないため届いていないのかもしれない、そのため氏政からの要請には応えられずに直接に返事していない」というものであった（戦北一九九六）。この時点では、まだ毛利北条家は、景虎方の立場を明確にしていなかった可能性が高い。

六月二十八日、景虎方武将の河田重親は、同じ沼田城将の上野家成《うえのいえなり》を攻撃しており、両勢力の抗争は本格化したとみられる。七月五日には、毛利北条芳林・景広父子も景虎方の立場を明確にしていて、景勝方であった越後上田庄への進軍を開始した。そして七日には、絹川から退陣した氏政が、そのまま上野に向けて進軍した。氏政はようやくに景虎支援のための行動をとることができるようになった。

北条軍の侵攻を受けてのことか、十七日、河田重親は沼田城の攻略に成功した。重親は沼田城を北条家に預けると、そのまま上田庄に進軍していった。そして八月六日、毛利北条芳林・河田重親らの景虎方武将は、それまでに荒砥《あらと》城（新潟県湯沢町）・直路《じきろ》城・蒲沢城（南魚沼市）を相次いで攻略し、上田庄の拠点である坂戸《さかど》城（南魚沼市）攻略に向かっていて、この日に坂戸山宿城を攻略した。一方で北条軍も上野北部に進軍して、十六日には西 庄《さいのしょう》に在陣、先陣の氏照・氏邦はさらに進んでいて、二十四日に沼田城に着城している。二十八日には氏政も白井領に到着している。そして沼田城については、氏邦に管轄させるのである。

こうして氏政は、上野における上杉領国の制圧を果たし、さらに景虎方武将によって上田庄の攻略を進めていった。他方、これより以前に越後への進軍を要請した武田勝頼も、すでに五月中旬には軍勢を越後に向けて進軍させていて、勝頼自身も五月下旬か六月初めには甲府を出陣したとみられる。なお勝頼の出陣を六月四日とする説が出されている（平山優『武田氏滅亡』）。その典拠史料について、私もかつては同年のものとみていたこともあったが（拙著『戦国大名と外様国衆』初版）、天正四年に比定するのが妥当のため（拙稿「甲相同盟と勝頼」柴辻俊六・平山優編『武田勝頼のすべて』など）、この時の出陣時期はまだ明らかとはならない。いずれにしても十二日には信濃北部の支配拠点である海津《かいづ》城（長野市）に到着している。

武田勝頼の帰陣

ところがここで勝頼の態度に異変が生じる。六月初め、武田軍の侵攻に接した景勝は、勝頼に和睦を申し入れ、起請文を出すと、七日、武田家はその交渉に応じる姿勢をとるのである。もっとも勝頼は、これを受けて景虎を含めた三和を図り、景虎に対して、景勝との和睦を周旋するのである。ただし二十三日の時点で、景虎からは反応がみられず、そのため再度の働きかけをするが（北条補遺・一二三）、翌二十四日に勝頼は、景勝方に和睦同意を返答し、景勝に起請文を送っている。そして越後に進んで、二十九日に、先陣の御一門衆・武田信豊《のぶとよ》の在陣地（越府）に到着している。ちょうどこの日、景勝のもとには、勝頼の起請文が届いている。

その後、勝頼は越府に在陣しながら、景勝と景虎との三和周旋を進めていくが、その間も景勝・景虎間の抗争は続けられた。そのためもあってか、両者の和睦交渉は難航し、七月二十七日になっても成立の見通しは経っていない状況であった（上越一五八八）。しかし勝頼は懸命に仲介したのか、八月十九日には両者の和睦も合意をみたようで、それにともなって勝頼と景勝は、互いに同盟を結び、起請文を交換するに至る。そこでは勝頼の妹を景勝の正妻にするという婚姻関係の形成も取り決められているので、これは明確な攻守軍事同盟であった。しかも景勝と景虎間については、和睦が敗れた場合には、双方に支援しないことも取り決められていた。

しかしながら、そもそも勝頼が越後に進軍したのは、景虎支援のためであったから、これらの協定は、明らかに景勝に有利に作用するものであり、それは氏政の意向に反するものであった。もっとも勝頼にも事情があったといわねばならない。徳川家康から遠江で侵攻を受けていて、勝頼にとってはそれへの対処が優先であり、越後で長期にわたって在陣しているわけにはいかなかったとみなされる。景勝から和睦打診を受けたことで、景虎を含めた三和を成立させることにより、早くの帰陣を図ったものとみられる。

ただしこのことは、援軍要請してきた氏政には、全く相談しない、独断であった。もっともこれについても、武田軍は六月下旬には越後に進軍していたにもかかわらず、肝心の北条軍はまだ絹川に在陣中であった。北条方が越後に侵攻したのも、ようやく八月初めのことにすぎなかった。このように北条方の侵攻が遅れていたため、かりに景虎支援を行えば、景勝との間で激しい攻防を展開することになるのは必須であった。しかしそのことは、徳川家との抗争を考えれば、とてもできるものではなかったに違いない。そのような事情からすると、景虎を含めた三和の成立は、勝頼としては苦肉の策であったに違いない。しかし景勝・景虎の和睦は続かず、二十八日には破談となった。これを受けて勝頼は、越後から甲斐に帰国してしまうのであった。

上杉景虎の滅亡

氏政はといえば、すでに勝頼が帰国した後となる九月九日には、氏邦を大将とする軍勢を越後上田庄に進軍させた。北条軍はようやく越後に侵攻したのであった。しかし坂戸城を攻略できないでいたため、十月の年貢納入期を迎えた頃になると、景虎方は越年の体制をとるようになった。景虎は、蒲沢城に在城していた毛利北条芳林に、来年春までの在城を指示し、河田重親には沼田城に帰還して沼田領支配を行い、年貢を御館に送るよう指示している。そして氏邦にも、来年春までの在城を要請した。

しかし氏政の戦略は異なっていた。十一月十六日、蒲沢在城衆に来年春までの在城を命じ、十二月九日に景虎から沼田城代に任じられた河田重親に対しても、そのまま蒲沢城への在城を命じて、沼田城代については来年の帰還後に実現するとした。その一方で氏邦については上野に帰還させて、沼田領支配にあたらせるのである。またこの頃、それら蒲沢在城衆から、上野における所領問題に関して、氏政に調停が求められるようになっている。彼らが留守の間に、北条方の由良家が、かつて上杉家に経略されていた領域の奪回を進めていたのであった。そのうちの女淵《おなぶち》城（前橋市）については、九月六日には攻略があったことが確認できる。

このことに関して氏政は、由良家の「指南」を務める氏邦に事情調取させたが、由良家からは「知らない」との返事がもたらされたにすぎなかった。氏政も諸足軽衆の宇野監物《けんもつ》を検使として派遣しているが、十月十八日の時点で、明確な報告が寄せられてこないために、何時になったら判明するのか、と叱りつけているほどであった（北条補遺一三八）。しかし現実には、それらの所領は由良家に当知行された状態が続いていた。そのため氏政は、十二月十七日に河田重親に宛てて、できるだけ早く対処するつもりだが、その方面に出陣しないことにはすぐの対処はできず、年内はもう期間がないので、来年になったら急いで出陣して対処する、と約束するのが精一杯であった。

武田家と手切れの風聞

こうして北条方は、坂戸城を攻略できないままに、上田庄に軍勢を在陣させたまま越年することになった。上田庄への侵攻が八月初めのことであったから、四カ月以上、その状況を克服することができなかったためであった。しかしその背景には、景勝による坂戸城への支援の充実があり、それが可能であったのは、武田勝頼との和睦と勝頼自体の帰国により、景勝は景虎方とのみ抗争を展開すればいい状況となっていたことによろう。こうした情勢を受けて、氏政は勝頼との同盟破棄をも検討するようになり、明けて天正七年正月二十八日、弟氏照に、勝頼と敵対関係にあった徳川家康に通交させるのである。

もちろんいまだ勝頼との同盟関係は継続していた。正月八日付で嫡子氏直は勝頼に年頭挨拶の書状を出しているし、二月二十四日の段階でも、駿河との境目に位置した伊豆韮山城に在城する宿老の清水康英に、武田家からの攻撃はないことを伝えているのである。しかしその一方で、伊豆・駿河国境では、すでに両国の手切れが噂されるようになっていたらしく、そうした噂を打ち消すよう指示している。越後では、二月から景勝による御館への攻撃が開始されており、またその日までに蒲沢城は奪回され、毛利北条芳林らの在城衆は上野への後退を余儀無くされていた。この時、氏政は、東上野の沼田・厩橋二ヶ城の普請のための出陣の準備を進めてはいたが（なお「又厩橋一、二ヶ城」とあるのは沼田・厩橋二ヶ城のこと）、越後情勢が思わしくないなかでの、たいした目的がある出陣ではなく、すぐに帰陣するものであるからとして、氏直を同行させないことにしていた。

氏政は清水康英に、伊豆国境で武田家との手切れが近いなどの噂が広まって、「さわがしい」状況になるのを嫌って、噂の打ち消しを命じていたのであるが、その理由は、「自分たちから率先して身軽にあちらこちらに進軍しなければならなくなってしまう」ことを避けたいためであったらしい。そのため両国間の緊張が高まってしまうような事態になることを嫌がっていたと思われる。そして康英には、ただただ韮山城の防備を固めることに専念するよう命じている（戦北二〇五五）。ちなみにここでの文章は、手切れの噂の広まりなどについては、北条方の行為と解釈することも可能のようにもみえている。しかし最後に「きつく停止せよ」「みんな行ってはならない」と禁止していること、文意の通りから判断すると、それらの行為を禁止する内容と理解するのが妥当であろう。

氏政は、近いうちに武田家とは手切れになると見通してはいたであろう。しかしこの時点での開戦を極力避けようとしているのは、やはり景虎への支援を考えていたからと思われる。けれどもそれは、上越国境での雪解けを待たなければならなかった。そうしているうちに三月になると、佐竹方勢力が下野小山領に侵攻をみせてきたうえに、三月十七日に御館は落城し、景虎は鮫ヶ尾《さめがお》城（妙高市）に逃れるも、それも二十四日に落城、景虎は自害し、滅亡するのである。景勝による景虎方勢力の制圧は、この後もしばらく続いていくことになるが、景虎の滅亡により、氏政にとっては、越後に進軍する理由は消滅することになった。

第五章　武田勝頼との戦争と織田政権への従属

1　織田信長への従属

上野の上杉領国の併合

氏政は上杉景虎の支援には失敗したものの、その滅亡を受けて、上野における上杉領国について、「景虎没命のうえは、上州の仕置きは、当方が申し付けることは勿論である」として、その支配権の継承を表明することになる（戦北二〇六七）。同時に、それまで景虎方であった武将についても、北条家に従う存在とした。それらには、厩橋領・大胡領の毛利北条芳林、今村領の那波顕宗、八崎領の長尾憲景、沼田城将だった河田重親、沼田領小川城《おがわ》（群馬県みなかみ町）の小川可遊斎《かゆうさい》などがあった。これにより北条家は、東上野の上杉領国を併合した。

そして天正七年五月七日から、旧上杉領国における知行を確定し、由良家が経略していた桐生領深沢・五覧田（旧河田重親領）・高津戸（明地、桐生市）の領有を認め、また赤城山南麓の善城（善家領、

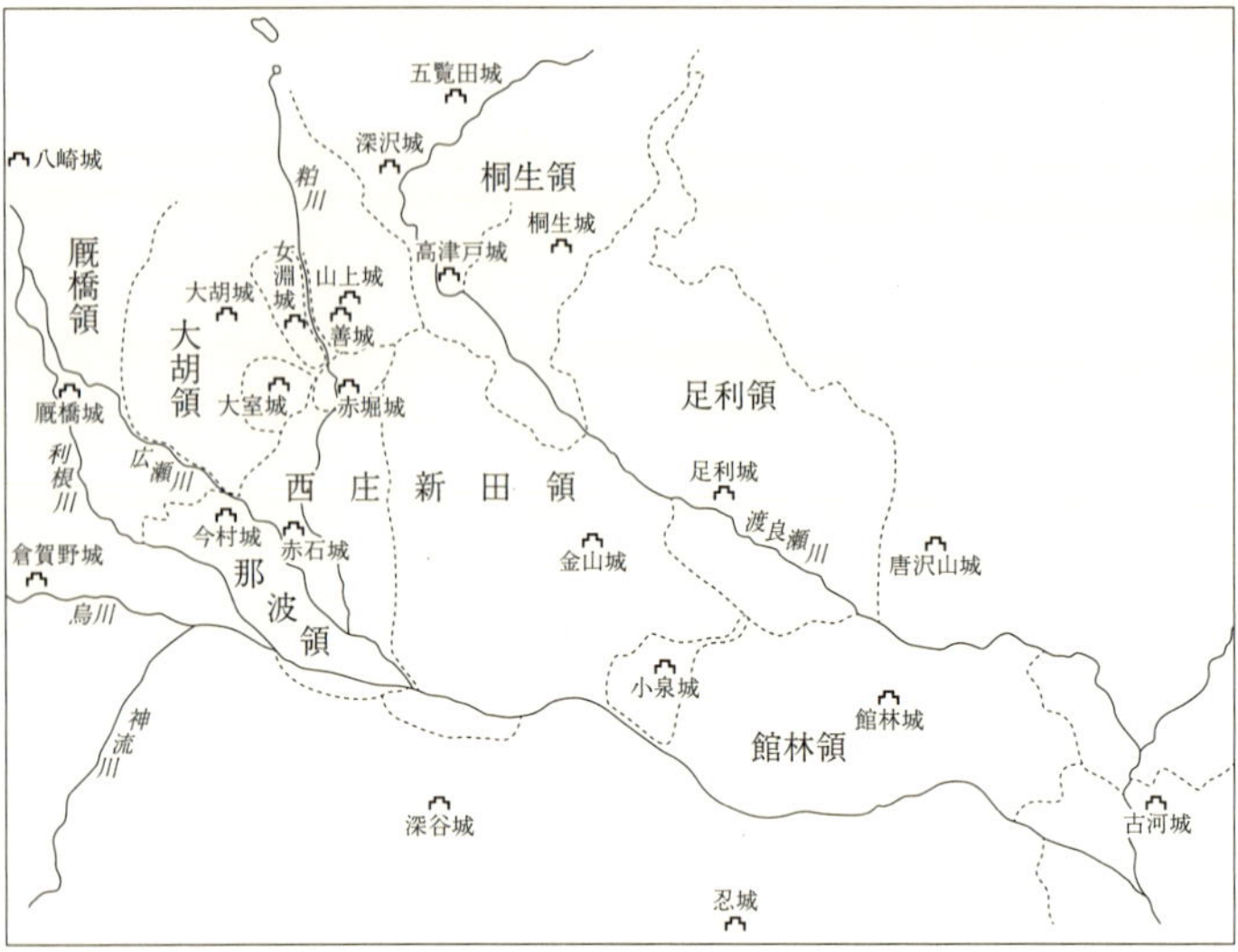

東上野国衆領国図

前橋市）・赤堀城（赤堀家領、伊勢崎市）を由良家の与力（「馬寄《うまよせ》」）とすることを認めた。ちなみに前年に問題となっていた女淵城は、旧主後藤勝元が越後で景勝方に転じたため、そのまま由良家領として認められたとみられる。また九日には、河田重親に、不動山城（前年に武田方真田昌幸が八崎長尾家から経略していたもの）を与えるとともに、旧領を安堵した。おそらくは他の旧景虎方武将についても、同様に安堵が行われたとみられる。ただし沼田城については、北条家の管轄とし、氏政は氏邦に委ね、氏邦はさらに宿老の富永助盛《すけもり》（のち猪俣邦憲《いのまたくにのり》）を城代に据えた。

ところで越後在陣中に、氏邦に、それら景虎方武将の扱いに問題があったらしく、そのため氏政は四月十二日付で、氏邦に意見している（戦北二〇六四）。北条家に対する罪科人への処置は、景虎滅亡のうえはこちらで処置するので、命令通りに行うことを指示したうえで、大石甚という人物については不心得者であることを以前に伝えているし、景虎方武将は氏政に従う存在となったから彼らには氏政から命令するべきところ、氏邦は自分の家来のように扱い、氏政の書状も渡さないなど、我が侭にしていることは不審であり、「五人衆」を一箇所に置くよう命じたにもかかわらず、自分の所領に在所したいと希望してくるものが出てくることは、処置が行き届いていない、と叱っている。

さらに追而書《おってがき》では、不心得者とした大石甚への氏邦の扱いについて触れて、氏邦がその者を手元に召し寄せていることについて、そのことに河田重親が疑心を抱くのは当然であり、毛利北条芳林もその者を「不忠人」と非難していて、それらとの紛争が絶えず、そのため景虎家中に緩みが出ることにもなっていて、そうした者に配慮する必要はなく、咎のない忠信の者に配慮すべきであると、きつい調子で注意している。氏邦は、越後在陣中に、河田や毛利北条と不仲の大石を昵懇にしていて、そのため景虎方武将のなかで対立が生じていたらしい。越後在陣衆が蒲沢城から前進できなかった背景には、こうしたこともあったのかもしれない。

このように氏政は、そうした旧景虎方武将間の不和について、その理由を氏邦がつくっていたために、氏邦を厳しく咎めているのであるが、それは氏政が、旧景虎方で有力武将であった毛利北条芳林や河田重親に、大いに気を使っていたからとみられる。彼らが景虎方に立ち、上野で景勝方を没落させ、景虎滅亡後は氏政に従ったから、それら旧上杉領国の併合が遂げられたのであった。しかも上越国境では、その後の五月二十一日に、越後の景勝方から猿ヶ京城《さるがきょう》（群馬県みなかみ町）への攻撃を受けているように、いまだ景勝方との抗争が続いている状況にあった。そのようななかで毛利北条芳林らの不信を招く事態は避けなければならなかったとみられる。

武田勝頼との手切れへ

五月になって、旧景虎方武将への所領配分も確定すると、氏政は小田原城の修築にとりかかっている。いうまでもなく武田家との交戦を睨んでのことに違いない。対して武田勝頼は、すでに氏政との手切れへの準備を着々と進めていた。早くも二月には、西上野箕輪城代に宿老の内藤昌月《まさあき》（昌秀の養子）を配置し、三月には信濃海津城代であった宿老の春日信達《のぶたつ》を駿豆国境地域に配置している。先に氏政が清水康英に、駿豆国境地域で北条・武田両家手切れの噂が流れていることを触れていたが、それはこうした状況がもとになっていたのであろう。そこで氏政は、沼田城・厩橋城の普請を予定し、また清水には韮山城の防備を固めることを命じていたが、それもそのような情勢への対処とみなされる。

さらに勝頼は、五月には、越後上杉景勝との間で、氏政との抗争や妹菊姫の入嫁（十月に実現）などを取り決めた、同盟の内容変更の交渉が進められたとみられている（平山優『武田氏滅亡』）。これは八月二十日に景勝からの起請文が勝頼に届けられ、それを受けて九月十七日に勝頼から景勝に起請文がされたことで成立をみる。そして六月末には佐竹義重や里見義頼らに、対氏政の連携を働きかけはじめた。

佐竹義重ら「東方衆」はこれに応じた。そして七月二十三日に、「甲府（武田家）から何度も言って来ている内容は、近年小田原（北条家）の対応が相違していることが続いているので、手切れする」「（武田家）と無二に申し合わせることにした」として、下野小山領に侵攻し（「小宅雄次郎家文書」拙著『戦国期東国の大名と国衆』三六二頁）、同月二十九日には「甲州手合わせとして」、さらに進軍して常陸小田家領国の土浦城《つちうら》（土浦市）に向けて侵攻するのである（「真壁文書」『牛久市史料中世Ⅰ』一七四号）。

佐竹方からは、これより以前の三月から、五月、七月初めと、下野や下総北部に断続的に侵攻を受けていた。おそらくこの時の侵攻もその一環のものと理解していたらしく、八月十九日には、氏政自ら下総北部に出陣する姿勢をみせている（戦北三八六四・戦房一六九六）。ここから氏政は、佐竹方の動向が勝頼との連携によるものとは、まだ認識していなかったことをうかがわせる。氏政は、八月二十七日の時点でも、武田家への備として相模西端の足柄城《あしがら》（南足柄市・静岡県小山町）の普請を行いつつも、武田家との手切れについては「只今或説最中」として、まだ確定していないとの認識にあった（戦北二〇九八）。

それはおそらく、まだ勝頼が明確な敵対姿勢をとってきていなかったためであろう。実際には氏政も、勝頼との敵対に備えて、境目諸城の普請を進め、徳川家康との通交を進めるなど、対策をとってはいた。しかし氏政にとっては、北関東での佐竹方との抗争の方が重要であり、それへの対応を優先させたい思いが強かったのではないかと思われる。しかし九月になって、勝頼はついに氏政への敵対姿勢を明確にして、駿豆国境に新たな軍事拠点として沼津城（三枚橋《さんまいばし》城、沼津市）を構築するのである。

これを受けて氏政は、ついに勝頼との対戦、伊豆への出陣を決心することになる。九月三日、下総佐倉領の千葉邦胤に七、八日に小田原に参陣するよう命じるが、そこでは武田家との手切れについて、「甲・相両国は近年にあらためて婚姻を結び（天正四年のこと）、とりわけ懇意にしたものの、その甲斐無く、（勝頼の）表裏が日に日に続いていて、とくに去年越国錯乱（御館の乱）からは、『敵対同前』となっている、けれども氏政は我慢してきたのに、今回駿豆の境目に沼津城を取り立ててきた、こうなっては考える余地もなく、こちらからも伊豆の備をすることにした」と述べている（戦北二〇九九）。

先に勝頼は佐竹義重に対して、氏政の対応が相違しているといい、ここに氏政も、勝頼の対応は「表裏」が日に日に続いている、といって、互いに相手の不誠実を訴えている。しかしながら氏政の場合、その決定的な契機として御館の乱を挙げており、氏政にとってはまさに御館の乱における勝頼の対応が、それへの不信を決定づけるものとなっていたことがわかる。対して勝頼はというと、抽象的な決まり文句を並べているにすぎないので、むしろ勝頼の方から、織田・徳川両家との抗争のために、上杉景勝との同盟を重視して、氏政への敵対に踏み切っていったように思われる。

また四日、徳川家康から派遣されきていた使者の朝比奈泰勝《あさひなやすかつ》が、家康の本拠遠江浜松城に帰着している（『家忠日記』）。ここでは氏政が家康との同盟を図っていて、その報告がされているので、すでにそれ以前から氏政も、勝頼との対戦を見据えて、家康との同盟を進めていたことがわかる。あるいは佐竹方の動きが、勝頼との連携によるものであることを知って、対抗措置に出たのかもしれない。こうした同盟交渉は、少なくとも一カ月ほどはかかるから、八月初めにはその動きは始まっていたように思われる。

氏政と家康との連携は、「来る十七日に御手合わせの働き（軍事行動）」をする、というものであった。しかもそれだけでなく、氏政は同時に、家康の上位に位置していた「天下人」織田信長にも通交を図っていて、十一日に弟氏照からの使者が、信長の本拠近江安土城に到着している（『信長公記』）。このことから氏政は、家康との同盟交渉と同時に、信長との同盟交渉を開始しており、おそらく家康からの使者が帰還する際に、弟氏照の使者を同行させ、家康の計らいを受けて、そこから安土城まで送ってもらったものであろう。信長は、これより先の天正三年十一月に、足利義昭に代わって「天下人」になっていた。なおちょうどその頃は、氏政は足利義昭の周旋による「甲相越三和」交渉にあたっていた時期にあたる。その頃は氏政は、「天下人」は将軍足利義昭と認識していたに違いないが、ここにきてついに、信長を「天下人」として承認し、その支援の獲得を図るようになったのである。

氏政は、十四日までのうちに小田原を出陣し、その日には武田方と「五三里」の距離に在陣している。また十日には、佐竹方への対応のために、嫡子氏直を北下総に向けて出陣させている。そして約束通り十七日、家康も駿河の武田領国に向けて出陣した。北条・武田両軍の交戦は、十六日に始まったらしい。それに関しては「去る十六、相・甲手切れに及ぶ」（戦古二〇一三）とある。ここに氏政は、勝頼と手切れとなり、以後、徳川家康と連携して勝頼と抗争するのである。

氏政は伊豆に出陣すると、三島に在陣し、沼津城への向かい城として泉頭《いずみかしら》城（静岡県清水町）・獅子浜《ししはま》城（沼津市）を構築して対抗した。しかし氏政は、陣城の構築を続けて対陣するのみで、十一月二十二日には、退陣するのである。しかし武田家との抗争は、むしろ上野において激しく展開された。開戦前の八月二十八日、厩橋領・大胡領の毛利北条芳林が武田家の調略によって武田家に従属の意向を示し、十月二十六日には、北条方との間で抗争を開始している。毛利北条芳林とともに、今村那波顕宗・不動山河田重親も武田方に従属し、十一月八日には、氏邦の宿老用土新六郎（のち藤田信吉）が城代となっていた沼田領を攻撃している。武田家宿老で岩櫃《いわびつ》城代の真田昌幸も、十日、沼田領に侵攻して名胡桃《なぐるみ》城（群馬県みなかみ町）を攻撃し、西上野箕輪衆・信濃衆は、氏邦の本拠の武蔵鉢形城を攻撃した。

武田家との戦争開始

ところがこの頃、勝頼は思いがけない行動をみせるのである。佐竹義重に仲介を依頼して、織田信長との和睦を図るのである。このことは十一月二十日には知られている（戦武三二〇〇）。これに上杉景勝は不安に思ったらしく、あらためて勝頼との間で血判起請文の交換を要求し、勝頼はそれに応じている。しかし勝頼からの使者は、信長に取り次がれず、翌同八年三月になっても留め置かれたままであった（信長補遺二〇八）。そのためか佐竹義重は、事態を打開しようとして、その三月には、勝頼が人質として確保していた信長四男の信房を、信長のもとに返還させてしまうのであるが、これに上杉景勝は信長と勝頼との和睦が成立したのではないかと勘ぐり、武田家では佐竹義重が勝手に行ってしまったことだと弁明している。その一方で、景勝も信長との和睦を図っていて、それについて武田家は上杉家に、使者を派遣しているという噂を突きつけている（戦武三一八八）。

このように武田勝頼は、氏政との交戦が開始されると、織田信長との和睦を図っていたのである。抗争関係にある氏政と徳川家康は同盟関係にあり、信長は家康と同盟していたから、これは信長による氏政・家康への支援の阻止を図ってのものであろう。しかし信長とは、数年来にわたって激しい抗争関係にあったという経緯、さらには氏政との交戦も、御館の乱において徳川家との交戦を優先させた対応をとったために、氏政との関係が壊れたことで展開されたという経緯を踏まえると、この勝頼の対応は、いかにも節操がない。さらにそれにともなって、佐竹義重を非難し、あろうことか上杉景勝までもが、信長との和睦を模索するというように、足並みの乱れもはなはだしい状況になっている。

滅亡への危機感

さて氏政が伊豆から退陣した後も、上野での抗争は続いていて、天正七年十二月二十五日に沼田衆小中彦兵衛尉（旧景虎方武将）が武田方に従属、八崎長尾憲景もこの頃には従属したらしい。こうして上野では、今村城（伊勢崎市）・廐橋城・大胡城（前橋市）・八崎城（渋川市）・不動山城といった、新田領と沼田領の間の地域が、こぞって武田方となってしまった。また佐竹方との抗争では、九月下旬に下総守屋領や下野鹿沼《かぬま》領、十月下旬に下総古河城、十一月初旬に古河城・下野小山領などに侵攻を受けている。そして十一月初旬には、下野皆川広勝が佐竹方に従属するに至る。佐野領の佐野宗綱《むねつな》（昌綱の子）も、すでに佐竹方から調略をうけるようになっていたし、十二月初めには常陸土浦城の小田氏治も、ついに佐竹家との和睦に動いていった。

天正八年（一五八〇）になると、正月に勝頼が上野・武蔵に侵攻してきた（戦武三二三七など）。同月中には帰国したらしいが、逆に氏政は、二月に駿河御厨深沢城に向けて軍勢を派遣し、三月二十四日には氏政自身も伊豆に出陣して、閏三月十五日には深沢領に進軍するが、すぐに退陣している。その間の二月二十三日、氏政は氏邦に書状を送って、武田方との抗争について次のように述べている。上野新田由良家と館林長尾家が出陣に応じてこないらしく、そのことに驚いたうえで、「このままの状況だと、北条家はついには滅亡に向かうことになり、上野が勝頼の領国になったとしても、氏政に従い続ける様には思えないので、悔しい」（戦北二二四一）と言っている。勝頼の進軍の際に、由良家らは出陣してこなかったのであろう。

また二月二十五日には、伊豆田方《たがた》郡の領主すべてに対して、戦場になって作付けが無駄になるとして、百姓が移住してしまわないように、敵方の攻撃があれば軍事支援し、不作分については減税するように命令している（戦北二二四二）。さらに三月には、伊豆東浦（東海岸）の領主をそれらへの支援にあてるためか、その留守の守備のために、東浦各村落から「人改令」に基づいた兵役を徴発し、「一揆帳」を作成している。その人数は一〇一〇人にも及んでいる（戦北三六五一）。氏政は再びの武田家との抗争に伴って、伊豆北部の防衛維持に注意を払わなくならなくなり、村落からの民兵動員に踏み切らざるをえなくなっていることがわかる。

氏政は、勝頼との抗争が思わしくないと認識し、とくに「一門・家老同前」として厚遇してきた由良家・長尾家が、出陣してこない状況を受けて、北条家は滅亡に向かってしまい、上野は勝頼に経略されてしまうという、大きな危機感を抱くようになっていたことがうかがわれる。

織田信長への従属表明

そうしたことのためか、氏政は再び、織田信長に、宿老の笠原康明と氏照の宿老の間《ま》宮綱信《みやつなのぶ》を使者として派遣した（『信長公記』）。彼らが信長が在所していた京都に到着したのは三月九日であったから、使者の派遣は二月下旬のことであったと推測される。到着にともなって、信長に鷹十三足《もと》・馬五疋の進物が贈られている。そして十日、信長の宿老滝川一益《たきがわかずます》の取次により信長に謁見し、笠原康明が氏政からの言上を述べ、あわせて進物の目録を進上した。進物の内容は、太刀・白鳥二十・熨一箱・鮑三〇〇・煎海鼠一箱・江川酒三種二荷という莫大なものであった。

氏政からの言上は、信長側近の武井夕庵《たけいせきあん》と宿老の滝川一益・佐久間信盛《さくまのぶもり》により信長に取り次がれたが、その内容は「御縁辺相調え、関東八州分国に参る」というものであった。すなわち信長との間に婚姻関係を形成して、北条家は信長に従属する、というものであった。ここに氏政は、「天下人」信長への従属を表明したのである。もっとも氏政としては、信長との関係は、婚姻関係を求めていることから、本質的には同盟に近いものを想定していたであろう。しかし信長は「天下人」であり、氏政は戦国大名の立場にあり、両者の間には明確な身分的格差が存在していたため、氏政は信長に軍事支援を請うにあたって、従属するという姿勢をとったといえる。ちなみに婚姻関係については、嫡子氏直の妻に信長の娘を迎える、ということが取り決められる。

その後は、氏照からの言上を間宮綱信が述べ、笠原・間宮、そして氏照の下使いの原和泉守がそれぞれ御礼の言上を述べて、退出した。信長は彼らの退出後、「幸いの事に候、滝川左近（一益）案内者にて京都懇ろに見物申し、やがて安土へ罷り下り候へ」と、言上の内容は満足であり、滝川一益が世話して京都を見物させたうえで、安土城を訪れさせなさい、と述べたのであった。笠原・間宮は、信長から京都見物のための資金として金銀一〇〇枚を与えられて、滝川一益の案内を受けて京都を見物し、二十一日には安土城を訪れている。そこでは信長から氏政への贈り物として、虎皮二〇枚・縮羅三〇〇端（三箱）・猩々皮十五、氏照への贈り物として緞子二箱が与えられた。笠原らはこれを受けて帰国したとみられる。

こうして氏政からの使者は、信長への謁見を無事に果たし、氏政の言上を述べることができた。それに際しての氏政からの進物は、極めて莫大なものであった。当然ながらこの使者派遣には、莫大な費用がかかった。具体的な額は明確ではないが、この時、氏政は「惣国へ分銭懸かり」と、領国全域に費用を割り当てていて、御一家衆の氏邦は黄金三枚（三〇両＝七五貫文、約七五〇万円）を負担したことがわかっている（戦北二三三四）。後の天正十六年に弟氏規が上洛した際の費用は二万貫文（約二〇億円）が見込まれて、その際に氏邦には、三、四〇〇〇貫文（約三、四千万円）の負担が想定されているので、その割合をあてはめると、総費用は五千貫文（約五億円）ほどであったかもしれない。

笠原康明らが帰国したのは、四月六日以前のことで、その日に笠原は滝川一益に礼状を出している。そこでは、武井夕庵・佐久間信盛から伝えられた信長の意向を氏政に伝えたところ、大変に喜んだこと、これ関しては氏政からも直接に滝川に返事すること、などがみえている。またその内容自体は、すでに三月二十四日には氏政に連絡されていたことが確認でき、館林長尾顕長《あきなが》（景長の養子）家臣の渕名大炊助《おおいのすけ》に宛てた書状で、「京都（信長）との交渉がまとまり、北条家と相談して武田家を討ち果たすことが決定した、祝儀として信長から贈られてきた織物を贈る」と述べている（戦北四七三二）。これによって氏政は、信長への従属表明は、信長からも受け容れられたと認識したことがわかる。これを受けて氏政は、信長の娘婿となることが予定された氏直に、北条家当主の地位を譲ることにするのである。

2　氏政の隠居

思わしくない戦況

上野では、二月二十七日に氏邦の軍勢が毛利北条家の属城の山上《やまがみ》城（前橋市）を攻め、三月十四日には、氏邦の宿老で女淵城に在城していた富永助盛が、八崎長尾憲景の属城の多留《たる》城（渋川市）を攻めている。これらの領域を経略しなければ、孤立した恰好になっている沼田領への支援ができなかったからである。同月二十七日には、箕輪衆との間でのことであろう、氏邦は倉賀野《くらがの》・八幡崎（高崎市）で武田方と交戦している。

他方、武田方では二月二十四日に小川城主小川可遊斎の重臣小菅刑部少輔《ぎょうぶのしょう》を、次いで三月十六日にその主人の小川可遊斎の調略に成功し、武田領国は利根川まで拡がってきた。閏三月二十五日、利根川以西で北条方として残っていた猿ヶ京衆は、越後から侵攻してきた荒砥城の軍勢を撃退している（戦北二一六三）。越後上田庄の上杉勢が、武田方に味方して進攻してきたのであろう。なおこれについてこれまで、猿ヶ京衆が荒砥城まで攻めたと理解してきたが（拙著『真田昌幸』など）、撃退したとみておきたい。そして真田昌幸の宿老矢沢頼綱《やざわよりつな》も、沼田城を攻めている。

四月上旬には、武田勝頼が再び上野に出陣し、東上野の今村領まで進軍、同時に真田昌幸が沼田領に進軍してきたため、氏邦は迎撃している（「里見吉政武功覚書」）。しかし五月六日には、猿ヶ京城を昌幸に攻略されてしまう。続いて名胡桃城も攻略されたとみられ、これにより利根川西岸域は武田方に経略された。対して北条方も、五月十五日に氏照の軍勢が甲斐郡内西原《さいばら》（上野原市）に侵攻しているが、五月下旬には勝頼の沼津城への出陣がみられ、伊豆への向かい城として天神ヶ尾《てじがお》城（沼津市）を構築している。おそらくそれまでに、北条方では駿河長窪城（静岡県長泉町）を攻略していたらしく、これはそれに対抗するためのものであった。

再び上野では、六月九日に富永助盛は岩櫃城（群馬県東吾妻町）に向けて進軍している。おそらくこの時には、その経路に位置していた八崎長尾憲景は、北条方に復していたものとみられる。しかし同月晦日に、真田昌幸の調略によって、沼田城代の用土新六郎らが武田方に従属することになった。もっとも沼田城の引き渡しはなかなか実現されず、八月十七日頃になってようやく実現をみる。しかしこれによって沼田領全域が、武田方に経略されることになった。この結果、上野における北条方は、新田領・桐生領の由良国繁、館林領の長尾顕長、小泉領の富岡六郎四郎、八崎領の長尾憲景のみとなっている。ちなみに用土新六郎は、その後に武田勝頼から、用土家の宗家にあたり旧主氏邦の名字であった藤田家の名字、旧主氏邦の宿老富永助盛と同じ受領名の能登守、武田家の通字（信）を与えられて、藤田能登守信吉と改名するのである。

さらに佐竹方の動向をみると、二月二十四日に、前年に小田家が佐竹家と和睦した後に、小田家から自立して北条家への従属を続けた、牛久《うしく》・足高《あだか》両岡見家の属城の谷田部城（つくば市）が攻略され（「明光院記」『牛久市史料中世Ⅱ』七一号）、また時期は不明だが、同年に玉縄北条氏舜《うじきよ》（氏繁の子）が在城していたとみられる下総飯沼城も攻略された（「年代記配合抄」）。さらに六月四日には、古河城・栗橋城（埼玉県五霞町）・水海城への侵攻を受けている。こうして公方領国における軍事拠点の飯沼城が攻略され、また常陸国衆の経略を進められていき、北条方にとっては、明らかに劣勢の展開となっていた。

氏直への家督譲渡

そして七月二十日、武田方が駿・豆国境に進軍してきたという情勢を受けて、北条家では出陣を決めるが、その総大将は氏直とされた。そして実際の出陣にあたった八月十九日、氏政は氏直に、軍配団扇を譲渡するのである。軍配団扇は軍事指揮権を象徴するものであるから、それを氏直に譲渡したということはすなわち、氏政は隠居し、北条家の家督を氏直に譲ったことを意味している。これは家督交替にあたっての、儀式の一つであった。実際にも、この軍配団扇譲渡を示す氏政の証文では、「氏政公御隠居の時」と注記され、署名も「截流斎《せつりゅうさい》」とある（口絵参照）。これは氏政が、この後、隠居後に使用する呼称であるから、この軍配団扇の譲渡が、家督譲渡にともなうものであったことは確実である。

ここに北条家の家督は、氏政から氏直に譲られた。氏政は四十二歳で、氏直はまだ十九歳であった。しかもその時期は、年末や年初などの節目ではなく、まさにこれから出陣するに際してのことであるという、異例のことといえる。しかしその理由はかなり明解であった。それは北条家が織田信長に従属を表明し、その際には氏直の妻に信長の娘を迎えることになっていて、そのことが信長から承認を得たことを受けて、信長の婿となる氏直によって、信長への出仕を果たすためであった、と考えられる。

この後は、氏政は「御隠居様」と称され、氏直は「御屋形様」と称された。そのことはこの年十二月には確認される（戦北二二一四）。また両者はあわせて「御両殿」と称された（戦北二六八三）。そして北条軍本軍の惣大将は氏直が務め、それにともなって氏直率いる軍勢は「大手」と称されることになる。さらにこれにともなって、翌天正九年に、家臣の「着到帳」の改定が行われ（戦北二二五八）、村落への検地（戦北二二六一）施行が予定された（検地は増反銭徴収に代えられた）。家臣や村落にとっても、明確に当主交代による代替わりとして示されたのであった。

またこの代替わりにともなって、岩付領支配の在り方にも変更がみられた。それまでは北条家当主であった氏政が直接に管轄していたのであるが、これを機に、すでに岩付太田家の婿養子となっていた次男源五郎（もと国増丸）による領国支配が開始されたのである。その初見は八月二十七日のことであるから（戦北二一八九）、まさに氏直の家督相続にともなうものであったとみなされる。源五郎は氏直より二、三歳年少であったから、この時はまだ十六、七歳にすぎなかった。このことからすると、氏政は、嫡子氏直に家督を譲るのにあわせて、急遽、次男源五郎を岩付太田家当主として自立させて岩付領を継承させたものとみられる。

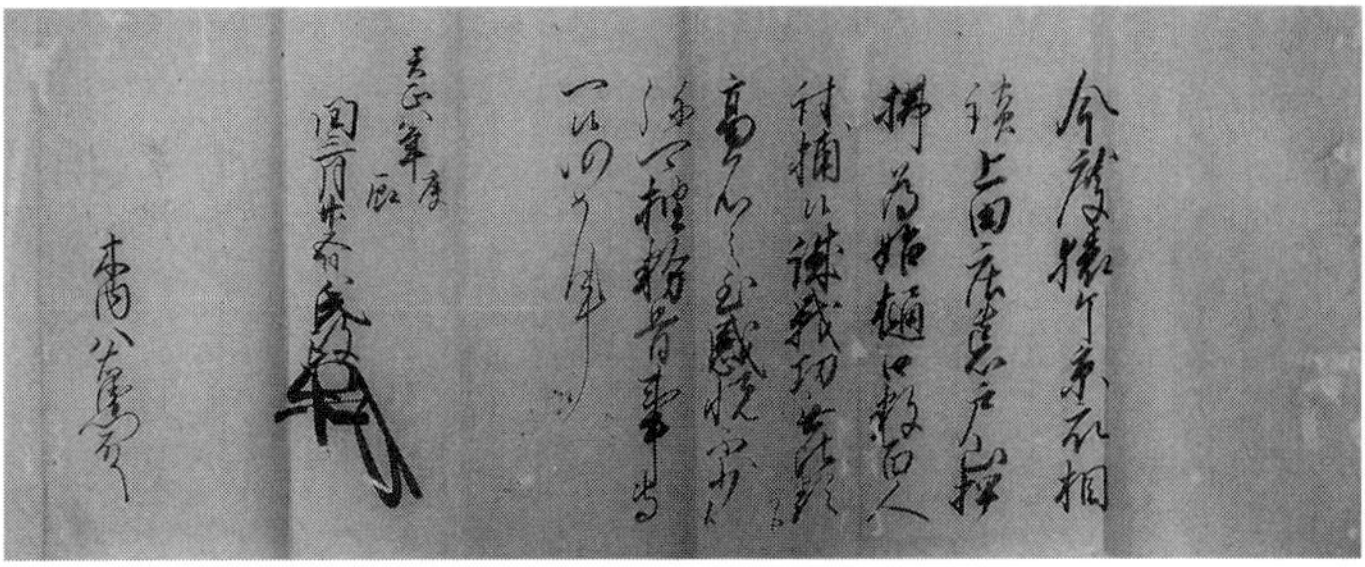

北条氏政感状写（天正８年閏３月25日）（木内氏文書）
氏政の旧型花押の最終事例。

花押型の変更

氏政はこの隠居によって、以後は「截流斎」を称し、また周囲からは「御隠居様」と称されたが、これを機にして花押型も変更している。それまでの氏政の花押型は、初見の発給文書となる弘治元年（一五五五）から使用していて、時期の経過にともなって形状も少しずつ変化をみせてはいるが、基本的な形態は同一である。しかもこの形態は、岳父武田信玄の花押型を倣ったものであった。その使用事例の最後は、これから触れる例外を除くと、現在のところ天正八年（一五八〇）閏三月二十五日付のものとなっている（戦北二一六三）。

そしてこれに代わる新しい花押型は、天正九年に比定される五月一日付の書状からみられるようになっている（北条補遺一〇〇）。その形態は、それまでのものとは異なって、北条家初代の宗瑞、二代目の祖父氏綱、三代目の父氏康のものに倣ったとみなして差し支えない、横長でかつ右側に大きな空間を擁した、北条家伝統の形態のものになっている。これによってその間に、氏政が花押型を代えたことが分かり、その契機は、まさに天正八年八月十九日における、氏直への家督譲与と認識されるのである。

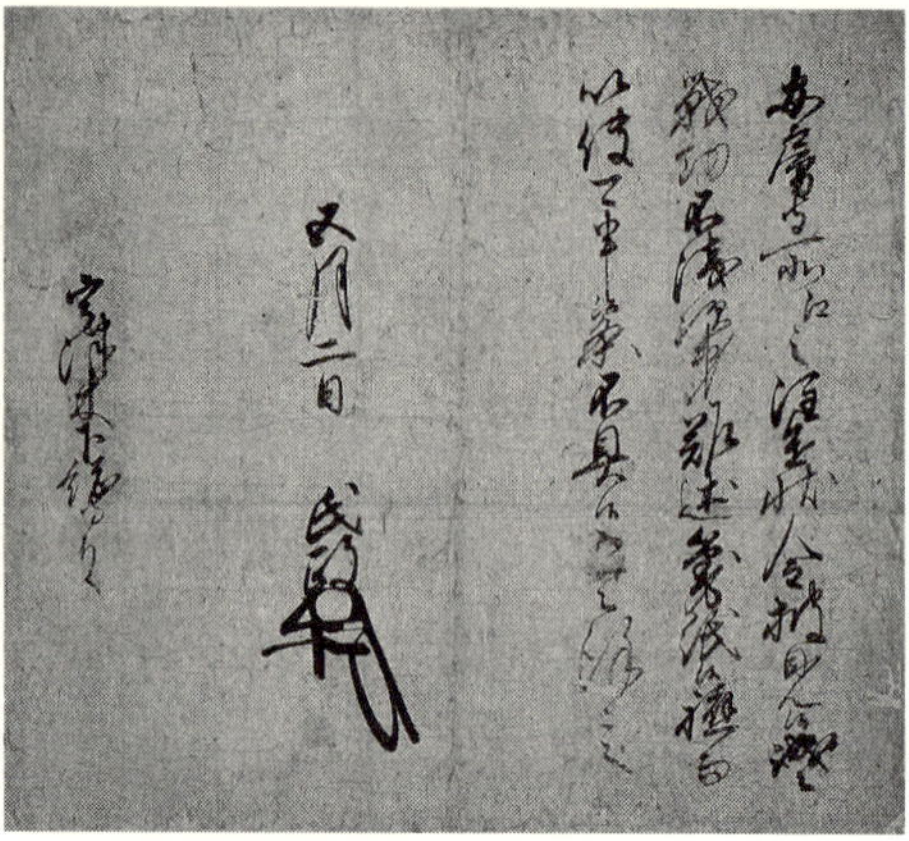

北条氏政書状（〈天正９年〉５月２日）
（宇津木下総守宛）（宇津木文書／大阪城天守閣蔵）
氏政の旧型花押が使用されている。

もっともこれには、これから述べるような例外現象がみられている。そのためこれまでも、そのことをどのように考えたらよいのか、多くの研究者が頭を悩ませられてきた。それは、それから翌天正十年六月まで、氏政が旧型の花押型を用いて出している書状がみられる、というものであった。氏政は、花押型を全く刷新したのではなく、一部で旧型を使用しているのである。そうしたものとして現在のところ次の四通がみられている。

(1)（天正九年）五月二日付宇津木下総守宛書状（戦北二二三二）
(2)（天正九年）五月七日付県因幡守宛書状（戦北二二三四）
(3)（天正九年）五月七日付長尾憲景宛書状（戦北二二三五）
(4)（天正十年）六月十一日付滝川一益宛書状（戦北二三四七）

これらの共通項を探してみると、いずれも上野在国の他家である、ということである。そしてその間に、新型花押で上野在国の他家に出した文書はみられていないのである。その間に新型花押で出している文書は、現在のところ十五通がみられているが、その内訳をみると、家臣岡本越前守宛の書状二通、下総佐倉千葉邦胤の宿老原親幹《はらちかもと》宛の書状一通、弟氏邦宛の書状九通、御一家衆北条氏秀宛の書状一通、伊豆三島社宛の願文一通、宿老清水康英宛の書状一通、という具合である。

こうした状況から、氏政はこの間、上野在国の他家に対してのみ、旧型の花押型を使用し続けたと考えられている（山口博『戦国大名北条氏文書の研究』）。ただしその理由については、これ以上明確にはならない。この間に氏直が上野在国の他家に出した書状も、わずか一通ではあるが確認されているので（戦北二二九七）、上野在国の他家に関する書状を、氏政だけが出したわけではなかった、とみられるからである。しかし少なくとも、氏政がこの間に、旧型の花押で書状を出し続けているのが、上野在国の他家であったことは確かといえる。この問題は、これからも研究者の頭を悩ませるものとして残らざるをえない。

下野国衆の相次ぐ離叛

天正八年（一五八〇）八月、新当主となった氏直は、北条軍本軍を率いて駿・豆国境地域に出陣した。ちょうど八月十四日に、北条家の使者として客分衆の小笠原康広《やすひろ》（氏綱の母方従兄弟元続《もとつぐ》の子、氏康の弟為昌の娘婿）と伊豆郡代の笠原政晴《まさはる》（松田憲秀の長男）が浜松城に到着しているので（『家忠日記』・戦北四四九〇）、徳川家康に協同の軍事行動を働きかけてのものであったと推測される。しかしこの方面では、九月二十日に駿河大平城《おおひら》（沼津市）への攻撃を受けたが、撃退しているくらいの動きしかみられていない。この年に沼津城への攻撃があったことがわかっているが

（戦武三四七五）、それはこの時のことであったかもしれない。なお徳川家康が遠江の武田領国に侵攻するのは、十月下旬のことであった。

むしろ攻防は北関東で激しさを増していた。これより先の七月二十四日、佐竹義重は勝頼との協同の軍事行動のために、宇都宮に着陣し、九月中まで北条方への攻撃を展開した。そのなかで下野佐野宗綱を従属させ、下総結城晴朝が小山領を攻撃、さらには佐竹方は上野まで進軍して、由良家の新田領と長尾家の館林領・下野足利領にまで侵攻した。そして九月二十日、勝頼が東上野に向けて出陣してくると、十月三日、北条家では「御一戦」に決して、氏政が出陣する（戦北二一九七）。氏直は伊豆から帰陣したかどうかの時期であったこともあったかもしれないが、むしろ勝頼との対戦ということで、氏政が惣大将として出陣したのであろう。いまだ合戦経験の浅い氏直では、まだ勝頼を相手するのは難しかったためであろう。

その三日には、武田勢によって武蔵深谷領に攻撃を受けている。四日には、武田軍に新田領・館林領・小泉領への侵攻を受けている。ちなみに武田軍が新田領などに侵攻した時には、それまで同領に侵攻していた佐竹軍は、ちょうど退陣した後であった。協同の軍事行動を予定していたが、勝頼の出陣の遅れによって、すれ違ってしまったということであった。十月八日、武田軍は由良家の属城の善城を攻略し、赤城山南麓地域の経略を進めている。これに対して氏政は、十二日には武蔵本庄台（本庄市）に着陣して、勝頼に対した。これを受けて勝頼が本庄台に向かってくると、氏政は「武田軍の旗をみると、すぐ退陣した」という（戦武三四三八）。世間には「御一戦」を表明していたのであったが、氏政としては、武田軍のこれ以上の侵攻を牽制することが目的であったとみられる。そして勝頼も、これを受けて甲斐に帰国した。

その後、十一月二十八日になって、下野壬生義雄も佐竹方に従属してしまった。これによって下野の国衆で北条方の者はいなくなることになった。下野における勢力は、氏照が管轄する小山領と、館林長尾家の領国の足利領のみとなった。また上野においても、新田領・小泉領・館林領にも、佐竹方・武田軍双方の侵攻がみられるようになり、赤城山南麓地域も経略されてしまった。ちなみに前年もしくはこの時に、由良家・長尾家は佐竹方に属したとみる見解も出ているが、誤りである。さらに常陸では、これより以前に、小田氏治が佐竹方に転じたことで、北条方で残っていたのは、小田家から自立して北条家への従属を続ける牛久・足高両岡見家と江戸崎《えどさき》・竜ヶ崎《りゅうがさき》両土岐家のみであり、しかもその領国も佐竹方に経略されつつある、という状況であった。

武田勝頼の里見家への誘い

天正九年（一五八一）になると、正月十一日、房総里見義頼が、佐竹家を通じて、ついに武田勝頼に使者を派遣する。義頼は同時に、義重に血判起請文の交換を求めた。勝頼は、二年前から佐竹家を通じて、里見家に働きかけしていた。しかし里見家では、前年の義弘の死後に、長子で安房岡本城（千葉県富浦町）の義頼と、末子で家督を継いで佐貫城を継承した梅王丸に分立、同八年から両者の抗争が展開されていた。そこでは義頼が勝利したものの、直後には宿老で上総小田喜《おだき》領の正木憲時《のりとき》が叛乱し、内乱が続いていた。同年のうちに万喜土岐家・長南武田家の服属を遂げて、優位な状況となっていた。そこで義頼は、かねてから通交を求められていた勝頼に応えたのであろう。

その後、六月に勝頼から、佐竹家を通して義頼への使者が派遣された。同盟のための条件を記した条目を携えたものであり、佐竹家からの使者も同道、これは起請文の案書を携えていて、到着次第に義頼が血判起請文を作成するという段取りになっていた（戦房一八〇七）。ところが七月下旬になって、義頼はそれらの使者を迎えることをせず、そのためしばらく常陸・下総国境あたりに滞留することになる。ちょうど義頼は、小田喜城（千葉県大多喜町）攻略にとりかかっていて、そこでは北条家から、御一家衆の北条氏光の援軍を受けることになっていた（戦房一八〇八）。義頼が勝頼と義重からの使者の受け入れを、突然に取り止めたのは、そのような事情のためとみられる。そして九月二十九日に小田喜城を攻略し、正木憲時を滅亡させて、数年にわたっていた内乱を終息させるのであった。

このように、あわや里見家も敵対するかもしれないという状況にもなったが、里見家の事情により、それは回避された。また三月八日には、下野小山領を管轄する北条氏照が、領内村落について、結城家領国の下野中茎《なかぐき》領との「半手」を認めている（戦北二二二〇）。十日に、氏照の軍勢は結城領に進軍していることがうかがわれるので（「遠藤文書」）、両者は激しく攻防していたのであろう。そうしたなか、小山領の村落のなかから、結城家との「半手」が申請され、氏照はそれを認めているのである。「半手」は、安全確保を果たせないから認めるものであったから、氏照がこの方面での抗争で苦戦していた様子がうかがわれるであろう。

勝頼への反攻の展開

ところが三月二十二日に、遠江における武田領国の最大の拠点であった高天《たかてん》神《じん》城（掛川市）が、徳川家康によって攻略された。これにより遠江における武田領国は、東端の一部にすぎなくなり、その後は駿河への侵攻を受けていくことになる。さらにその落城は、在番衆がほとんど討死というすさまじいもので、そのなかには西上野や信濃の国衆も多く含まれていた。勝頼はこれを救援することができなかったため、国衆たちは勝頼への信頼を失っていくのである。

あたかもこれを契機にするかのように、北条家は武田方に対して積極的に対抗していくのである。二十九日に武田方駿河海賊衆が伊豆西浦（沼津市）に侵攻してきて、北条方の海賊衆梶原備前守が撃退されるということはあったものの、その後は四月十七日に相模津久井衆と北条氏照配下の武蔵檜原平山氏重の軍勢が甲斐郡内に侵攻して、譲原《ゆずりはら》（上野原市）で合戦し、同月十九日には、檜原衆が、領内小河内《おごうち》（東京都奥多摩町）で武田勢と合戦し、勝利している。二十二日には氏政が駿河御厨に向けて出陣し、深沢城周辺の作物を撫で切りにして帰陣している。このように甲斐・駿河への侵攻をみせている。

五月二日には、藤田（北条）氏邦を通じて、武田方の東上野玉村五郷（群馬県玉村町）の国衆の宇津木下総守を調略している。上野でも態勢挽回が進められるようになっている。同月四日、佐竹方が氏照管轄の下野榎本領に侵攻してくると、同月七日に氏政は、氏照以下の武蔵・下総の軍勢を派遣した。八日に、氏照の軍勢が榎本領で佐竹方の下野佐野宗綱と合戦している。この方面では、七月二日にも佐竹方が小山領に侵攻してきていて、氏照軍は小袋郷《こぶくろ》（小山市）で合戦し、勝利している。九月九日には、氏邦の軍勢が、具体的な場所は明確ではないが、「東大手」（氏直の陣か）で合戦している。

またこの間の六月五日に、氏政の使者が再び安土城に到着している（『信長公記』）。いうまでもなく、これからの勝頼との抗争についての相談のためであろう。ちょうどこの頃、勝頼は駿河に進軍、これに北条方も備えて伊豆国境に在陣したが、九日に「例式一功無く」「退散」し、これを受けて勝頼も十二日に甲府に帰陣している（戦武三三五七）。ここで勝頼は、交戦してこない北条勢について、「例式一功無く」と表現していることから、両者の間では対峙するだけの状況が常態化していたことがうかがわれる。

笠原政晴の離叛

そして八月十三日より前から、氏政は武田方の駿河沼津城への向城として徳倉《とくら》城（静岡県清水町）を構築して、宿老の笠原政晴を城代に任じた。これを受けて二十一日、勝頼は駿東郡防衛のため軍勢を派遣してきた。二十三日には伊豆在陣の北条軍が武田方の天神ヶ尾城を攻め、徳倉在城衆らが沼津城を攻めている。駿河においても、北条方が攻勢を強めるようになっていたことがうかがわれる。ところが十月二十七日、徳倉城代の笠原政晴が、武田方の沼津城将曾根河内守の調略により離叛してしまうのである。

北条家の場合、これまで国衆の離叛はみられていたが、譜代重臣の離叛はこれが初めてのことであり、かつほぼ唯一のものであった。離叛の理由は不明である。笠原政晴は、宿老筆頭の松田憲秀の長男で、天正三年（一五七五）三月までに、伊豆郡代笠原助三郎（綱信の子）が戦死したのか、その嫡子千松が幼少であったため、陣代を務めたが、その笠原千松も早世したのか、政晴が笠原家の家督を継ぐようになっていた。もしかしたら本来は、松田家の家督を継ぐことができたにもかかわらず、それよりも格下となる笠原家当主とされたことを不満に感じていたのかもしれない。そして政晴は、勝頼から、「松田上総介」の名を与えられたらしい（戦武三六三二）。

政晴の離叛を受けて、北条方の泉頭城の在城衆は徳倉城を攻撃するが、撃退された。同十八日には、政晴の軍勢が、伊豆韮山城を攻撃してきたが、撃退している。そして同二十九日、勝頼は徳倉城支援のために急遽、援軍を派遣し、自身もすぐに出陣してくることになる。これを受けて氏政と氏直も、十一月八日、勝頼との対戦のため伊豆に出陣していった。同時に、徳倉城への向城として、鷲津山《わしずやま》城（沼津市）を構築した。すると十六日、佐竹義重が武田家との協同の軍事行動として、上野新田領に侵攻してきた。佐竹軍はこれから十二月半ば頃まで新田領などに侵攻して、帰陣していくことになる。

駿豆国境では、十一月二十日に武田軍が北条軍を攻撃しようとしたが、北条軍は陣城を構築して、応戦しなかった。これについて勝頼は、「例式大切所（要害の場所）に取り入り、陣城を構え蟄居し候間、一戦におよばず、無念至極に候」と、またも陣城に籠もるだけで、決戦には至らなかったと述べている（戦武三六二〇）。これについては氏政らが着陣する以前の十三日に、武田家の御一門衆の武田信豊は、その出陣を聞いて、「きっとこちらの旗先をみたら、『例式』氏政は切所を構えて蟄居するに違いない」と観測していたから（戦武三六一三）、その通りであったことになる。氏政はあくまでも牽制するだけで充分であり、武田軍と決戦する必要はないと考えていたと思われる。

しかし局地的な合戦は生じていて、十一月二十八日に北条軍が武田方の駿河興国寺城まで軍勢を派遣して、移動する武田方の軍勢を攻撃するという、遊撃作戦が行われている。十二月五日には、三島に近い伊豆玉川まで武田勢の侵攻があったため、同地で合戦となっている。しかし両軍の交戦はこの程度しかみられず、基本的には対峙が続く状況であった。そして十九日、勝頼は伊豆から帰国し、これを受けて氏政・氏直も帰陣したとみられる。その前日の十八日、織田信長の使者が徳川家康のもとに到着し、来春の武田家攻めを通告してきた（『信長公記』）。その情報は、家康から氏政にもたらされたに違いない。いよいよ武田家との抗争に、信長が乗り出してくることになった。そして勝頼も、そうした情勢を受けてか、二十四日に、新たな本拠として構築を進めていた新府城（韮崎市）に本拠を移すのであった。

3 織田政権への服属

織田軍出陣についての情報収集

天正十年（一五八二）になって、いよいよ織田信長の武田家攻めが開始される。二月一日、武田方で信濃木曾郡の国衆の木曾義昌（勝頼の妹婿）が、武田家から離叛して織田家に従属したのを皮切りにして、織田軍は木曾家支援のために武田領国の信濃への侵攻を開始した。徳川家康はこの連絡を六日に受けると、駿河への出陣を準備し、十六日に浜松城を出陣する。氏政は、正月から上方の情勢について、情報を蒐集していた。正月晦日付で鉢形城の氏邦から送られてきた書状を、二月三日に受けとっている。そこでは上野館林長尾顕長が、「上方」から受け取った書状の写に自身の書状を添えたものが送られてきていて、「上方」からの書状本文も、顕長の使者によって氏政のもとに送られることが記されていた。氏政は、それが到着したら、考えを返信することを伝えるとともに、鉢形領西部の秩父谷（秩父市）に関して連絡されたことについては、さしたることにはならないという考えを述べている（「三上文書」戦北二三〇一）。

ここにみえる長尾顕長が受け取った「上方」の書状というのが、どういうものであったのかは不明だが、氏政は、前年のうちに織田信長が武田家攻めを行うことになっていることを報されていたため、信長の動静をひどく気に懸けていたことがうかがわれる。そしてこの書状を皮切りにして、氏邦との間で頻繁に書状を遣り取りして、情報収集に努めている。現在残されているだけでも、先の三日付に加えて、五日付・六日付・十五日付・十六日付・十八日付・十九日付・二十日付・二十二日付の九通がある。このうち十八日付・十九日付では、当主氏直の書状も残されている。対して氏邦から氏政・氏直に出した書状は、正月晦日付の後は、二月三日付、六日付、十三日付、十四日付二通、十六日付、二十日付で出されていたことが、氏政・氏直書状の文面からわかる。これらのことから、正月晦日以降、氏邦は連日のように氏政・氏直に書状を送っていたことがわかる。

氏政が、三日付の書状で述べている秩父谷のこととは、武田勢の侵攻のようなものがあったのであろう。五日付で「正説」を確かめよ、と命じているのは、おそらく木曾義昌離叛のことであろう。九日付でも、信濃情勢について「正説」を確かめるよう命じている。またそこでは、近日は「西国」から使者が送られてきていないことが述べられている。このことからすると、氏政は、信長から直接には武田家攻めについて連絡を受けていなかったものとみられる。しかし氏政としては、信長の武田家攻めにあわせて、軍事行動を展開せざるをえないから、織田軍の状況を把握することが必要だったのである。しかし家康が六日には信長から連絡を受けていることと比べると、氏政への扱いには大きな違いがあったことが分かる。それは家康が、事実上の服属大名であったのに対し、氏政はまだ従属を表明していただけであったからとみられる。後に氏政にも、信長から連絡がもたらされるのであるが、それが到着したのは十九日のことになる。

氏邦からの連絡は少し途絶えて、十五日付で氏政から書状を出している。そこでは、新田由良国繁からの書状に返事したことを伝えたうえで、氏邦が利根川周辺の軍勢を動員させる場合について、それはどんな時でも、それら国衆の動員は「大途」（公儀）のことになるので、直接に当主氏直に連絡する必要があり、そのことを弁えておく必要があると述べている。どうも由良家からは、氏邦が由良家らを動員しようとしていることが伝えられてきたらしく、氏政はそれについて氏邦に、あくまでも氏直に連絡し、氏直から由良家らに命令が出されて可能であると、釘を刺すものとなっている。かつて氏邦は、御館の乱の時にも、北条家に従う国衆に対して、自身の家来のように扱ったことについて、氏政から叱責されたことがあった。ここでも同じような態度をとっていたため、由良家から抗議があったのかもしれない。氏邦は氏邦で、西上野の武田領国への侵攻の準備を進めていたことが分かる。

十三日・十四日付の氏邦からの書状でも、信濃情勢は不明であったため、十六日付の返信で、相模にも武田領国から逃亡してくる者もなく、甲斐・駿河の情勢は十日から伝えられなくなっているので、何とかこちらから手を廻して情報を入手する意向であること、武田方の状況がわからなければ、こちらの軍事行動もとりようがないとして、氏邦に、西上野の「半手」の村落に、密かに褒美でも渡して情勢を確かめるように指示している。西上野の「半手」とは、鉢形領西端の御嶽領と、武田方の三ッ山領（国衆長井家の領国）の間に展開していた村々にあたる。いわば中立地域に入り込んで情報を入手せよ、というものであった。

十四日戌刻付への返信である十八日付では、木曾家の離叛が伝えられるようになっていたらしく、それについて、「嘘ではないようだ、今月中にははっきりするであろう、どうあっても事実を摑んで報告せよ」と指示している。そして十九日付の返信でも、まだ確信が持てないでいる様子が示されている。木曾離叛に関する確かな情報は得られていないとして、氏邦の配下の者を「半手」に送り、その者をこちらに寄越してもらって、尋問したら、確信できるであろうとか、境目からの注進状をみても、何者が言っていることなのか書いていないので、どれをとっても確かなことは得られていない、と言っている。木曾離叛について、いくつかの情報がもたらされるようになっていたらしいが、氏政はまだ情報の出所が確かではないとして、確信できないでいたことがわかる。ことは軍事行動の作戦内容に関わることであったから、氏政としては、何としてでも確実な情報をもとに判断する必要があったといえる。そのうえでもし木曾謀叛が事実であればとして、織田軍は信濃に侵攻することは確実であり、武田家は防戦できないであろう、と観測している。

武田領国への進軍

信長からの連絡は、その後にもたらされたらしい。それは取次の滝川一益からのものと推測される（戦北四七四〇）。二十日付の返信では、織田軍の信濃侵攻の連絡を受けて、今日は終日、どこに軍事行動するかについて談合したこと、とりあえず多摩川まで軍勢を参陣させるよう諸方に命じたこと、そのうえで西上野か、甲斐か、駿河かに進軍することにすると決めたことを伝えている。そして二十二日付の返信では、あらためて信濃情勢についての「京説」、すなわち信長からの連絡内容を、二十日付の書状で伝えたことを触れたうえで、その連絡は十九日に到着したので、二十日に陣触れを出したこと、ただし進軍先はまだ決まっていないこと、武田家の命運が決するに違いないから境目に砦を構築するなどのことは全く考えていない、と述べている。

どうも氏邦からは、武田領国に向けて砦構築を連絡してきたらしく、氏政はそれは不要と言っているのであろう。そして信濃の平地に大軍が進軍すれば、武田家は防戦できないだろうとして、すでに十一日に織田信忠（信長の嫡子）、十二日に滝川一益が出陣したことを、伊勢船のものから聞いたことを伝えている。そのうえで、武田方の厩橋領・大胡領の毛利北条芳林に計策しているかを問い、信濃情勢をすぐに報せて、「早々に従属するように」と言えば、きっと応じてくるに違いなく、軍事行動する以前でも、ともかく方々へはたらきかけるように、と指示している。ここで氏政は、武田方の上野国衆への調略にとりかかるよう指示している。どうも氏邦は、そうした行為に機敏ではなかったらしい。

その氏邦は、前日には西上野三ッ山領への侵攻を開始していた（戦北二二二一二）。そして二十五日には、鉢形城を出陣して、本格的に西上野への侵攻を進めるのであった（戦北二二二一六）。そしてそこでは、武田家の宿老で箕輪城代の内藤昌月、赤坂城（高崎市）の和田信業《わだのぶなり》らを従属させ、さらに八崎長尾憲景を通じて、武田家の宿老で沼田城代・岩櫃城代の真田昌幸に従属をはたらきかけるなど、西上野の国衆の経略を進めていった。

氏政・氏直がいつ出陣したのかは明らかではないが、二十日の時点で五日のうちにと言っていたから、二十五日には出陣したとみられる。進軍先は駿河であった。先陣の大将は、弟氏規と次男太田（北条）源五郎が務めたらしい。二十八日に、敵方になっていた徳倉城を攻略、城主笠原政晴は北条家に帰参したとみられる。さらにその日のうちに三枚橋城（沼津城）も攻略して、そのまま逃走する軍勢を追撃し、吉原に向けて進軍していった。三月一日には御厨の深沢城を攻略し、二日には富士郡南部の吉原（富士市）まで進軍して、河東一帯を制圧した。六日には、富士郡北部の国衆富士家も従属してきて、富士川沿いを北上して、甲斐に迫っていった。しかしここで北条軍の進軍は停止を余儀無くされる。十一日に勝頼が滅亡したのである。また織田軍は、信長四男の信房を大将に、軍勢を上野にも派遣して、七日には上野に進軍、国峰小幡家を従属させて、十日に安中《あんなか》家を攻めてこれを従属させ、その後は安中城（安中市）に在城して、大戸城（群馬県東吾妻町）の浦野真楽斎《しんらくさい》の従属を進めている。そして二十一日には、上野で従属していないのは、真田昌幸のみという状況であった。そしてその昌幸も、それからしばらくのうちに織田家に従属することになる。

信長への領土割譲

三月二十一日、氏政は武田家滅亡後に初めて信長に使者を送って、進物を進上している。このとき信長は、信濃諏訪の法華寺を本陣としていた。使者は端山《たんざん》という僧侶で、進物は馬・江川酒・白鳥などさまざまなものであった。続けて二十六日にも、氏政は使者を送って進物を進上している。そこでは馬の飼料として米一〇〇〇俵を進上している。これらは戦勝の祝儀を言上するものであったが、同時に、これまで北条家が確保している占領地域の安堵などを狙ってのことでもあったと思われる。しかし信長からは、色よい反応はなかった。

そのためか二十八日、氏政は伊豆三島社に願文を捧げている。それは伊豆郡代の清水康英からの献策であった。これを氏直が出すことは、氏直に関係することなので適切ではないとして、自身が出すことにしたものであった。そこでは、「信長公」がかねての約束通りに、娘を氏直に速やかに輿入れしていただければ、両家の昵懇は深長なものになり、そうすれば関八州はすぐに氏直のものとなるであろう、ということを祈願している（戦北二三二九〜三〇）。ここで氏政は、何よりも氏直と信長の娘との婚姻関係の成立を願っていることがわかる。氏政にとって、長年にわたる強敵として存在してきた武田家を、わずか一カ月少しの戦争で滅亡させてしまった信長の実力を目の当たりにしたことで、信長との親密な関係の形成の必要を、ひしと感じたに違いない。

そして二十九日、信長は旧武田領国の甲斐・信濃・上野三ヶ国について国分けを行った。そこでは駿河は徳川家康に与えられた。北条軍は河東地域の占領を果たしていたが、撤退させられることになった。さらには従来から領有していた駿河東端の大平城領についても召し上げられ、徳川領に移されている。上野については、武田領国とみなされて、「東国の儀御取次」「東国御警固」の役割を与えられた滝川一益に与えられた。上野国衆はすべて信長に従属したうえで、滝川一益に与力として配属されることになった。

今回従属してきた赤坂和田信業・箕輪内藤昌月だけでなく、これまで北条家に従属してきた新田由良国繁・小泉富岡六郎四郎・館林長尾顕長・八崎長尾憲景も同様で、滝川一益に人質を出し、出仕するのである。ただ由良国繁らは、北条家への従属も継続しているという認識ではいた。いわゆる両属であった。しかし織田家に従属したのは、上野国衆だけでなく、北武蔵の国衆も、忍成田氏長のように、独自に信長に接触し、領国の安堵を受けて従属した。深谷上杉氏憲や松山上田長則《ながのり》（宗調の子）も同様であったらしく、それらも滝川一益に出仕するのであった。

これによって北条家は、一片の領地も獲得することができなかったばかりか、従来の領国であった駿河大平城領の割譲を余儀無くされ、さらには上野国衆も滝川一益の与力とされるなど、実質的な領国の削減を受けるのであった。これに接して氏政がどのように思ったのかは、史料が無くてわからない。しかし非常に不本意な思いを持ったに違いない。あるいはその情報は前日にはもたらされていて、それが三島社への願文につながったのかもしれない。ここで氏政は、「天下人」に従属するということの意味と、それによって生じる事態について、初めて実感したことであろう。

信長から不快を示される

四月二日、諏訪に在陣していた織田信長は、帰陣のために甲斐に向けて出発する。甲斐を経て、駿河・遠江経由で帰陣することにしたのである。その日、氏政はまた進物を進上した。それは氏政自らが武蔵野で鷹狩りして捕らえた雉五〇〇羽であった。信長はこれには喜んだらしく、「遠国の珍物拝領、御威光有り難き次第」と評されている。そして翌三日、甲府に到着した信長のもとに、氏政はまたも使者と進物を贈った。使者は玉林斎《ぎょくりんさい》という僧侶で、進物は馬十三疋・鷹三足であった。しかしこれらの進物は信長の気には入らず、「何れも御気色に相申さず、帰し遣わされ候」と、請け取ってはもらえず返されている（『信長公記』）。

なぜ信長は氏政からの進物を突き返したのであろうか。進物を受け取らないということは、常識的には、進上した氏政の態度に何らか不快に思っていたことを意味しているものとなる。その場合、考えられることは一つだけであろう。それは氏政自らが出仕してこないことであったに違いない。信長は、氏政が従属してくると申し入れてきていたのだから、信長の陣所に出仕してくるものと思っていたのであろう。しかし帰路についても氏政は出仕の素振りもみせてこないことに、不快に思ったものと思われる。出仕がなければ、従属を示すことにはならなかったからである。ただ信長の場合、進物の受け取りは本当に気に入ったものだけにし、その他は返却するのが普通であったらしいことからすると、この場合も、単に気に入らなかっただけであったのかもしれない。

それはともかくとして、この時に氏政が信長のもとに出仕しなかったことは確かなことであった。では氏政は、信長に出仕することについてどう考えていたのであろうか。これらの経緯をみれば、出来る限り出仕を避けたいと思っていたことは間違いないであろう。出仕するということは、信長の臣下に入ることを公然と示すことであったし、それにともなって自らの行為に制限を受けることになるから、そうした事態になることは出来るだけ引き延ばしたい、というのが本音であったに違いない。

この時は、ある意味では、ひとまず信長から不快に思われただけで済んだものの、やがて信長が再び東国に出陣してきた時には、出仕しなければならないとは認識していたものと思われる。もしかしたら氏政は、まずは信長との婚姻関係の形成が先であり、出仕はそれを遂げたうえでのことと考えていたのかもしれない。

「東国御一統」のもとで

いずれにしても北条家が織田家に従う存在となったことは事実であった。

この四月三日に、織田信忠も「北条を始め関東諸侍残らず出頭せしめ」「東国の儀は島々の外まで下知に属し」というほどであった（群馬三一一七）。すでに織田家は、北条家と対立していた佐竹方勢力にも従属を働きかけ、受け容れられていた。またこの頃に上野箕輪城（高崎市）に入部してきた滝川一益は、北条方の国衆や房総里見家、さらには奥羽の国衆にも織田家への従属を働きかけていくのである。ここで佐竹方勢力も信長に従属したことで、北条家とそれら佐竹方勢力との間では、「無事」が成立したと考えられる。関東の政治勢力は、すべて信長に従属するかたちとなり、これは「東国御一統」と称された（群馬三一一七）。

その結果、関東における領土紛争も、「東国御警固」滝川一益によって執り行われることになった。北条家に関係するところでは、五月十八日に、下野小山孝山《こうざん》（秀綱）が、一益の差配によって本拠小山城（祇園城）への復帰が果たされている。これはそれまで同領を管轄していた氏照から、返還されたことを意味している。小山孝山は、天正三年十二月に氏照によって同城から没落させられ、その後は、北条方であった実弟の下総結城晴朝の庇護を受け、その領国東端の常陸真壁郡古市《ふるうち》（筑西市）に在所したとみられる。同五年七月に結城晴朝が北条家から離叛すると、それに従ったものの、すぐに自立して北条家に従ったとみられ、佐竹方の下野宇都宮領への攻撃や、家督を譲った嫡子の元服に際して氏政から偏諱を得て、「政種《まさたね》」と名乗らせるなどのことがみられている。同八年には結城領を攻めたこともうかがわれる。実は孝山は、それまでは北条方にあったとみられるのである（拙稿「小山領没落後の小山氏」）。

ここで孝山が本領の小山領の返還を受けているのは、滝川一益の取り成しによるが、それが可能となったのはおそらく、それより以前に、孝山が信長と直接に通交する関係にあったからと推測される。信長は小山家を織田家直臣として待遇し、それゆえに本領への復帰を取り計らったのであろう。ここでも北条家は、実質的な領国の割譲を強いられる形になった。おそらく孝山は、その後も北条家との関係は維持したであろうが、北武蔵・上野国衆と同様、北条家と織田家とに両属する形となったものの、北条家のみに従うのではなかったから、当然ながらその関係は限定的にならざるをえなかったに違いない。

しかしこうしたことが、織田信長による「東国御一統」によってもたらされた事態であったといえるであろう。この後、滝川一益は、北関東・南陸奥の国衆に対して、越後上杉家攻めのための軍事動員をかけていくのである。状況によっては、北条家とその国衆にも、軍事動員がかけられてくることになるかもしれない。もし滝川一益から要請があれば、北条家はそれを受け容れざるをえなかったであろう。そこでは北条家は初めて、他者の軍事指揮を受けることになる。滝川一益から越後出陣を命じられた宇都宮国綱（広綱の子）でさえ、そのことについて佐竹義重に相談していた。氏政もまた、大いに悩むことになったに違いない。しかし幸いにしてか、その機会は訪れることなく済むのであった。

第六章　「御隠居様」として氏直を補佐する

1　「御隠居様」氏政の役割

隠居後の氏政発給文書

天正八年（一五八〇）八月十九日に、氏政は家督を氏直に譲って、「御隠居様」となった。もちろん単なる隠居ではなく、その後も北条家の家政に発言し続けることになるが、ここで隠居後における、当主氏直との役割分担について整理しておくことにしたい。いうまでもなくかつて氏政自身、父氏康から家督を譲られた後も、氏康から家政への発言を受けていたが、この氏政と氏直の場合も同様であったのかどうか、確認することにしたい。

まずは文書発給の在り方からみていくことにしたい。天正九年以降、氏政が出している文書は、基本的には書状のみとなっている。証文として出されたのは、天正九年にはなく、同十年は、氏直に代わって出した三島社への願文、氏政が指揮する軍事行動で服属してきたものへの本領安堵二通、同じ

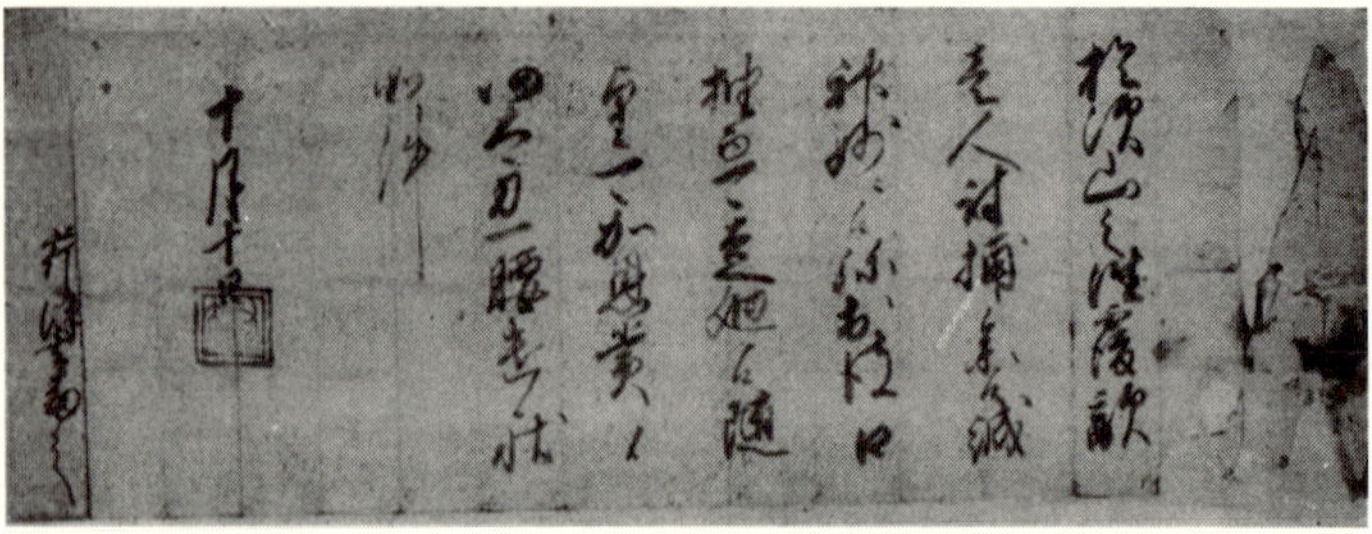

北条氏政感状（〈天正10年〉10月10日）（芹澤文書）
（個人蔵／御殿場市教育委員会提供）
氏政の「有効」朱印の初見。

く戦功への感状、のみである。

　このうち本領安堵のものでは、証文については「大手の帰陣」を待つように、と述べているから、これは氏直に代わって出したものといえる（戦北四九四二・四九八三）。また最後の感状は、「有効《ゆうこう》」朱印を押捺した朱印状であり、これがその初見となっている（戦北二四二九）。これにより氏政は、隠居後に発給する証文のために、「有効」朱印を使用するようになったことがわかる。以後において証文は、ほとんどこの「有効」朱印状で出されている。

　同十一年は武蔵江戸衆小熊孫七郎宛の「着到帳」だけである。同十二年は下総関宿在城衆宛の断簡のみ、同十三年は関宿在城衆への受領状、武蔵岩付衆への供奉命令に関わるもの七通、関宿在城衆への普請命令、氏直留守に伴って出された相模中郡須賀郷（平塚市）宛の鯛進上命令、氏邦家臣とみられる吉里備前守への感状、となっている。須賀郷宛のものは、氏直の出陣による虎朱印状の代行として出されたものであった。このうち吉里宛の感状のみ判物であった。同十四年は、同じく氏直留守にともなう伊豆桑原郷への人足役賦課、関宿領の村落への公事免除と検地書出であった。

同十五年は隠居領とみなされる相模中郡三増郷からの訴訟に対処したもの、関宿宿町人に市立てを承認したもの、氏直出陣の留守に伴い相模西郡・三浦郡・小机領に出した「人改め令」四通、江戸領三宝寺への裁許状、下総佐倉領・小金領の寺院への特権安堵三通、佐倉衆への「着到帳」五通、佐倉衆への出陣命令規定二通、となっている。このうち佐倉領・小金領に宛てたものについては、すべて花押を据えた判物となっている。

同十六年では、江戸領王子別当宛の特権保障、関宿領金野井《かなのい》本郷（野田市）宛の年貢減免を認めたもの、同十七年では、関宿在番衆に罪科普請を命じたもの、関宿宿町人への移住命令、佐倉領における諸役や特権について先例継承を承認したもの三通、佐倉領における裁許状、関宿在番衆への番替を命じたもの、佐倉衆井田因幡守に特権保障したもの、関宿領の寺院への米払い出し、直臣とみられる御宿《みしゅく》源吉への知行書立、佐倉衆井田因幡守への出陣命令規定、となっていて、在陣関係のもの二通が判物である。そして同十八年では佐倉衆への感状があり、判物で出している。その他に年代未詳のものに、岩付衆への出陣命令がある。

隠居後の発給文書の性格

このようにみると、氏政が出した証文は、かなり限定されたものであったことがわかる。自身の家臣と所領についてのもの、氏直の出陣による留守に虎朱印状を代行したものについては、氏政が出して当然のこととして納得されるであろう。それ以外をみると、すべて武蔵江戸領・岩付領・下総関宿領・佐倉領に関するものとなっていて、ここに大きな特徴をみることができる。

このうち江戸領については、江戸城代北条氏秀が天正十一年六月二日に死去し、嫡子乙松《おとまつ》丸が幼少であったため、軍事指揮を代行し、その死去後は、江戸領の郡代支配を継承したものとみなされる。岩付領については、同十一年七月に四男氏房が入部してから、同十三年七月の氏房の婚姻の時期までにおいて、岩付衆への軍事指揮に関わるものであった。関宿領については、同十年閏十二月二十日に古河公方足利義氏が死去し、後継者がいなかったため、関宿領支配を管轄したものであった。最後の佐倉領については、同十三年に千葉邦胤が死去した後の内訌を鎮圧してから、同十七年八月に五男直重が養子継承するまで、佐倉領支配を管轄したものであった。

これらはすべて氏政が、それらの領域支配を管轄したことにともなって出されたものであり、これを氏政による諸地域支配ととらえることができる。ここで氏政が管轄していた領域、あるいはそこでの管轄範囲については、当主氏直の発給文書は基本的にはみられていないので、氏政が全面的に担うかたちになっていた。

しかしながら岩付領は四男氏房の自立まで、佐倉領は五男直重の自立まで、その領国支配を代行するものであった。いずれも子供を後見したものであったといえる。また関宿領については、古河公方家の事実上の断絶にともない、当主支配権をも含めて全権を担ったものであり、これは古河公方の代行によるものであった。こうしてみるといずれもが、当主氏直が務めるには不都合とみられるものを、北条家の最高指導者という立場から担ったものとみなされる。その具体的な状況については、後に改めて取り上げることにしたい。

隠居後の氏政と氏直の関係

かたや氏直は、家督相続後は、天正九年（一五八一）から感状を出すようになっているものの、いまだ御一家衆・譜代家臣への命令などは、氏政のほうが内容的に充実さをみせているが、同十年七月からは、氏直からの命令のほうが充実したものとなっていて、御一家衆・譜代家臣・国衆に対する命令も、氏直からのものが中心になっている。このことから、その頃から北条家における当主権限は、基本的には氏直に全面的に移譲されたととらえてよいであろう。

また氏政の出陣についても、天正九年までは基本的に氏直とともにみられていたが、その後は、同十年の天正壬午《じんご》の乱において、氏直が本軍を率いて上野・信濃に進軍したのに対し、氏政は駿河に進軍するというように別行動をとっている。それ以降は、氏政の独自の軍事行動はみられなくなっている。氏直との同陣についても、同年末と十一年初めに北上野に出陣した後は、基本的にはみられなくなっていて、わずかに同十二年四月から七月にかけての、佐竹方との下野藤岡・沼尻合戦が最後になっている。すなわち軍事行動についても、天正十一年からは、氏直が中心になったことがわかる。

この点に関わって興味深いのは、天正十一年十二月四日に、氏直が派遣した使者が京都の公家の吉田兼和《かねかず》（兼見《かねみ》）に到着しているが、使者派遣の理由は、「今度氏政より家督を与奪なり」というものであった（『増補改訂兼見卿記』）。このことから北条家では、この年の後半に、あらためて氏政から氏直への家督譲与を公表したことがわかる。そしてこの時が、氏直が仮名新九郎を称していた最後になっていて、翌同十二年十二月には、氏直は北条家当主歴代の官途である左京大夫を称し（同前）、これにともなって氏政も、父氏康にならって相模守を称するのである。そうするとここでの「家督与奪」とは、氏直の左京大夫任官を指しているとみなしてよいように思われる。すでに軍事行動も中心に担うようになっていたから、「北条左京大夫」となることで、氏直は名実ともに北条家当主となった、といえるであろう。

氏政の影響力の実態

それでは隠居後の氏政の、北条家の家政への影響力はどのようなかたちで示されていたと考えられるであろうか。まず注目されるのは、氏政の発給文書のほとんどが、外交文書であることであろう。このことから氏政は、隠居後においても、外交については主導力を発揮していたことがうかがわれる。また北条家の宿老はもちろんであるが、氏政取り立ての側近家臣であった者も、新たに宿老となって、氏直に継承された。

北条家の公文書として出された虎朱印状や伝馬手形の奉者をみると、それら氏政以来の宿老が、奉者のほとんどを務めている。氏直取り立ての側近家臣が奉者としてみえるようになるのは、山上久忠《やまがみひさただ》が天正十三年十一月から、山角直繁《なおしげ》が同十五年九月から、垪和豊繁《とよしげ》が同十六年九月からという具合であり、しかもその数量は、氏政取り立ての宿老と比べれば、極めて少数にすぎなかった。このことから氏直が当主になってからも、北条家の家政は、氏政以来の宿老を中心に進められていたといえ、当然ながらそこには氏政の意向も大きく反映されていたに違いない。

隠居後の氏政と氏直の関係は、表面的には当主氏直の存在が全面的に確立しているかにみえるが、実際の家政の運営は、氏政以来の宿老が取り仕切っており、外交も氏政が事実上取り仕切っていたとみなされるであろう。もっともそれらのことは、当主とはいっても氏直はまだ二十代の若年であり、広大な領国の支配や、数多くの国衆の統制、さらには対外関係などは、やはり経験豊富な氏政とその宿老が担うことで、円滑なる運営が果たされるものであったととらえられる。氏政が死去したら、かつての氏政の場合と同じように、氏直の独自色が出されていくのであろうが、その時期が訪れる前に、北条家そのものが滅亡するのであった。

隠居後の外交文書

隠居後の氏政の発給文書のほとんどが、外交文書であったとはいっても、氏政が管轄した諸地域支配に関わるものを除くと、天正十一年（一五八三）以降でみてみると、現在確認できているものに限られるとはいえ、五〇通にも満たない状況である。少し煩雑になるが、その内訳を示しておこう。

天正十一年
古河公方家連判衆宛一通・上野国衆長尾憲景宛一通・小田原本光寺宛一通・家臣御宿友綱宛一通・氏照宛一通・徳川家康宛二通
天正十二年
氏邦宛一通・徳川家康宛二通・上野国衆富岡六郎四郎宛一通・京都医者一漚軒《いちおうけん》（南条宗虎《なんじょうそうこ》）宛一通・徳川家康宿老酒井忠次宛一通・上野国衆長尾顕長家臣岡部房忠宛一通
天正十三年

氏邦宛二通・上野国衆阿久沢能登守宛一通・側近家臣幸田定治宛一通
天正十四年
上野国衆長尾輝景家臣木暮《こぐれ》下総守宛一通・氏規宛二通
天正十五年
上野国衆長尾輝景《てるかげ》宛一通
天正十六年
常陸国衆岡見治広宛一通・上野国衆宇津木下総守宛一通・宿老大道寺直昌宛一通・下総国衆豊島《としま》継信《つぐのぶ》宛一通・氏邦宿老猪俣邦憲宛一通
天正十七年
氏規宛三通・氏邦宿老猪俣邦憲宛一通・氏邦宛一通・徳川家康宛一通
天正十八年
宿老清水康英宛一通・宿老大藤与七宛一通・氏邦宿老猪俣邦憲宛二通・氏規宛二通
年代不明
某宛一通・徳川家康宿老酒井忠次宛一通・氏照宿老布施《ふせ》景尊《かげたか》宛一通・氏邦宛一通・上野国衆安中家繁宛一通・氏房宛一通

これと比べると、当主氏直が出している書状のほうがはるかに多い。それは氏直が当主であったから、氏直が前面に出ているのは当然とはいえよう。しかし内容をみてみると、氏直の書状の多くは、いかにも事務的とみなさざるをえないものが多く、対して氏政のものは、かなり込み入ったものになっていて、それにともなって長い文章のものが多くみられている。

外交における主導性の実態

これらのことから推測されるのは、実際における外交上の指示は、氏政が出していて、氏直はそれを受けて対応していたのではなかったか、というものになる。氏政から氏直に宛てた書状などが残されていれば、そうしたことは判然とするのであろうが、残念ながら北条家は滅亡したため、そのような文書は残されていない。そこで次善の策ではあるが、それら外交文書の文面から、そのことをうかがうことにしたい。

天正十四年に比定される十一月十五日付で氏邦に宛てた書状をみると、氏邦が指南を務める上野国衆で白井領の長尾輝景（憲景の子）からの注進状が、氏邦を通して送られてきたとみられ、長尾輝景に「或説」があったらしいが、それは虚偽との氏邦の報告を受けて、輝景への返事について、「翌日に主要な（輝景の）年寄たちを、軍事動員して（氏邦のもとに）召し寄せる様にすることにして」、「氏直へ愚拙案書をまいらせ候」て、飛脚を派遣するように、と述べている（戦北三〇二七）。輝景への命令は氏直から出されるものの、その文面は、氏政の「案書」（草案）によるものであったことがわかる。

その七カ月前の四月二十四日付で氏規に宛てた書状では、徳川家康から四男氏房に進物が贈られてきて、それへの対応について氏房から相談があり、氏政が指示を出している。氏房からは「使者を派遣して御礼を述べようと思います」と言ってきたので、氏政はそれについて「使者を派遣する必要はない、あちらも忙しく、こちらも出陣を控えているので、きちんとした家臣を派遣することは難しく、かといって軽輩である『一騎合《いっきあい》』程度を派遣することは話にならないので、氏規にお願いするのがいい」と指示している。そして氏規には、氏房からの返礼として馬・鷹が届けられていて、さらに氏房から家康への書状については「判紙」(花押のみを据えた白紙)を寄越してきているので、氏政がこちらで文章を書いて、「初めて申し入れます、適当な馬・鷹を用意できませんでした、できる限り手配したのですが、このようなことで申し訳ありません」と記したことを伝えて、家康への取次である朝比奈泰勝に氏規から書状を出してもらって、その文面は、「本来なら十郎(氏房)から使者で御礼を述べるべきところですが、(家康が)お忙しい時に、たいした用事ではないので憚られ、今回は氏規に依頼するとのことなので、このようになりました」とするように指示している。そして馬・鷹を連れて行く馬牽と鷹匠は氏房から派遣されたものであることを述べている(戦北二九五一)。

さらに翌日付で氏規に、追伸の書状を出して、氏房から派遣された鷹匠・餌差・中間は、駄賃馬(運送業者)で行くことになっているが、その業者は知っているもので、道中で悪いことをしかねないので、氏規の配下の業者(「宰領」)に連れさせるよう依頼し、家康に贈る鷹なので、道中では宿所も用意することを依頼し、それも氏規の配下の業者に命じてほしい、と輸送方法について指示している(戦北二九五二)。

その他にも、同十七年七月、羽柴秀吉からの取次の津田盛月《つだもりあき》・富田一白《とみたかずあき》から書状が届けられて、それへの返信の場合についてもみることができる。氏直は二十四日付で、取次にあたる氏規に書状を出しているが、両者への返信については、「二人への返信のための『案書』は、『御隠居（氏政）』から送られる」と述べていて（戦北三四七六）、これについても返信内容は、氏政が案書を作成したことがわかる。

これらによって氏政は、氏直や御一家衆が出す外交文書について、その文面を作成していたことや、国衆への命令内容や進物の輸送方法などについても配慮していたことがわかる。同様のことは、これ以前の越相同盟においてもみられていた。そこでは、氏照の上杉方への書状が、氏政の右筆によって書かれているのである。これらのことからも、そうしたことは普通に行われていたことがうかがわれる。

また逆に、他家からの連絡も、氏政に宛てられたか、氏政に連絡されてきていた。天正十一年正月四日付で、古河公方家連判衆は、前月に死去した古河公方足利義氏の葬儀について北条家に問い合わせしてきたが、その先は氏政と、公方家後見の氏照であり、氏照が八日付での返信には、「氏政からの返信を届ける」と述べているし（戦北二四八一）、同年八月に徳川家康から使者が、取次を務める氏規のもとに到着すると、氏規は十七日付の家康への返信で、「詳細を氏政に伝えた」と述べている（戦北二五六六）。

さらには同年十一月十五日付で、氏政に家康から書状が送られているが、それは羽柴秀吉から「関東惣無事」を命じられたことを伝えるものであった。書状そのものが氏政に送られてきて、当主氏直については、出陣中ということもあったが、「この内容を氏直にも伝えてほしい」と述べられている（戦北四五三二）。同十二年四月に、やはり家康からの連絡が氏規にもたらされると、この時、氏政・氏直は佐竹方と下野藤岡・沼尻合戦のため出陣中であったが、氏規は家康に「すぐに氏政父子に伝えた」と述べている（戦北二六六四）。氏政は二十三日付で家康に返信するが、正式な返信は氏直から行われたとみられ、それについて氏政は、「（家康からの使者）川尻《かわじり》秀長を通して氏直から述べる」と言っている（戦北二六六七）。

氏政が外交政策を決定

このように外交関係については、基本的には氏政に連絡されてきていたことがわかる。そしてそれに対する判断や指示も、氏政が行っていたのであった。そのことを明確に示す事例をいくつか挙げておこう。

同十二年の十二月七日付で館林長尾顕長の家臣に宛てた書状では、この時、長尾顕長は小田原に拘束されていて、館林城では北条家に抗戦していたが、顕長を本拠に帰還させることで降伏、開城させることで長尾家と合意したことを伝えたうえで、「今後のことについては氏政が保証する」と述べていて、政策決定を氏政が行っていたことが示されている（戦北二五九六）。

同十三年の正月二十五日付で氏邦に出した書状では、「私の考えは以前に述べていて、氏直から詳しく伝えられるだろうから、詳しくは述べないが」と述べつつも、「我々存分には」と、あらためて自分の考えを記している（戦北二六二一）。氏政の指示はすでに氏直に伝えられていたこと、実際に事態に対処する氏邦には、改めて伝えられたことがわかる。また同年の十二月四日付で、下総佐倉千葉家の宿老原親幹への返信では、千葉家ではその年五月に千葉邦胤が死去してから、北条家への対応をめぐって内紛が展開していて、反対派の首領がこの親幹であったが、それが屈服してきたことを受けて、進退については以前の通りに保障することを伝えたうえで、そのことを「氏直に助言する」と述べている（戦北二八九八）。

ここまでみてくれば、隠居後ではあっても、北条家の軍事・外交関係は、氏政が取り仕切っていたことは明らかであろう。実際に出されている書状は、当主氏直と比べて少なかったが、氏直によって出されたものではあっても、文面の重要な内容は氏政によって作成されたものであったとみなされる。そうであるとすれば、氏政が自ら書状を出している場合というのは、その多くは特別な場合であったと認識される。

内容をみてみると、氏政が直接に指示を伝えなければならない場合、緊急に指示しなければならない場合、対処について切々と言い聞かせなければならない場合、などであったように見受けられる。また宛先をみてみると、文書の残存状況も影響しているであろうが、御一家衆の氏邦・氏規宛のものが多いことが目を引く。このことはあるいは、それら氏邦・氏規に対しての指示は、氏直からではなかなか言いにくく、やはり兄である氏政から指示する必要があった、といったこともあったのかもしれない。

2　羽柴秀吉の「関東惣無事」との接触

天正壬午の乱の勃発

天正十年（一五八二）三月の武田家滅亡後に、「天下人」織田信長による「東国御一統」が成立したことで、北条家はそのもとで存立を果たすことを考えていかなければならない状況になったかにみえた。しかし同年六月二日の京都本能寺の変により、「天下人」信長とその嫡子で織田家当主の信忠が同時に死去したことで、情勢は激変することになる。

北条家は、徳川家康からこのことを報されたらしい。十一日に、下野小山城を攻めて、小山家当主（孝山か）を戦死させ、再び小山家を従属させて、かつて滝川一益によって割譲された小山領を回復した。これは明らかに本能寺の変を受けての行動であり、かつ滝川一益に対する敵対的な行為といえる。

その日、氏政は一益に書状を送っている。なおそこで使用されている花押型は旧型のものであり、これが氏政が旧型花押を使用した最後の事例になっている。この時、北条氏照の宿老狩野宗円《そうえん》（もと泰光）が武蔵深谷に在陣していて、そこから一益に書状を出している。狩野宗円が同地に在陣しているのは、小山城攻略は氏照軍によるものであったろうから、氏照が軍事行動を展開していたこと、小山城攻略は一益の裁定を否定するものであったから、北条家と一益の間に不穏な情勢が生まれて、それへの対応のためと考えられる。

氏政はそこで、上野をしっかりと維持することをすすめ、こちらへの疑心は全く不要であり、北条家は何事も一益に協力することを述べている（戦北二三四七）。それまでに一益が北条家の態度に疑心を抱くようになっていたことは明らかといえ、氏政はそれを取り繕おうとしたものとみられる。早くも旧武田領国は動揺をみせるようになっており、十三日、氏政が下総関宿城代の北条氏秀に送った書状をみると（北条補遺一四二）、すでに氏直は上野制圧のために出陣し、甲斐郡内では地衆《じしゅう》が織田軍に叛乱して、支援を要請してきたため、相模津久井城主内藤綱秀《つなひで》の軍勢を郡内岩殿《いわどの》城（大月市）に進軍させている。北条家は早くも、上野・甲斐の制圧に動き出していった。

十六日に、北条家は一益に「手切れ」して、上野に侵攻して倉賀野城に向けて進軍したが迎撃され、武蔵・上野国境の金窪ヶ原（埼玉県上里町）・本庄原に後退した。十八日、そこに一益が攻撃をかけてきて、合戦は十八日・十九日の両日に及んだが（神流川《かんながわ》合戦）、最終的に北条軍が勝利して、一益は敗退、北条軍はこれを追撃して上野に侵攻した。この合戦の勝利について、氏政は「氏直独り立ちの出馬勝利を得、子孫長久歴然」（戦北二三五九）と喜んでいる。「独り立ち」には、北条家の織田家からの独立と、氏直が単独で北条軍を率いたことの、両方の意味を認めることができるかもしれない。

神流川古戦場
（群馬県高崎市新町）（高崎市提供）

北条軍の進軍により、一益は二十一日に信濃に没落、二十六日には信濃からも没落した。北条軍は箕輪城と惣《そう》社《じゃ》城の間まで進軍、新田由良家・館林長尾家・小泉富岡家・八崎長尾家・赤坂和田家・倉賀野家・安中家・国峰小幡家などの上野国衆を従属させた。また白井領を経略して、これを八崎長尾家に与えたとみられる。ここで北条家に従属しなかったのは、厩橋領・大胡領の毛利北条家と沼田領・岩櫃領の真田家のみであった。二十二日には、信濃佐久郡の国衆からの従属を認めているから、上野に侵攻したのと同時に、信濃国衆にも従属を働きかけたことがうかがわれる。

若神子城跡（山梨県北杜市須玉町若神子）
（北杜市教育委員会提供）

徳川家康との対戦

七月十二日、氏直は信濃に進軍して小《ちい》県《さ》郡《がた》海野《うんの》（東御市）に着陣すると、真田家を含めた佐久《さく》郡・小県郡の国衆が出仕してきた。すでに埴科《はにしな》郡の国衆屋代《やしろ》家・出浦《いでうら》家、諏訪郡の国衆諏訪家も従属を表明してきていて、この日には木曾郡の国衆木曾義昌も従属を表明してきた。氏直は、川中島四郡制圧をかけて、越後から進出してきた上杉景勝との対戦のために同地に出陣するが、戦果をあげることができずに後退、佐久郡小諸《こもろ》城（小諸市）に在陣した。二十九日、遠江から進軍してきた徳川軍から攻撃されることになった諏訪家支援のために南下、八月一日に徳川軍が甲斐に後退すると、それを追撃して甲斐に向けて進軍、六日に甲斐に入って、七日に若神子《わかみこ》（北杜市）に布陣した。

甲斐では、すでに十二日から徳川方の工作が開始されていて、織田家宿老の河尻秀隆《かわじりひでたか》は一揆に殺害され、内乱状態となった。徳川家康は織田家の従属大名という立場を堅持して、織田家に旧武田領国の経略の許可をもとめ、七月七日に宿老羽柴秀吉から許可を獲得したうえで、九日に自身甲斐に進軍して、甲斐・信濃に侵攻していた。ここに甲斐・信濃の領有をめぐって、北条家は徳川家と抗争することになった。それにあわせて氏政は、義弟の氏忠らの軍勢を、相模・武蔵から甲斐郡内に侵攻させて、制圧した。しかし国中《くになか》地域への進出は果たせないでいた。

また氏直は、甲斐に進軍するに際して、軍勢の一部を分けて伊那郡に進軍させ、上伊那郡を制圧、軍勢は九月中旬には遠江・三河国境まで進んでいる。伊豆からは駿河への進軍も開始され、十二日には韮山城将の氏規が三島に布陣し、三枚橋城攻撃を図るが迎撃され、そのため氏政が二十五日に小田原を出陣、三枚橋城は攻略できなかったが、御厨地域については制圧したものとみられる。その間の七月二十四日に、氏政が馬廻衆の岡本越前守に出した書状の内容は興味深い（戦北二三八一）。

岡本越前守は、氏政の命令によって何処かで築城にあたっていたらしく、その築城の仕方に不都合なところが多々みられていたので、氏政は細々と注意を与えている。「高山の上に付け芝をするというのは、どういうことか、近頃にはないうつけな行為である」「井筒の普請は情勢をみて行えばよく、来年でも再来年でも構わないのに、井筒を普請しようというのは、これほどのうつけな事をしようとしているとは、全く考えられない、すでに年寄のように指示を与える立場にあり、前後左右をみて判断すべきで、当面は数日のうちに当面の敵勢を防御できる普請だけをするべきなのに、どうでもいい普請内容ばかり計画している」「普請は場所場所の状況によって行うべきもので、その地の場合では井筒などは無くてもよく、尺木や竹で結い廻しておけばよく、このような普請をしていては、どこでも普請は出来上がらない、必要のないことは止めて、攻めてくる敵勢に対して必要なことだけをすればよい、括り木などのやりかたも下手であり、小田原城であっても一、二箇所しかないのに、このように考えの足りない者であったとは」と、酷評している。

その反面、氏政が前線での築城内容についても把握し、普請の内容についても、状況に応じて判断していたことが知られる。氏政がいかに、いま何が必要なのか、何をしなければならないのか、ということを考えていたことがわかる。それにしても、それなりに経験のある家臣であった岡本越前守ですら、このように情勢判断には不十分なところがあったことがうかがわれるのだから、有能な家臣というものがいかに貴重な存在であったのか、ということが改めて認識されるものともなる。

氏政の「国家」維持への姿勢

さて徳川方との抗争は、当初は圧倒的に北条家の優位に展開したものの、以後の戦況は膠着状態となった。逆に家康は、北関東の国衆と通交し、信濃国衆の離叛をはたらきかけていって対抗してきた。十月になると佐竹義重・宇都宮国綱らが家康に応じて北条方の新田領などに侵攻してきた。そのなかで家康は彼らに、「佞人《ねいじん》の氏政はいろいろと計策をしてくるので、和与を申し入れてきても、絶対に受け容れないように」と述べている（家康上三七三）。氏政が和睦を得意とする策略家とみられていたことがうかがわれる。

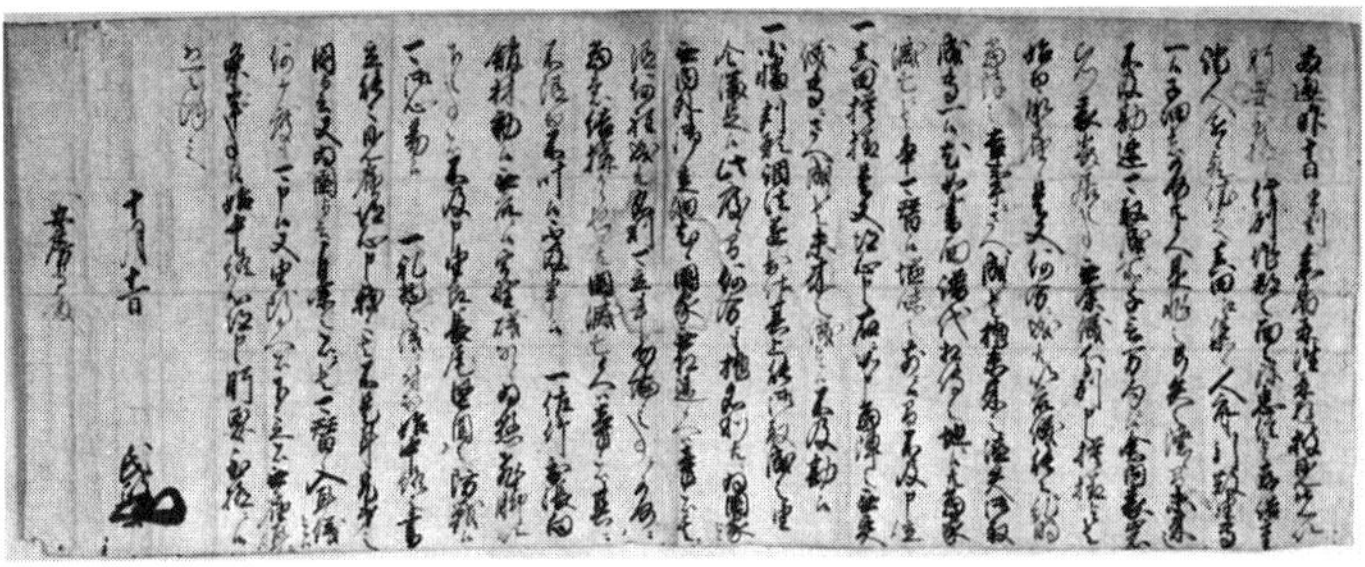

北条氏政書状（〈天正10年〉10月11日）（金室家所蔵文書）
（皆野町誌編集委員会編『皆野町誌　資料編三』より）

信濃国衆も九月に木曾家が離叛、十月には真田家も離叛した。佐竹方の進軍を受けて、北条家は軍勢配置を変更するが、それは氏直からではなく、小田原にいた氏政から行われている（北条補遺九二）。この真田家の離叛の動きに対して、甲斐在陣の氏邦は、上野でそれへの対処を図ろうとするが、氏政はそれに対して、徳川家との対戦を優先させるよう指示している。その際、「当陣（甲斐）の勝利に寄与するのであれば、『未来の得失』を度外視しても、取り組むべきである、譜代相伝の領地であったとしても、当家が滅亡してしまっては、それに代えることはできない」と述べて、説得を図っている。ここからも全体的な戦略は、氏政がたてていたことがわかる（戦北二四三〇）。

しかもそれだけでなく、この書状には氏政の領国（「国家」）維持に対する考えが示されている。ここで氏政は氏邦に、「この状況では、どんな名利も度外視して、『国家』のために内外なく奔走すべきであり、国家が確立していれば、みなはそれのもとでどんなにも名利を立てることもできるが、どんなに当面はいい結果になったとしても、国家が滅亡してしまったなら、みなも滅びてしまうことは言うまでもない」「私とあなたは、兄弟の関係にあり、また国家のためでもあり、他の者とは異なるので、言うべきことは何度でも言う」と述べている。

氏政は、優先すべきは「国家」の維持であり、そのために大局的な視野から戦略を立てていたことがわかる。一方、御一家衆とはいえ氏邦は、自らの領国の維持を優先して考える傾向にあったことがうかがわれる。これは大名家当主と、自身の領国を有する御一家衆という立場の違いからによると思われる。ここに氏政は、御一家衆や国衆の領国を包括するものとして、北条家の領国を認識していたことがわかる。そしてそうした自己の領国維持を優先するという考えになりがちな氏邦に対して、兄弟の関係、国家のためとして、そうした国家を主宰する北条家の一員であるとの自覚をうながそうとしているといえ、そのために必要なことは何度でも説諭するのであった。

徳川家康との同盟

しかし北条家と徳川家との抗争は、膠着状態を脱することができず、家康は織田家からの要請もあって、和睦を図ることにし、十月二十四日には合意が成立した。北条家で交渉担当となったのは、それまでにも家康への取次を務めた経験のあった氏規で、その日に家康から、進退を決して見放さない旨の起請文を与えられている（戦北四四九二）。和睦条件は二十八日に合意し、それは(1)氏政から家康に起請文を出すこと、(2)家康から佐竹方への飛脚通行を認め、氏照から彼らと対戦している北条軍に退陣を伝えること、(3)下野皆川広照（広勝の弟）・常陸水谷《みずのや》勝俊《かつとし》（結城晴朝の宿老）の本拠復帰の通行を認めること、(4)北条家が確保している徳川家臣城昌茂《じょうまさしげ》の妻子の引き渡し、(5)徳川方の信濃佐久郡の国衆依田信蕃《のぶしげ》への飛脚の通行を認めること、というものであった（小田原六八一）。

ここで和睦条件を交渉しているのは、やはり氏政であった。またこれにともなって家康は、北関東の国衆に北条家との停戦を要請している。その際に、「信長御在世の時節の如く、惣無事もっともに候」と、信長段階における北条方と佐竹方との停戦状態を「惣無事」と表現して、それへの回帰を求めるものとなっている（小田原六八二）。家康はあくまでも織田家の従属大名の立場にあり、北条家や佐竹方との和睦は、織田家の指示のうえでのことであったため、それらとの和睦は織田家との和睦という性格にあり、そのため信長生前時への回帰を求める、というかたちになっているのであろう。

二十九日、北条家と徳川家の和睦は成立し、ここで領土協定が定められた。その内容は、(1)上野は北条領とし、徳川方の真田家の吾妻領・沼田領は北条家に割譲する、(2)甲斐・信濃は徳川領とし、北条方の甲斐郡内・信濃佐久郡は徳川家に割譲する、というものであった（『異本小田原記』など）。ここに旧武田領国のうち、上野は北条家、甲斐・信濃は徳川家に分割されることが決められた。しかし周知のように、このなかにみえる真田家の上野における領国の扱いが、小田原合戦への伏線となっていくのであったが、この時の関係者の誰にも、そのような認識はなかったに違いない。そして翌晦日、両家は婚姻関係を結ぶことにし、家康の次女（督姫・良正院殿）が氏直の正妻として嫁ぐことが決められ、両家は婚姻関係を媒介にした、攻守軍事同盟を成立させるのであった。

羽柴秀吉からの「関東惣無事」要請

甲斐郡内の徳川家への割譲はただちに実行された。信濃佐久郡の割譲は、婚儀にあわせて行われるものとされたらしい。真田家領国の割譲についても、家康から真田昌幸に指示が出されたが、昌幸は無視し、そのため氏政・氏直は十二月末に、実力での経略を図って沼田領に侵攻するが、中山城・尻高《しったか》城（群馬県高山村）の攻略にとどまった。その際、厩橋領・大胡領の毛利北条家に参陣をうながしたが、拒否されたため、翌同十一年正月、今度は毛利北条家攻略のために出陣するが、この時は攻略までは至らなかった。またその後の五月には、下野佐野領に侵攻して、下野の経略も再開している。

氏直と督姫の婚儀は、当初は督姫は七月二十日に浜松城を出立して、二十二日頃に沼津で北条方に請け取られる予定とされたが、台風のために延期となり、八月中旬頃に浜松城を出立したとみられ、十五日に小田原に到着し、その日に婚儀が行われた。これにともなって信濃佐久郡も徳川家に割譲されたとみなされる。その五日後の二十日、氏直は毛利北条家攻略のために上野出陣を陣触れし、九月十八日に厩橋城を攻略して、毛利北条家を従属させた。従属にともなって、厩橋城とその城領一〇〇〇貫文を没収、同城は北条家の直轄とし、毛利北条家は大胡城を本拠とすることになった。

氏直はそのまま、下野佐野領・下総結城領に侵攻、十一月中旬まで上野・下野国境地域に在陣して帰陣した。ちなみにその帰陣後に、氏直は、氏政から家督を譲られたことをもって、京都の公家の吉田兼和に使者を送り、やがて北条家歴代の官途である左京大夫に任官され、それにあわせて氏政は、相模守に任官することになる。ところが帰陣直後とみられる二十四日までに、新田領・桐生領の由良家と館林領・足利領の長尾家が離叛した。これは厩橋城攻略の際に、由良国繁・長尾顕長が氏直の陣中に出頭したところ、下野侵攻のために両者の本拠の借用を申し入れたところ、家臣が没収と勘違いして籠城したことによるという。そのため由良国繁・長尾顕長は拘束され、小田原に送還されるのである。

その間の十一月十五日、家康から氏政に宛てて、羽柴秀吉から「関東惣無事」実現を要請されたことを伝える書状が出されるのである。数日後には氏政のもとに届けられたに違いない。この時の秀吉は、織田家の内乱に勝利して、当主信雄《のぶかつ》（信長の次男）を後見する「指南」の立場にあり、実質的に織田家を主導する立場になっていた。家康への「関東惣無事」要請は、北条家と佐竹方との停戦を実現させ、ともに織田家に従属させることを要請するものであった。そしてすでに佐竹方は、秀吉との結びつきを遂げていたから、家康への要請というのは、事実上は北条家への説得を意味した。

氏政がこのことにどのように対応しようとしたのかは分かっていない。しかしすでに織田家のなかでは、当主信雄と「指南」秀吉との主導権争いがみられ始めるようになっていた。翌同十二年二月には、両者の対立は表面化しはじめ、信雄は家康に支援を求めると、家康はこれを受け容れた。そして七月から十一月にかけて、小牧・長久手合戦が展開されることになる。いわば氏政が具体的な対応を考える以前に、秀吉と家康の軍事対立が展開していったといえるであろう。

氏政の最後の出陣と藤岡・沼尻合戦

叛乱した由良家・長尾家は、佐竹方の支援を受けて、周辺の北条方国衆への攻撃を進めていた。氏政・氏直は天正十二年（一五八四）三月二十六日、由良家・長尾家・佐野家の領国侵攻のために陣触れを発し、北条軍の先陣は二十八日には足利領に侵攻、そして本軍も四月十六日には佐野領に侵攻した。佐竹方もそれらへの支援のために出陣し、十八日には北条方の藤岡領(佐野市)と佐野領の境目で合戦となっている。その後、両勢力の抗争は足利領・佐野領・小山領・桐生領にわたって展開していき、五月五日からは、北条軍は佐野領に対する最前線となっていた藤岡に、佐竹方は佐野領南端の沼尻(佐野市)に着陣して、対峙することになった。この対陣は、予想外に長引いて、七月二十二日に和睦が成立するまで、三カ月近くに及んで続くものとなった(藤岡・沼尻合戦)。

この合戦において北条家は、同盟関係にあった房総里見家から援軍を得ていた。対して佐竹義重も、関東・南陸奥の味方勢力すべてを動員していた。北条家にとっては、七年前の小川台合戦に続いての、「東方衆一統勢力」との対戦となったといえ、ここでも対陣を続けるだけとなった。なおこの間、佐竹方であった常陸小田城の梶原政景が北条方に従ってきたり、直前に由良家から離叛した桐生領深沢城の阿久沢能登守が、桐生領での経略を展開するなどのことがみられていて、小規模の抗争は周辺地域では展開されていた。そして合戦は、秀吉の指示によって、すでに秀吉に従属していた越後上杉景勝が、関東に進軍してくる情勢になって、北条家は佐竹方と和睦するのである。そしてこの合戦が、氏政にとっては最後の出陣となるのであった。この時、氏政は四十六歳であった。

秀吉と上杉家・佐竹方が盟約関係にあり、家康と北条家が同盟関係にあるというように、この合戦は、小牧・長久手合戦の関東版ともいうべき性格を持つものとなっていた。このことは関東における諸勢力の抗争であっても、直接に中央情勢と連動するような状況が生まれるようになっていたことを示すものといえる。退陣後、北条家は新田領・館林領に侵攻したもののすぐに帰陣し、九月には、家康に援軍の派遣を準備している。佐竹方では、小田城の梶原政景の攻撃を進め、十月四日に降伏させている。北条家は援軍を出そうとしていたが、間に合わなかったようである。

他方の小牧・長久手合戦は、十一月十一日に織田信雄が秀吉に和睦したのを受けて、家康も秀吉と和睦し、双方退陣となった。そして二十一日に、秀吉は朝廷から従三位《じゅさんみ》・権大納言《ごんだいなごん》に叙任《じょにん》されて、名実ともに新たな「天下人」の地位を成立させた。秀吉と信雄・家康との和睦は、秀吉上位によるものであり、信雄は人質を出し、領土を割譲するなどして、その配下に入った。これにより秀吉は、織田家に代わって、新たな政権を樹立することになった。また家康も、十二月十二日になって秀吉に人質を出したものの、従属するまでには至っていない。

しかしこれらを受けて十二月十日、秀吉は下野佐野宗綱に送った書状で、「家康はどのようにも『天下』（秀吉）次第にすると懇望してきて、家康と氏直が人質を出してきた、以前に伝えた取り決め（「関東惣無事」）を命じたので、もし従わないものには、来年春に出陣して、討伐する」と述べるのである（小田原六九〇）。ここに秀吉は、「関東惣無事」の実現を、「天下人」としての政策とし、それに従わないものは自らが討伐することを表明したのであった。すでに佐竹方は秀吉と盟約していたから、ここで討伐の対象として想定されているのは、北条家にほかならなかった。こうして北条家は、「天下人」羽柴秀吉から、敵対勢力として認定されることになった。

3　北条領国の最大版図を形成

由良・長尾両家の従属

徳川家康が小牧・長久手合戦から帰陣したことを受けて、北条家は天正十二年（一五八四）十二月七日、由良家・長尾家攻略のため陣触れし、また金山城・館林城（館林市）の留守衆には、小田原で軟禁していた由良国繁・長尾顕長と相談のうえで、降伏のための使者を派遣させたとみられる（戦北二五九六）。二十一日には先陣の氏照が館林領に向けて進軍しており、二十五日には利根川を渡河して同領に侵攻したとみられ、二十八日頃には金山城・館林城ともに降伏し、年が明けて天正十三年正月四日には、両城とも北条方に明け渡された。氏直はその後に館林領に進軍し、小田原から同行していた由良国繁・長尾顕長を帰城させて、十日に改めて両者と対面し、従属を認めた。ただし金山城・館林城とその城領一〇〇〇貫文を没収し、両城は北条家の管轄とした。そのため由良家は桐生城（桐生市）、長尾家は足利城（足利市）を本拠とした。

その直後にあたる正月二十五日、氏政は氏邦に書状を送って、氏邦の軍事行動に注意を与えている。「そちらでの軍事行動がすくんでいることはもどかしい、毎日攻め懸けろとは言ったが、準備無しで攻めるなど聞いたことがない、敵よりも味方の人数が少ないのではないか、少ない人数での城攻めを無理矢理行うのはどうか、舟橋が出来上がるのを待つべきで、舟橋が出来たら軍勢を次々に進めて攻めるようにしなさい」というものである（戦北二六二一）。氏邦がどこを攻めていたのかははっきりしないが、舟橋を懸けるというのであるから利根川流域とみられる。すでに新田領・館林領は経略されていたのであるから、足利領に抵抗勢力が残っていたのか、佐野領などが想定される。氏政は後方の小田原にありながらも、前線での戦闘状況についてまで、細かく指示を与えていることがわかる。

下野国衆の従属

北条軍は、二月末まで館林領に在陣していたとみられ、四月下旬には下野小山領・壬生領に進軍し、五月下旬には上野厩橋領に進軍しており、氏直は頻繁に出陣している。上野への出陣は、徳川家康から沼田領・吾妻領引き渡しの連絡があり、その請取のためであった。しかし真田昌幸はこれを拒否し、徳川家から離叛して上杉家に従属するのである。氏直はそのため帰陣し、八月に下野に出陣、閏八月に皆川領に侵攻している。この時、宇都宮国綱は、本拠を宇都宮城（宇都宮市）から、要害堅固な多気山《たげさん》城（宇都宮市）を構築し、移していた。

そして閏八月下旬から九月初めにかけて、沼田領に侵攻した。沼田城を攻め、越後国境まで侵攻したものの、沼田城を攻略することはできなかった。これは徳川家が八月下旬から閏八月にかけて信濃の真田領国を攻撃したのを受けてのことであった。しかしともに攻略できずに退陣してしまうのである。北条軍も総力をあげての攻撃だったにもかかわらず、攻略できなかったことが、結果として、その後の小田原合戦につながっていくことになってしまうのであった。

十月二十八日に、北条家の宿老二〇人の連署起請文が徳川家に届けられ、徳川家からも国衆・宿老の連署起請文が出されている（『家忠日記』）。これは家康が羽柴秀吉と対戦するにあたって、北条家は援軍を送ることを確認するものであった。すでに秀吉はこの年になってから、旧主人の織田信雄を完

下野西部国衆領国図

全に従え、中国地方の毛利家と北陸地方の上杉家を服属させて領土を画定し、畿内・四国を制圧し、越中・飛驒を制圧して、さらに従一位《じゅいちい》・関白に叙任されて、新たな中央政権を確立させていた。そして六月頃から、徳川家・北条家討伐を表明し、十月からは家康への圧力を強めてきていた。北条家と徳川家の宿老同士の起請文交換は、それへの対応であった。

十一月に入ると氏直は、この年五月に下総佐倉領の千葉邦胤が死去してから続いていた千葉家中の内訌を鎮圧するために佐倉領に進軍し、同領を制圧して、氏政五男直重を邦胤の婿養子とすることで決着させた。ただし直重が実際に千葉家の家督を継ぐのは四年後のことになる。十二月初めには、そこから下野宇都宮領に進軍して宇都宮家と対陣した。この時、宇都宮家に従っていた壬生義雄が従属してきたらしく、これはそれへの支援のためとみられる。同月下旬には結城領国に進軍して、結城家と対戦している。ところが二十七日、秀吉が家康攻めのため三万の軍勢を信濃に進軍させたという風聞が流れたため、氏直は急遽、小田原に帰陣するのである。

天正十四年正月一日に、北条方の足利長尾顕長が下野佐野宗綱との合戦で宗綱を戦死させたことで、佐野家は当主不在となった。四月になって、北条家は佐野領・皆川領に侵攻し、五月に、宇都宮家に従っていた皆川広照が従属してきた。氏直はその支援のために宇都宮領に進軍して、六月上旬には多気山城まで攻めたらしい。その後いったん帰陣するが、七月下旬に佐竹義重の北条方壬生家攻撃の動きを受けて、再び下野に出陣し、八月上旬に佐野領に侵攻した。十四日に佐野家中のなかから内応する者が出てきたことで、二十二日に佐野城（佐野市）を攻略した。氏政の義弟氏忠を佐野宗綱の婿養子として、佐野家とその領国を継承させた。そして氏忠は、十一月から領国支配を展開していく。

「小田原一手役之書立」の成立

こうして天正十三年から同十四年にかけて、上野では由良家・長尾家、下野では壬生家・皆川家・佐野家を従属させることになり、この状況は、その後の小田原合戦まで続いていくことになる。そして反北条家として残ったのは、上野では沼田領・吾妻領の真田昌幸、下野では宇都宮国綱と烏山那須資晴だけとなった。こうした状況のもとで作成されたとみなされるのが、「小田原一手役之書立」（戦北四二九五）であった。

これは軍事行動上の単位である「一手」を形成する御一家衆・重臣・国衆とその在城地を列挙した

ものであり、北条家の領国の全体とそこでの軍団編成の在り方を知ることが出来る、きわめて重要な史料ともなっている。なお本史料の作成時期について、当初は北条氏秀の名がみえていることから、その死去以前の、天正十一年初め頃が推定されていたが（長塚孝「『小田原一手役之書立』考」）、下野国衆がみえることから、この同十四年半ば頃のものとみるのが妥当に思われる。

領国を担う御一家衆と重臣たち

具体的に列挙されている「一手」役の人々をみていくことにしよう。まず御一家衆については、氏照（八王子）・氏邦（鉢形）・氏規（三浦）・氏忠（小田原）・氏光（小机）・久野北条氏隆（氏信の子、久野）・玉縄北条氏勝（氏繁の次男か、玉縄）・同直重（氏繁の三男か、小田原）・氏房（岩付）・直重（氏政の五男、佐倉）・氏秀（治部少輔・江戸）が挙げられている。

このなかで注目されるのは、氏邦の地位が、兄氏規を抜いて、氏照の次点とされていることである。氏規は氏政・氏照の同母弟で天文十四年（一五四五）生まれ、氏邦は庶出で同十七年生まれであったが、氏邦は年長かつ嫡出の氏規よりも上位に位置づけられるようになっている。天正十年の時点では氏規のほうが上位であったから、その間に、地位が逆転されたことがわかる。氏邦は、武蔵国衆の藤田家を継承していて、同十年七月まで藤田名字を称していたが、その後は藤田名字ではみえず、同十三年九月には「北条安房守」で呼ばれるようになっているので（上越三〇五四）、その間に藤田名字から北条名字に改称したとみなされる。

この時点で、氏邦が氏規の上位に位置づけられた背景は明確ではないが、氏康後室の瑞渓院殿（氏政らの母）と養子契約を結んで嫡出扱いとされたこと、養嗣子に氏政六男の直定を迎えたことなどが考えられる。そしてそれを決定したのは、氏政であったに違いない。氏政は、これまでの氏邦の働き、これからの上野経略における役割の重要さを踏まえて、嫡出の氏規よりも高い地位を与えることにしたと思われる（拙著『北条氏康の妻　瑞渓院』）。

もう一つは、すでに死去している氏秀の名が挙げられていることである。氏秀は天正十一年に死去しているから、ここにその名がみえるのは疑問ともいえる。これはおそらくは、これが「一手」を列記したものであるから、氏秀の軍団の枠組みがそのまま維持されていたためによる、と考えるのが妥当であろう。次にみるように、この時は氏政が管轄していた。こうした状況は、かつて「北条家所領役帳」において、すでに死去していた北条為昌の軍団がそのまま存続され、「本光院殿（為昌）衆」と称されていて、当主の氏康が管轄していたことと同じような事態とみなされる。

また氏忠の在城地は「小田原」となっている。このことから、これは佐野家継承以前の状況を示しているとみなされる。そうすると佐野家は、天正十四年五月の皆川広照従属と同時期に、すでに北条家に従属していた可能性も考えられる。そしてそうであれば、本史料は、皆川家・佐野家の従属を受けて作成されたものと考えられることにもなろう。

宿老・重臣では、松田憲秀（小田原）・遠山直景《なおかげ》（江戸）・大道寺政繁（河越）・清水太郎左衛門尉（康英の子、伊豆）・笠原（政晴か、伊豆）・山角康定（小田原）・垪和伊予守（氏続の子、小田原）・依田康信（小田原）・大藤政信（田原）・内藤（直行か、津久井）・太田肥後守（江戸）・富永政家（江戸）・山中頼元（小田原）・足軽衆頭十人、となっている。このうち松田・遠山・大道寺三家が「一族」の家格にあり、それぞれ小田原衆・江戸衆・河越衆の筆頭であった。清水・笠原両人は伊豆衆筆頭、山角・垪和・依田は馬廻衆寄親、大藤は諸足軽衆筆頭、内藤は津久井衆筆頭、太田・富永は江戸衆寄親、山中は小田原城配属、という状況にあったことがわかる。

北条家従属の国衆たち

各地域の国衆では、武蔵は松山上田憲定《のりさだ》・忍成田氏長・深谷上杉氏憲《うじのり》・羽生衆（成田家配下）、上野は国峰小幡信定・箕輪内藤昌月・安中七郎三郎・赤坂和田信業・倉賀野家吉《いえよし》・惣社相木《あいき》依田常林《じょうりん》・白井長尾輝景・大胡高繁《たかしげ》・厩橋毛利北条高広（芳林の子）・今村那波顕宗・桐生由良国繁・館林長尾顕長、下野は佐野宗綱・皆川広照・壬生義雄、下総は臼井原胤栄《たねよし》・松子《まつご》大須賀政朝・助崎大須賀邦秀・小金高城胤則・府川《ふかわ》豊島継信、上総は大台《おおだい》井田因幡守・土気酒井康治（胤治の子）・東金酒井政辰・長南武田豊信《とよのぶ》と房州衆（里見家の軍勢）、常陸は江戸崎土岐治綱・牛久岡見治広・足高岡見宗治、古河公方家奉公衆として下総守屋相馬治胤・水海簗田持助・幸手一色義直・武蔵菖蒲佐々木近江守、氏照指揮下の国衆として藤岡毛呂康秀と宿老の榎本近藤綱秀、佐倉千葉家の旗本衆、が挙げられている。

これにより、この時期の北条領国の全容と構造がおおよそ認識できる。なお上野の厩橋毛利北条家と館林長尾家については、旧本拠地で記されているが、おそらくは本来的な本拠としてそれが認識されていたためと思われる。また佐倉千葉家配下の国衆として下総矢作《やはぎ》国分《こくぶ》胤政、上総国衆では万喜土岐義成、常陸国衆では竜ヶ崎土岐胤倫がみえていなかったりしているが、あるいはそれらは、それぞれ佐倉千葉家、里見家、江戸崎土岐家に包含されて理解されていたのかもしれない。

いずれにしろこの状況が、基本的には小田原合戦まで継続されていくのである。その範囲は、伊豆・相模・武蔵・上野大部分・下野半国・下総大部分・上総半国・常陸南部にわたる、大領国であったことが、改めて認識される。関東におけるその他の勢力は、同盟関係にあるものに、安房・上総半国の里見義康（義頼の子）があり、敵対勢力として、上野沼田領・吾妻領の真田昌幸、下野宇都宮国綱と那須資晴（資胤の子）、下総結城晴朝、常陸佐竹義重とそれらの従属国衆、というものであった。

北条領国の内部についてみると、伊豆・相模・武蔵大部分までが、北条家とその御一家衆が支配する直接的な領国であり、武蔵北部以遠は、ほとんどが国衆の領国であることが認識されるであろう。もっとも実際には、その範囲のなかでも、上野箕輪領・下野小山領・同榎本領・下総関宿領・同栗橋領などの、北条家の直接支配領国が存在していたものの、それらは前代の国衆の領国を継承したものであり、それら国衆の断絶などがなければ、基本的には国衆の領国として存続されるものであった、とみなされる。

氏政の諸地域支配の様相

ここで隠居後の氏政が展開した諸地域支配の様相について述べることにしたい。先にも触れたように、氏政は自ら、武蔵江戸領・同岩付領・下総関宿領・同佐倉領の領域支配にあたっていた。

しかしこれらは個々別々のものではなく、利根川・常陸川水系によって互いに密接に結びついていたのであり、氏政はこれら諸地域に対して、一体的ともいうべき支配を展開した。これらの諸地域に対し、氏政は隠居後から使用し始めた、印文「有效」を刻んだ独自の朱印判をもって、支配にあたったのである。

武蔵江戸領支配

ことの起こりは、天正十一年(一五八三)六月二日に、江戸城代として江戸領支配にあたっていた北条氏秀(玉縄北条綱成の次男)が死去したことによる。その嫡子乙松丸が家督を継承したが、幼少だったため、氏政が後見を務めた。同年九月、氏秀の同心だった小熊孫七郎に対し、軍役を規定する「着到帳」を出している(戦北二五七一)。これは氏政が、氏秀の旧臣に対する軍事指揮権を継承したことを示している。幼少の乙松丸では、実際に軍事指揮することができないため、代わりに氏政が担ったと考えられる。

翌十二年になって、乙松丸は自ら支配文書を出し始めるのであるが、まだ元服前のために花押を持っておらず、代わりに朱印を捺している。注目されるのは、そこで使用されている朱印は、氏政使用の「有効」朱印であったことである(戦北二七二二)。このことはその文書を出したのは、実際には氏政であったことを意味している。署名を「乙松丸」にしているのは、名目的に、氏秀の家督相続者による代替わりを示すためのものと考えられる。しかしこれを最後に、乙松丸は史料からみられなくなる。死去したと推測され、これにより氏秀に始まった江戸北条家は断絶した。そのため、以後においては江戸領支配は、そのまま氏政が担っていった。

先にみた「小田原一手役之書立」は、これより後の同十四年頃の作成と推測されるものの、そこでは一手構成者として、「治部少輔《じぶのしょう》」と、氏秀の名がそのまま挙げられていた。これは先にも述べたように、氏秀の死後も、その軍団は継続されていたことによるものと思われる。その軍事指揮は、その

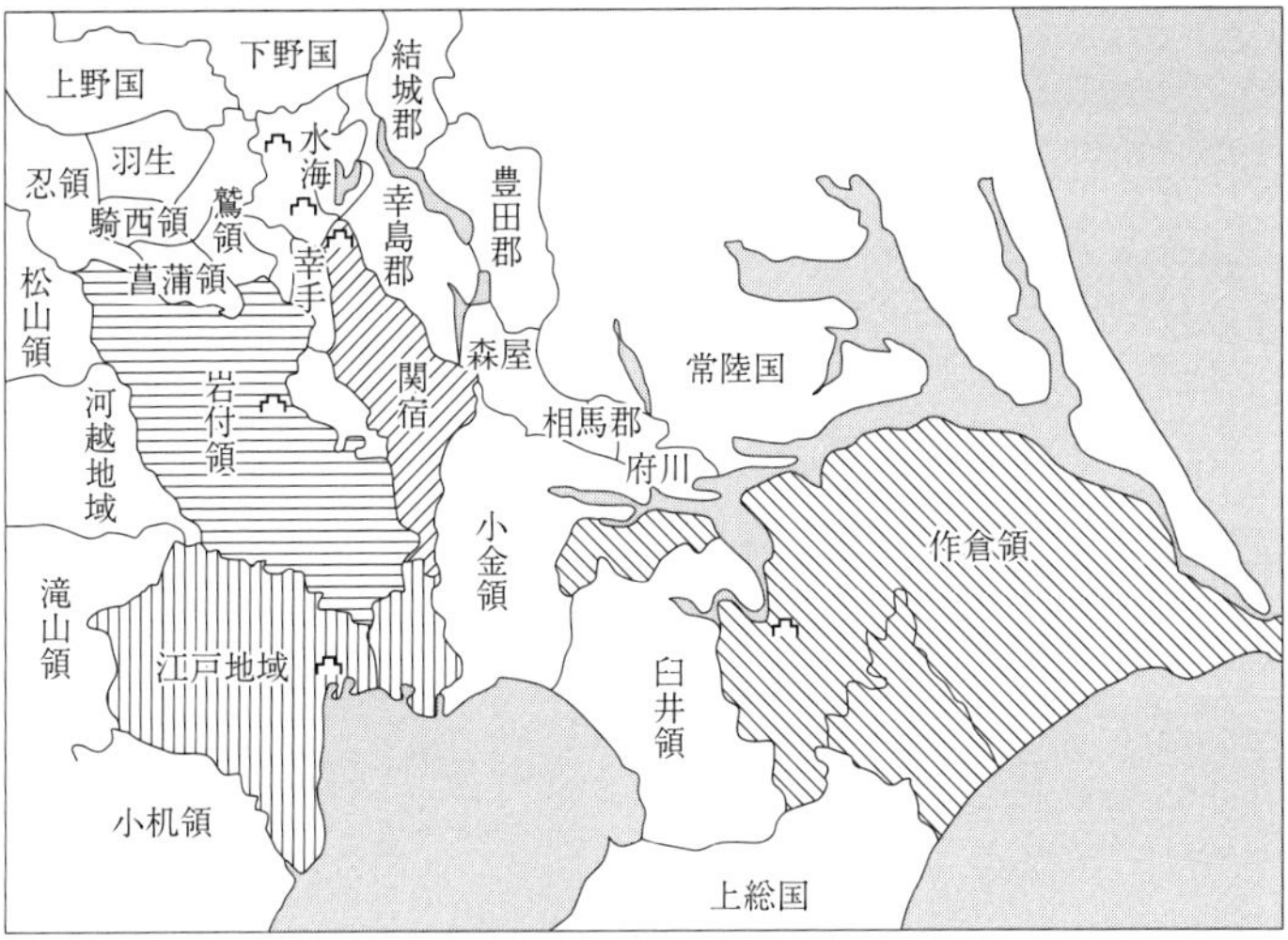

氏政の諸地域支配

死後から氏政が行っていたが、それはその後も継続されたことがうかがわれる。

武蔵岩付領支配

氏秀の死去直後にみられた変化のもう一つが、四男氏房の岩付領への入部である。岩付領支配は、それまで国衆岩付太田家の名跡を継承していた三男源五郎があたっていたが、その源五郎は、天正十年七月に死去していた。その後は、北条家が直接に支配にあたっていたが、その岩付領支配に、同十一年七月から氏房があたるようになった。しかも氏房の支配は、氏政から後見を受けたもので、ここでも軍事指揮権などは氏政が担っていた。また領内裁判も氏政が担ったから、氏房の支配はかなり限定されたものであった。

江戸城代氏秀の死去後に、それまで北条家が直接管轄していた岩付領支配が、氏房に継承されたのは、それまでの岩付領支配にも、氏秀に関わりがあったからであった。氏秀自身、兄氏繁が岩付城代を務めていた時期に、氏繁の出陣中の留守にあって同城に在城して、支配を代行したことがあったし、岩付奉行衆のなかには、その後に下総関宿領に派遣されて、同領支配にあたっていたのである。そのため氏政は、氏秀死去を契機にして、岩付領支配について、北条家の管轄から氏房の領国支配に切り替えたといえる。

氏政はそうして、江戸領と岩付領支配に関わり、ともに軍事指揮権や領内裁判権などの重要な部分を司ったのである。そして岩付領支配については、この後の同十三年七月における氏房の婚姻を契機にして、氏政は氏房に岩付領支配における全権を移譲して、以後においてはそれへの関与をみせず、岩付領については氏房による全権支配が展開されていくことになる。

下総関宿領支配

関宿領支配についても、氏秀の死去が関わっていた。氏秀は、江戸城代であった一方で、関宿城に在城していたからである。しかも関宿領支配には、岩付衆が派遣されてあたってもいた。このように江戸・岩付・関宿は、そもそも相互に密接な関係のもとで支配が展開されていたのであった（長塚孝「後北条氏と下総関宿」）。氏秀は、天正十年七月に、病気療養のために江戸城に帰城したが、その家臣はそのまま在城を続けたらしい。さらにその年の閏十二月に、古河城に在城していた古河公方足利義氏が死去し、後継者がいなかったため、同家は当主不在状態になった。

それに伴って所領支配や家臣団統制などには北条家があたることになり、実際にそれを担ったのが氏政であった。そもそも関宿領は、そうした古河公方家とその家臣の所領を広く含んでいたから、その支配には北条家の最高権力者であった氏政しか担うことができなかったといえる。氏政による支配は、翌十一年から確認することができ、これはあたかも江戸領・岩付領支配への関与と同時のことになる。以後、氏政は氏秀旧臣の在城衆を指揮して、関宿領支配を管轄していった。

その在城衆の代表者として太田下野守があったが、氏政は同十七年四月二十七日付のそれへの書状で、不適切な問題処理に際してかなり厳しく叱責している。下野守は何らかの失態を犯したようだが、それを他者の行為として、その者に氏政に弁明させたらしい。これを受けて氏政は、他者が処罰されるからといって、それに自分の罪をかぶせて謝罪させるなどということは、「沙汰の限り」であり、斬首が相応しいが、「ここまで愚かだと犬同前」なので、斬首を免除して、罪も許すが、罰として罪科二〇〇人分の関宿での堤防築造を命じている（戦北三四四四）。

また同日に、関宿領内で、五男直重の家来が、漁業禁止の場所で魚を捕ったらしいことを受けて、本来なら下野守の手代を呼び出して究明するべきところだが、もしそれが本当に直重の家来の行為であったと判明してしまうと、それは「公儀」（北条家）の恥辱になってしまうので、仕方無く見逃すとし、下野守には、何事についても今回のことについては究明を控えるように指示している（戦北三四四七）。これらをみると、氏政が様々な事案についてまで処理していたことがうかがわれる。とりわけ下野守が自身の失態を他人の仕業にしようとしたことについては、「愚人犬同前」とあきれ果てているが、こうしたことについても逐一適切に対処しなければならないところに、戦国大名の領国支配・家臣統制における気苦労をうかがうことができそうである。

下総佐倉領支配

佐倉領支配は、天正十三年五月に同領を支配する国衆の千葉邦胤が死去したことがきっかけであった。邦胤には男子があったが幼少であり、さらに死去直後から家中の間で北条家への対応をめぐって内紛が生じたのである。北条派は、八月に北条氏直に佐倉領への進軍を求めてきた。それを受けて、十月末に氏直の進軍が行われ、新たに鹿島城《かしま》（佐倉市）を築城して、佐倉領を制圧した。同時に、反北条派の頭領である宿老の原親幹に対して、氏政は服属をすめる交渉を行っている。鹿島城築城を受けて、原親幹は氏政に忠節を誓う起請文を提出し、北条家に屈服した。それにより千葉家の家督は、氏政の五男直重が養子に入って継承することになったが、具体的な継承は、これより後の天正十七年になる。

その間の十五年末、羽柴秀吉の来攻が予想されていて、それへの対応として、惣国をあげての防衛体制構築が進められるが、そこで氏政は佐倉領に直接入部して、支配の再編にあたっている。そこでは佐倉衆に「着到帳」を規定して、動員すべき軍事力を確定している。領国支配については、千葉家の宿老・奉行によって行われていたとみられるが、同十七年八月に、直重に佐倉領を継承させることにしたらしく、それに伴って領内の諸役賦課の状況や特権などについて、改めて確認し、再規定している。

そこで興味深いのは、佐倉湊における入湊税についての対応である。氏政は廃止するのが適切と、千葉家の宿老に伝えたうえで、従来からの明確な徴収規定があればその踏襲を認めるが、そうではなく慣例的なものであれば、廃止するよう意見している。そしてその理由として、入湊に課税すると、入湊する船が減り、課税しなければ入湊する船も増え、それにより佐倉湊だけでなく周辺地域も活性化することを示している（戦北三四八四）。ここでは佐倉湊だけの問題ではなく、その周辺地域をも含めた視野で、問題に対処する姿勢がうかがわれる。直重はその直後に千葉家の家督を継承し、それにともない氏政は領域支配の全権を移譲したと思われるが、すぐに小田原合戦を迎えるため、直重の支配は実質的にはみられることはなかったといえる。

これら氏政の管轄地域は、いずれも利根川・常陸川流域に展開していた。同流域は関東における流通の大動脈だったから、氏政は実質的にこれを管轄することにもなった。その基点に位置したのが江戸であった。氏政の諸地域支配は、江戸を中心とした地域再編をすすめるものともなったといえる。北条家滅亡後に、旧北条領国に入部した徳川家康が、その江戸を本拠にしたのは、こうした氏政による地域再編を前提にしたものとみることができるであろう。

第七章　羽柴秀吉への従属交渉と決裂

1　羽柴秀吉との対戦への備え

豆駿国境での徳川家康との会面

北条家と徳川家は、ともに新たな「天下人」羽柴秀吉から討伐対象とされたため、両家は協力して対抗する姿勢をとって、天正十三年（一五八五）十月末には、両家の宿老の間で起請文が交換されるなど、互いの協力関係を強化していたところであった。対して秀吉は、十一月十九日に、来年正月十五日に家康討伐のため出陣することを決定していた。ところがその直後の二十九日、中部地方を大地震が襲った（「天正の大地震」）。被害は秀吉領国に顕著で、そのため秀吉は、家康討伐を事実上、断念せざるをえなくなった。

天正十四年（一五八六）正月二十四日になって、秀吉は織田信雄を通じて、家康に従属を求め、家康もこれに応じることにし、それを受けて二月八日、秀吉は家康討伐の中止を公表した。この後、家

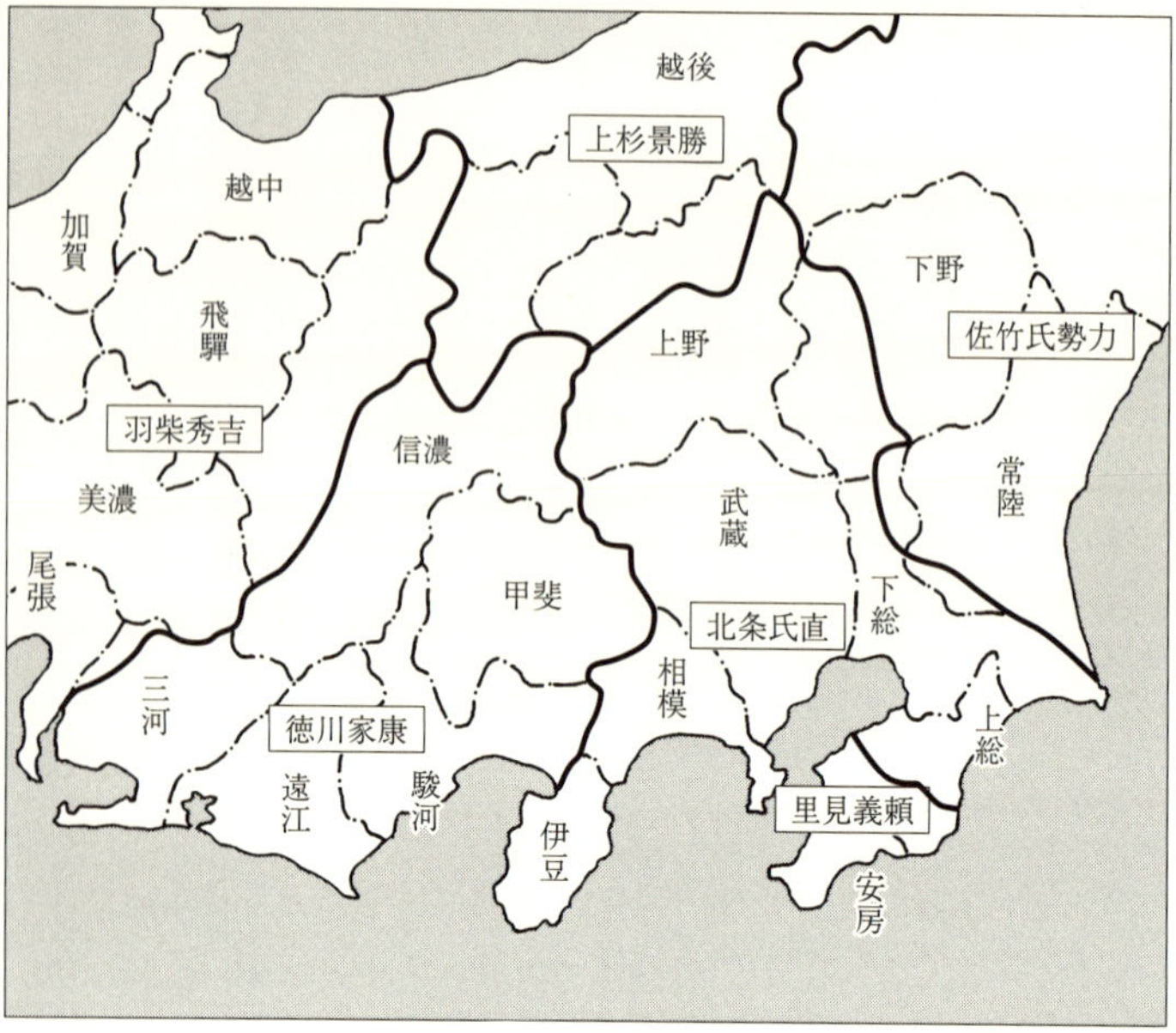

天正13年頃の勢力図

康は秀吉への従属のための交渉を展開していき、五月に秀吉妹の旭姫（南明院殿）との婚儀、起請文の交換を経て、十月に大坂城に出仕して、秀吉への従属を確定するのである。二年前の小牧・長久手合戦以来、敵対関係となっていた秀吉に対し、ついに従属することとなったのであった。

これに関して氏政と家康との関係において、とりわけ注目されるのは、家康が秀吉への従属を受け容れた直後にあたる三月八日と十一日に、氏政と家康が伊豆・駿河国境で会面していることである。これはその後の対応を協議するために、家康から申し入れたものであったとみられる（前田利久「天正十四年の家康・氏政会面について」）。氏政としては、家康との関係を維持していくため、今後の秀吉への対応を考えるため、家康と直接に会談することを受け容れたと思われる。氏政と家康は、これまで長い期間にわたって交渉してきた関係にあったが、実際に会面するのは、これが初めてのことであった。そもそも戦国大名家の当主同士の会面は、極めて珍しい事柄であった。またこの会面が、互いの領国の国境で行われていることも、戦国大名が領域国家であることに基づき、国家同士の関係にあったことを象徴している。

三月八日の会面は、家康から国境の黄瀬川を越えて、北条領の三島に赴いて行われた。氏政は家康に大鷹を贈り、その宿老で北条家への取次を務めていた酒井忠次、北条家への取次役の榊原康政《さかきばらやすまさ》にも進物を贈っている。十一日の会面は逆に、氏政が黄瀬川を越えて、徳川領の三枚橋城に赴いて行われた。ここでは家康から氏政に虎皮・豹皮などが贈られ、また氏政の宿老の伊勢備中守をはじめ、垪和伊予守・山角定勝・垪和刑部丞《ぎょうぶのじょう》（康忠の子）・山角四郎左衛門尉（康定の子）などにも進物が贈られた。そしてその後は、場所を変えて、黄瀬川の畔で伊豆・駿河国境との間に位置した、惣河原（静岡県長泉町）で酒宴が開かれた。

この会面で話し合われた内容については不明だが、おそらくは家康から氏政に、秀吉と和睦し、それに従属する意向を伝えられ、了解を求められるとともに、破談の際にはあらためて援軍の派遣など、両家の関係については今後も変わりなく維持することを申し入れられたものと思われる。氏政もそれらを了承したものと思われる。そして酒宴後は、家康への取次を務めていた氏規が、家康を三枚橋城まで送ると、家康は三枚橋城の武装解除の姿勢をとって、氏規に兵糧米一万俵を与え、その宿老の朝比奈泰寄《やすより》にも兵糧米千俵を与えている。これは家康が、北条領国への国境防備を解除することで、北条家への敵対意志のないことを示すものであったといえる。

こうして北条家と徳川家は、互いの同盟関係維持を再び確認したのであったが、ここで注目されるのは、何よりも北条家を代表したのが、当主の氏直ではなく、氏政であったことである。これは北条家の外交問題については、依然として氏政が担っていたことを端的に示すものとなる。

惣国防衛態勢の構築

徳川家康が羽柴秀吉に従属すると、秀吉は家康に、関東・奥羽「惣無事」実現の取り纏め役を命じ、また北関東の国衆に対しては、関東出陣は中止となったことを伝えた。また家康には、かつて従属していた信濃国衆が与力として付属され、これにともなって上野沼田領・吾妻領を支配する真田家は、家康の与力になっている。そしておそらくは、北条家には家康から、それらのことが伝えられたとみられ、ここに北条家は、秀吉の「関東惣無事」に従うかどうか、すなわち秀吉に従属するかどうかの選択を迫られるものとなった。

北条家は、翌天正十五年（一五八七）正月早々から、領国各地の城郭普請を開始した。北条家は、秀吉との対戦を視野に入れて、まずは領国の防衛態勢の構築を進めたのであった。とくにこの時の小田原城普請については、「相府《そうふ》大普請」（戦北三〇六二）と称されて、普請役の賦課は、普段は免除を認められていた不入地や、賦課対象となっていなかった御一家衆や国衆領国の村落にも課されるという、広義の北条領国である「惣国」が対象になっていた。そしてそれにより小田原城は、城下地域も囲んで惣構《そうがまえ》（「大構」、大外郭）が構築された。その他の拠点城郭についても同様に、この時に惣構が

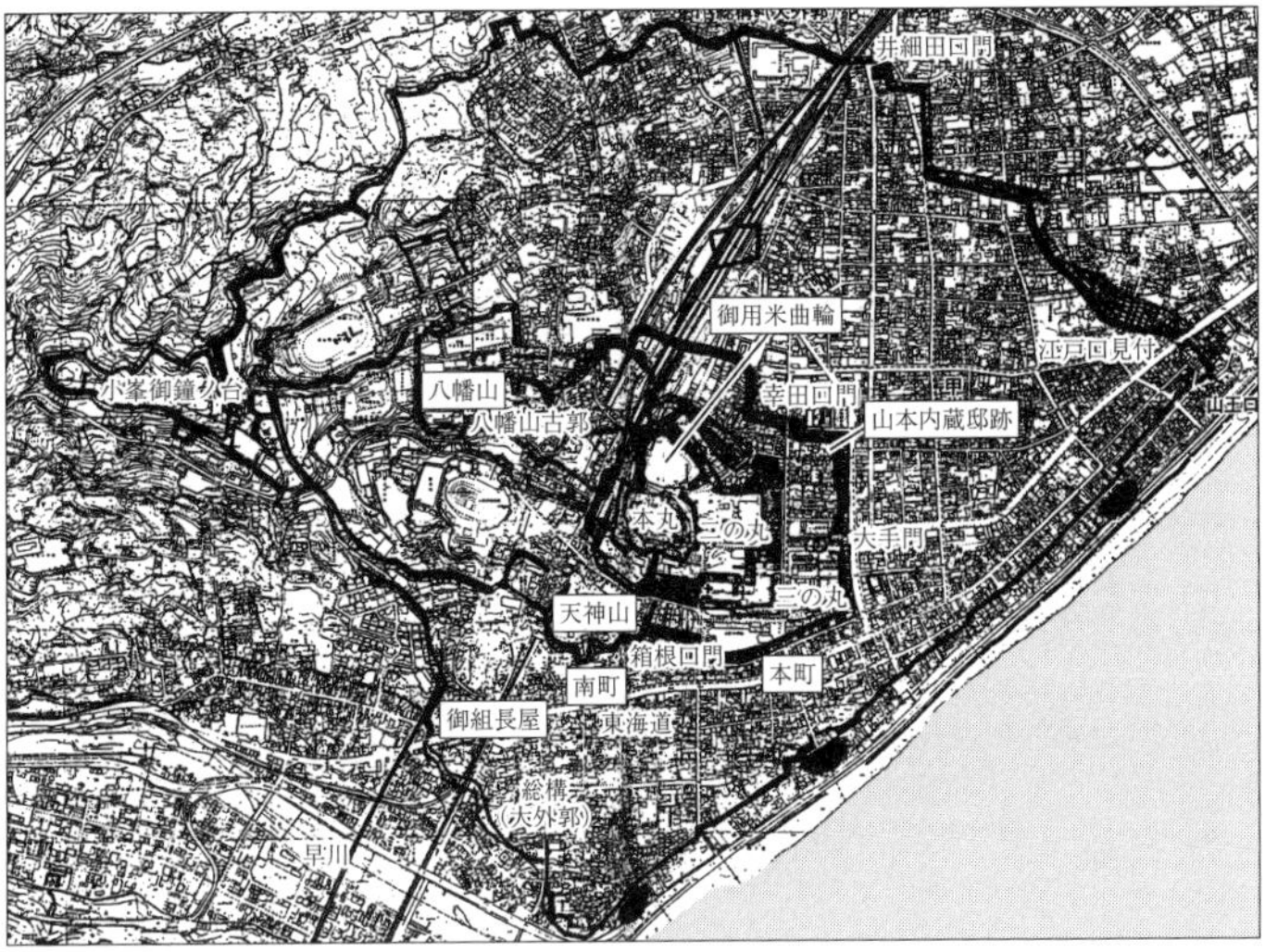

小田原城城郭図（佐々木健策「小田原城」『北条氏康の子供たち』より）

構築されたとみられる。

このうち小田原城の惣構は、東西約二・九キロ、南北約二・一キロ、総延長は九キロにもおよぶ長大なものであった。これはその後の小田原合戦においても、羽柴軍から突破されることはなかった。またこれを踏まえて、秀吉は本拠の大坂城に惣構を構築するのであり、それも大坂冬の陣（一六一四年）においても、江戸幕府軍に突破されることはなかったのである。このことからすると、北条家が考案した惣構が、その後の城郭にも大きな影響を与えることになったといえるであろう。

再度の民兵動員

さらに七月末から八月初めには、本国地域とそれに隣接する御一家衆の支城領では、村落から兵役を徴発する「人改め」が行われた。これは永禄十二年（一五六九）から元亀二年（一五七二）にかけての第一次対武田戦争において行われて以来のことであった。ただし伊豆北部では、天正八年（一五八〇）に第二次対武田戦争においても行われていたから、その地域では三度目ということになる。いずれにしろここで北条家が「人改め」による村落からの兵役徴発を図ったことは、北条家が、来るべき秀吉との対戦が、北条家滅亡の危機として認識していたことを示すものとなっている。

秀吉の方は、この年の三月から九州攻めを行って、五月に島津家を服属させて九州を制圧した。これによって秀吉に服属していない地域は、関東と奥羽のみとなった。九月には京都における政庁として聚楽第《じゅらくてい》を完成させた。そして九月に入ると、関東出陣を表明するようになった。さらに十二月下旬になって、いよいよ秀吉の出陣があるという連絡がもたらされてきた。おそらくは家康あたりからであったとみられる。これを受けて北条家は、御一家衆・国衆・譜代家臣のすべてに対して、来年正月十五日までに小田原城に参陣することを命じるのである。

この間、北条家に対して、秀吉から具体的な従属などの働きかけがあったのかどうかは不明である。ただし残されている史料から判断する限りでは、そのような形跡はみられないように思う。だとすれば、北条家としては、秀吉との政治交渉については、「関東惣無事」の取り纏め役となっていて、かつ北条家とは同盟関係にあった、家康の対応にすべてを委ねざるをえない状況であったと思われる。その一方で、交渉がまとまらなかったことを考えて、惣国の軍勢動員を進めざるをえなかったとみなされる。

2　羽柴秀吉への従属交渉

羽柴秀吉との和睦交渉

天正十六年（一五八八）正月、惣国から軍勢が動員された。しかしその一方では、徳川家康や、下野国衆でかつて秀吉と通交したことのある皆川広照を通じて、秀吉との和睦を進めていた。北条家から積極的に彼らに働きかけたのか、家康の方から尽力してきたのかはわからないが、二月下旬には交渉が進められていて、氏政は宿老の笠原康明を京都に派遣している。この笠原康明は、かつて天正八年に織田信長に従属を表明した際にも、使者として派遣された人物であり、中央政権との交渉に通じていた存在であったといえる。康明は二月二十五日には在京しているから、その上洛は同月中旬のこととみられる。道中は徳川領国を経由するので、その周旋を家康が行ったことは間違いない。

北条家での交渉担当は、家康への取次であった氏規が務め、秀吉側では、秀吉の側近家臣で医師の施薬院全宗《やくいんぜんそう》が務めた。これも家康の取り成しによるものであろう。氏政の書状（「切流斎尊書」）と氏規の書状が、笠原康明によって施薬院全宗に届けられ、全宗は氏規に、その請取について、二月二十五日付で返信している（戦北四五三五）。ここでも秀吉側に書状を出しているのが、当主の氏直ではなく、やはり氏政であったことは注意される。このような対外関係は、氏政が取り仕切っていたことが、ここからもわかる。

ここで氏政は、秀吉との和睦を申し入れたものと思われ、それにより秀吉は、北条家を「赦免」することにし、北条家にはその御礼のために使者の派遣を求めたとみられる。そしてそれには氏規があたることになったらしく、そこで全宗は氏規に、「御上洛を待つ」と伝えている。これによって秀吉と北条家の和睦は成立し、世間でも三月中旬には、「関白（秀吉）と小田原（北条家）の御弓、無事成就し候」（小田原七一二）と認識されるようになっている。

もっとも和睦とはいっても、秀吉は「天下人」で、北条家は戦国大名であったから、かつての織田信長との場合と同じく、それは北条家が秀吉に従属するということであった。その後は、そのための条件交渉が行われたとみられるものの、それを伝える具体的な史料は残されていないので、詳しいことは不明である。その仲介は家康が行っていたとみなされるが、四月二十八日に、秀吉から北条家に従属のための条件が示され、これをみた家康は、五月六日の時点で、その内容はとても北条家から同意を得られるものではない、として、秀吉と北条家の交渉は決裂すると見通している（『家忠日記』）。またこの頃、世間では、秀吉と北条家の交渉は決裂したとして、二カ月後くらいに「板東の戦」、すなわち秀吉の関東攻めがあると風聞されるようになっていた（小田原七一二）。

羽柴秀吉への従属

北条家と秀吉との交渉は、順調には進まなかったことがうかがわれる。こうした状況を打開するため、氏政・氏直父子は、家康から五月二十一日付で、秀吉への無条件での従属を勧告する起請文を送られるのである（戦北四五三四）。その内容は、(1)家康は、秀吉に北条家のことを悪く言ったりしないし、その領国を望むこともない、(2)今月中に氏規を使者として上洛させて秀吉に赦免の御礼を述べること、(3)秀吉に従属しないのであれば、氏直妻の督姫を離縁して戻してもらいたい、というものであった。

なおここから、北条家には家康の態度に疑念を抱く様子があったことがうかがわれるが、それは前年十二月に家康が、本拠を駿河駿府城（静岡市）に移してきたからであった。家康にとってそれは、以前からの予定であったが、秀吉との対立によって延期を余儀なくされていて、秀吉への従属が確定したことで、ようやく実現したものにすぎなかった。しかし北条家としてみれば、秀吉への従属直後に、しかも「関東惣無事」の取り纏め役とされた家康が、隣国の駿河に本拠を移してきたことで、北条家への敵対、さらには侵攻を考えているのではないか、と勘ぐらざるをえなかったものと思われる。あるいはそうした家康への不信感が、秀吉との交渉が順調に行かなかった原因にもなっていたかもしれない。

しかしこの家康からの勧告は、ここで従属を表明しないと、秀吉への取次も務めないことをも意味していた。そうなっては北条家としては、秀吉との交渉を続けることは難しくなり、敵対に至らざるをえないことになる。そのため氏政は、「何様にも上意次第」と、秀吉への無条件での従属を申し入れるのである（小田原七一四）。秀吉はそれを受け容れ、それにより閏五月十日には、「相州（北条家）と上方（秀吉）の御無事調い候」と、再び北条家と秀吉の和睦が成立をみることになった（『家忠日記』）。そこでは、秀吉は北条家の申し入れを「赦免」（承認）し、その御礼のための使者として、氏規が派遣されることが取り決められたとみられる（小田原七二〇）。

こうして北条家は、羽柴秀吉に従属することになった。これら秀吉への無条件での従属の表明、「赦免」への御礼言上のための氏規の派遣までは、氏政が決断したことであったとみなされる。そのうえで六月初めには、惣国に上洛費用の割り当てが検討されるようになっている。そこでの見積額は二万貫文（約二〇億円）とされていて、そのうち御一家衆の氏邦には、三、四〇〇貫文（約三、四千万円）が割り当てられることが予想されている。そのため氏邦は、家中にその負担を割り当て、六月二十七、八日の納入を命じている（戦北三三二四）。北条家では、そのようにして上洛費用の工面を進めたものと思われる。

北条氏規の上洛

ところが氏規の上洛時期をめぐって、氏政と、氏直・氏規との間で意見の調整がつかなかったらしく、氏規の上洛はなかなか実現しなかった。費用の納入締め切りが六月末になっていたことからすると、上洛は七月初めの予定であったとみられる。しかし七月十四日になっても氏規の上洛がないため、家康は、北条家への取次を務める家臣の朝比奈泰勝を小田原に派遣して、一刻も早くの上洛を催促させている（小田原七一六）。これを受けて北条家は、家康に、氏規上洛の間の人質を要求し、家康からは五男武田万千代と、家臣松井松平康重の弟忠喬が送られてくる（『石川正西見聞集』）。なお彼らは、氏規の帰国後に、送還されることになる。

家康からの強い催促を受けてであろう、氏規の上洛はただちに行われることになり、八月初めに徳川領国に入り、十日に岡崎城に到着し、そこからは榊原康政の同道を受けて京都に向かった（『家忠日記』）。十七日に京都に到着、相国寺を宿所とし、二十二日に聚楽第に出頭して、秀吉に拝謁した。そこでは氏直からの進物を進上、また当時進められていた方広寺大仏建立に協力するという氏直の言上を伝えている。拝謁の場には、高間に秀吉が座していたほか、聖護院道澄《しょうごいんどうちょう》らの公家五人、織田信雄らの公家成大名（従四位下の位階か侍従の官職以上の大名）十三人が、黒装束の「衣冠」姿で列座していて、無位無官であった氏規は、烏帽子・直垂姿で、広間の末座に祇候させられている。

おそらく氏規はここで、官位に基づいた視覚的に明確化された身分秩序を目の当たりにしたことであろう。そして秀吉が「天下人」であり、その政権が徳川家や織田家を統合した中央政権であること、もはや明らかに戦国大名とは次元を異にするものであったことを、実感したに違いない。その後は酒宴が行われ、秀吉から腰物・脇差が下賜された。二日後の二十四日には、秀吉の弟羽柴秀長から屋敷に招待を受け、二十八日には朝廷に参内して馬・太刀を献上し、二十九日に京都を出立して、一カ月以上にわたった在京を終えて、帰国するのであった（小田原七一八〜九）。

この氏規の上洛、秀吉への出頭は、北条家が秀吉に従属を表明し、秀吉がそれを承認したことへの御礼の言上のためであり、すなわち従属を認められたことへの感謝を示すものであった。ここに北条家の秀吉への従属は確定されたことになった。この後の政治課題は、北条家と佐竹方勢力の反北条方との間の領土画定を行い、氏政が上洛・出仕して、秀吉への従属そのものを実現すること、同時に佐竹方勢力も上洛・出仕して、秀吉への従属を実現して、「関東惣無事」を成立させる、というものとなった。

「御隠居様」の「又御隠居」

ところが氏政は、この氏規の上洛の時期から、「『御隠居様』（氏政）がまた御隠居すると仰られて、ひたすらに引き籠もられてしまい、少しのことについても今後は口を挟むつもりはない、と仰られている」（戦北三五四八）、という状態になった。すなわち氏政は、氏規の上洛を境にして、もはや北条家の家政には口出ししないとして、自らの屋形に引き籠もって、決して表の政務の場にあらわれず、本当に隠居する、という姿勢をとったのであった。

どうして氏政が、突如としてこのような態度をとったのかは、それを伝える史料がないためわからないが、その契機が、氏規の上洛にあったことからすれば、それが大きな要因になっていたことは間違いない。かりに氏政が、氏規の上洛そのものに反対であったとするならば、それは秀吉への従属表明そのものに反対していたことになる。しかし秀吉に従属の申し入れを行ったのは、それ以前の閏五月のことであり、それは氏政の判断によるものとしか考えられないから、従属を表明することに反対していたのではなかったと考えられる。

そうすると考えられるのは、氏規の上洛時期、もしくは政治交渉のなかでの上洛の位置づけ、にあったのではないかと思われる。この後において展開されるのは、秀吉による関東の大名・国衆領国についての領土画定であった。秀吉は九月初めには、佐竹方勢力に対して、上使を関東に派遣して領土画定することを伝えていて、実際に十一月には、秀吉の上使として、妙音院と一鷗軒（南条宗虎）が北条家のもとに派遣されてきている。

ちなみに北条家と敵対勢力との抗争については、その九月を最後にして、基本的にはみられなくなっている。沼田領をめぐる氏邦と真田家との抗争はその時期が最後になっている。常陸では、北条方の国衆の岡見家と、佐竹方国衆の下妻多賀谷家との抗争が続いていて、それは翌年正月まで続いていくのであるが、そこでの多賀谷重経の行為には、後に秀吉も、「惣無事」を無視する行動をとったとして、北条家同様に「不届きの者」と認識するものとなっている。またそれぞれの国衆の離叛や、国衆同士の抗争はみられたものの、それに互いが支援し合うということはなかった。秀吉の上使派遣の表明によって、まがりなりにも双方の間で「惣無事」が成立したことがうかがわれる。

氏政の政務への復帰

氏政は、秀吉からの上使派遣がみられた十一月晦日まで、「又御隠居」といって、政務への関与を拒否していた。もっともその間に、氏政の発給文書がないわけではなかった。九月に佐倉衆井田因幡守宛の書状、十月に江戸領王子別当宛の朱印状と関宿領金野井本郷宛の朱印状、下総府川豊島継信への進物の礼状、がみられている。しかしこれらは、自らの管轄範囲に対するものであり、その意味では自身の所領や家臣といった、自身の家政に関わるものであるといえ、あるいは国衆への礼状であったりと、社交に関わるものであった。たしかに北条家全体に関わるような公務には、関わっていなかったことがうかがわれる。

その後、氏政は再び政務への関与をみせるようになるが、それが確認されるのは、翌天正十七年（一五八九）二月に、秀吉のもとでの上野沼田領問題の裁定にあたって、宿老の板部岡融成を上洛させている時のことになる。板部岡融成は、氏政側近あがりの宿老であったから、その上洛は、氏政の判断なしで行われることはないと考えられる。また二月十九日には、下野足利城攻略に関して（前年に足利長尾顕長が離叛していた）、氏規に書状を出しているので、それまでに明確に政務に復帰していたことが確かめられる（戦北三四二六）。

そうすると氏政は、領土画定の交渉が進められることに伴って、政務に復帰したことがうかがわれる。そうであれば氏政は、あるいは秀吉への御礼言上は、領土画定の交渉の進展を受けてからのことと考えていたのかもしれない。まだ氏政が「隠居」状態にあった十一月末、秀吉の上使が小田原を訪れていた際に課題とされていたのは、徳川方との間のものとなる沼田領問題であった。これについて秀吉側からは、北条家の希望に添うような意向が示されてきたらしい。しかし結局、この問題について秀吉は、北条家と家康の双方から事情を説明させるために、家老の上洛を求めてきた。そうして板部岡融成の上洛となったのである。

3　羽柴秀吉との決裂へ

沼田領問題の裁定

板部岡融成は、天正十七年（一五八九）二月に、沼田領問題裁定のために上洛している（小田原七二二）。そこで沼田領の領有問題の経緯について説明したことであろう。それを受けて秀吉は、基本的には北条家に沼田領の領有を認める判断をしたものの、本来は自力によって遂げなければならないことをもとに、徳川家の与力となっていた真田家から、沼田城を含んだ三分の二を北条家に割譲させて、残る三分の一は真田家に留保させると裁定した。そして真田家には、沼田領三分の二に相当する所領を、徳川家から保証させるものとした。なおここにみられる三分の二・三分の一による分配は、当時の社会で一般的にみられた方法であった。沼田領の領有は北条家に権利を認めるが、現実に領有していたのは真田家であったから、それに一定の配慮をした、というものととらえられる。

秀吉はこの裁定をもとに、氏政が上洛し、出仕するという請書を出してくれれば、すぐに上使を派遣して、沼田城ほかの引き渡しを行うことを伝え、これを受けて板部岡融成は帰国した（戦北四五三七）。その伝達には、妙音院と一鷗軒が同行して派遣されてきたものと思われる。その時期は明らかではないが、興味深いのは三月上旬の時点で、秀吉の有力奉行で佐竹方勢力への取次にあたっていた石田三成が、下野宇都宮国綱に、一刻も早い上洛を促すとともに、その理由として、北条家から御一家衆が上洛してきて、秀吉への奉公が確定してしまうと、領土画定に関して北条家の主張が採り入れられてしまって、手遅れになる、というような内容を伝えていることとなる（小田原七一三）。

これにより北条家に関しては、徳川方との沼田領の問題以外にも、佐竹方との間でも領土画定の作業が進められていたらしいことがうかがわれる。しかしその時点ではまだ裁定はされていなかったとみられる。そうすると秀吉の裁定が出されたのは、これよりも後のことであった可能性が高いように思われる。

氏政上洛の表明

北条家がこの秀吉の裁定に対して回答したのは、六月五日のことであった。氏直が妙音院と一鷗軒に宛てて、裁定受け容れを前提にしてであろう、氏政・氏直父子のどちらかが上洛し、出仕すること、という要請を受け容れること、上洛のために十二月上旬に小田原を出立することを伝えている（戦北三四六〇）。これが秀吉の求めていた請書にあたるものとなる。なおここでは氏政・氏直父子のどちらかという回答になっているが、同月下旬に北条家が従属する国衆に対して一斉に、秀吉からの上洛要請を受け容れたこと、氏政が十二月に上洛することになったことを通達しているので（戦北三四六四〜六）、すぐに上洛するのは氏政と決まったことが知られる。これも氏政の判断とみてよいであろう。

これを受けて秀吉は、七月十日、関東・奥羽の大名・国衆の領国について画定するため、上使として津田盛月・富田一白を派遣することを通達した。そして両人は二十一日に徳川領国の岡崎城に到着、家康から榊原康政を付けられて、沼田領に向かっている（『家忠日記』）。これは沼田領の引き渡しのためであった。北条家も請取の準備に入り、氏政は、請取のための軍勢は一〇〇〇人ほど、大将は御一家衆の氏忠とし、請取後の沼田領は氏邦に管轄させることとした。北条家のもとには、使者として妙音院が派遣されて、十五、六日頃に小田原に到着する見込みとなっていた。

氏政はこれらのことを、十四日付の書状で氏邦に伝えているが、そこにはさらに、沼田領の請取にともなって実現されることになる上洛の準備について述べている。氏政はそれについて、上洛の際の供奉の軍勢は、「諸手」（各軍団）から「五騎三騎」（少数）ずつ出させるだけでよいとし、自分一人が上洛すれば済むことなので、多くの軍勢は必要ないこと、今から指南・取次を通じて国衆・家臣らに通知して準備させること、まだ一〇〇日も後のことではあるが、遅れることはできないので、今から準備を始める、という内容を述べている（戦北三四七二）。

氏政の上洛準備

ここで氏政は、沼田領請取を前にして、早くも上洛のための段取りを考えはじめていたことがわかる。またその際は、供奉の軍勢数はできるだけ少数にしようとしていたこともわかる。すでに前年の氏規の上洛ですら、二万貫文という巨額の経費がかかっていた。ちょうど同時期に、中国地方の毛利輝元が初めて上洛して、秀吉に出仕していたが、その経費は三万貫文であった。氏政が上洛するとなると、進物代や宿泊代などを考えても、氏規の場合と同じくらいの経費はかかる。大名家の代表に相応しく軍勢を多く引き連れていけば、さらに経費がかかることは自明であった。そのため氏政は、出来る限り経費をおさえるべく、供奉の軍勢数を少なくするとしているのであろう。それらの経費は、臨時の支出であったから、氏規上洛の場合と同じく、家臣・国衆に負担させることになるが、重ねての負担となるため、それをできるだけ抑えることを考えたと思われる。

沼田領の請取は、二十四日には行われたとみられ、その日に氏政らのもとに連絡があり、上使の津田・富田への返事を、氏政が案文を作成している（戦北三四七六）。請け取られた沼田領三分の二は、ほぼ利根郡に相当したが、一部に真田領との入り組みがみられた。また真田家からは、一部を引き渡ししないままとされ、また村落の百姓を自領に移住させたうえで引き渡すなど、姑息な手段をみせているが、それらが問題化するのは、少し後のことになる。氏政は請け取った後の沼田領については、予定通りに氏邦に管轄させ、氏邦はそれをさらに宿老でかつて沼田城代を務めたこともある猪俣邦憲に管轄させることにした。そして猪俣邦憲は、九月には領域支配を開始している。

氏政はその後、下総佐倉領を五男直重に継承させることにして、領内の諸役や特権の確認作業を行っているが、これはあるいは、上洛費用の賦課の準備の一環でもあったかもしれない。そして十月に入った頃には、御一家衆・国衆・譜代家臣らに、上洛費用の負担の割り当てが行われたとみられ、それらはさらに、自身の家臣に割り当てを命じるのである。十四日付で、佐野領を支配する御一家衆の氏忠は、佐野衆に対して、費用負担を割り当てて、月末の納入を命じている（戦北三五一七）。このことから、それら御一家衆らは家臣からの納入期日を月末にしていたこと、それを取りまとめた上で北条家に納入されることを踏まえれば、氏政は、予定通り十二月上旬の小田原出立に向けて準備を進めていったことがうかがわれる。

これらからうかがわれるのは、この時点では、氏政は明らかに上洛することを予定し、そのための準備を進めていたということである。ところが下旬になって事態が急変する。十月二十二日、真田家に留保されていた名胡桃城で内紛があり、中山九兵衛尉が城代鈴木主水《もんど》を追放、中山は猪俣邦憲に加勢を求めて、邦憲はそれに応じて軍勢を同城に派遣してしまったのである。すなわち名胡桃城奪取事件であった。もっともこうしたことは戦国時代には、それこそ普通にみられた現象といえる。しかし秀吉の「惣無事」のもとでは、違反行為であった。「惣無事」のもとでは、秀吉の承認のない、他領への出兵は禁止されていたからであった。これが小田原合戦への直接の引き金となるのである。

上野名胡桃城奪取事件

真田方の吾妻領から、真田家本拠の信濃上田城にあった真田昌幸の嫡子信幸《のぶゆき》のもとに、このことの連絡があったのは、二十七日のことであったらしい。信幸は十一月一日、京都に在所する父昌幸に連絡し、また寄親であった徳川家康にも連絡したとみられる。そしてこれが家康のもとに到着したのが、三日であった。これを受けて家康は十日、信幸に、秀吉の使者津田・富田両人にも伝えたので、信幸からも両人に使者を出して、それを通じて秀吉に連絡するよう指導している。その後はおそらく家康の指導通りに、信幸から津田・富田に使者が送られ、それを通じて秀吉に上申されたと推測される（拙著『真田昌幸』）。

北条家がこの事件を知ったのは、もちろんながら当の猪俣邦憲からの連絡によるとみられる。ただし事件から四日後の二十六日に、氏政は邦憲に書状を出していて、沼田領の仕置きを怠らないよう述べているが、そこには前にも書状で述べたように、とあるから、ここでの内容は、単に沼田領支配をきちんと行うように述べているだけと思われ、この時には事件のことはまだ連絡されていない様子がうかがわれる。明らかに事件を知った後の対応とみなされるのは、十一月五日になってからで、氏直は猪俣邦憲に、境目の防衛に務めることを命じるとともに、側近家臣の山上久忠を派遣している（戦北三五三七）。山上の派遣は、おそらくは事態を把握するためとみられる。

秀吉がこの事件を認識したことが確認できるのは、十一月二十一日のことになる。秀吉は、一方の当事者になる真田昌幸に、たとえ氏政が上洛・出仕してきたとしても、名胡桃城奪取の張本人（猪俣邦憲）の処罰がなければ北条家を赦免することはないので、そのつもりで来年春に秀吉が出陣してくるまで、境目に軍勢を配備して防衛することを命じている。そして北条家の行為は、「天下」に対して「公事」（裁判）を蔑ろにする行為であり、さらに不届きの行動があったら、境目の軍勢に出動させて、秀吉自身も出陣し、「悪逆人」の首を刎ねるつもりであると伝えて、北条家が出してきた請書での誓約内容（氏政の上洛）を履行しない場合には、昌幸には本領にとどまらず新知行を与えることを約束している（小田原七三二）。

ここで秀吉は、名胡桃城奪取事件は、秀吉の沼田領裁定を無視する行為ととらえていたことがわかる。ただし重要となるのは、秀吉はそれだけで北条家を討伐する考えはなかったことである。張本人を処罰すれば赦免し、あるいは続いて同じような事を起こしたら、討伐すると述べているのである。しかし翌二十二日に、秀吉は氏政からの使者を拘束した。この使者は、氏政側近上がりの宿老の石巻康敬と修験の玉滝坊乗与《ぎょくりゅうぼうじょうよ》で、沼田領請取の御礼を述べるために派遣されてきたのであった。四日の時点で、北条家からの連絡は無かったというから、その間に到着していたとみられる。しかし秀吉はこれについて、氏政は上洛して御礼を言うといってきたのに、今回使者を派遣するだけで、またも氏政の上洛は無かった、という理由で秀吉は激怒して、両人を誅罰すべきところを助命し、北条家への最後通告状を作成することにしている（小田原七三三）。

秀吉からの「御腹立ちの御書き付け」

そうして作成されたのが、翌二十四日付の、氏直に宛てた五カ条の条書である（戦北四五三七）。後にこれを請け取った氏直は、これを「御腹立ちの御書き付け」と称している（戦北三五七〇）。そしてその内容は、結論として、沼田領引き渡し後にすぐに氏政の上洛・出仕がないのは従属を実現しようとしない行為であること、名胡桃城奪取事件は裁定を無視する行為であること、したがって氏直の行為は、天道に背き、秀吉への叛逆である、来年春に討伐する、というものであった。秀吉はこれを北条家に届けるために、取次の津田盛月・富田一白を派遣することにし、また北条家からの使者の石巻康敬・玉竜坊乗与を同行させ、それらへの処置を家康に言い含めた。

すなわち、津田・富田については、名胡桃城奪取事件が起きたのは、両人の北条家への対応が悪かったからとして、三枚橋城に到着したら抑留するよう命じ、北条家から条書への返信が出されてきたら、それを寄越すよう命じ、北条家への取次を務めてきた妙音院については、処罰するなどのことであった（小田原七三五）。これらの内容について家康は、氏政の出仕がないため秀吉が立腹したこと、津田・富田は今月中に出仕がなければ討伐することを伝える使者であること、石巻康敬ら北条家からの使者は徳川領国に抑留すること、妙音院は処刑すること、と理解している（小田原七三八）。秀吉にとって最も大きな理由は、氏政の上洛・出仕が延びていることにあったとみられていることがわかる。そしてその日に、秀吉は諸大名に陣触れを発し、陣立を編成するのである（小田原七三九）。

秀吉と氏政の思惑の違い

ここに秀吉は、北条家討伐を表明したかたちになる。ただしこれによってただちに北条家討伐が実行されるわけではなかった。これまでにも、例えば家康に対してや、真田昌幸に対しての時など、討伐が公表され、出陣期日が決められても、それまでに和睦交渉が進められて、出陣が中止されることはしばしばみられていた。ただここで確認しておきたいのは、秀吉が氏政の上洛・出仕が遅いことを問題にしているが、その真意である。

氏政の上洛は、十二月上旬に予定されていた。氏直宛の条書でもその旨がみえているから、そのことは秀吉も承知していたことになる。それなのにまだ十一月にもかかわらず、どうしてそのような言い方がされるのであろうか。そもそも秀吉は、十一月四日の時点で、今月中に氏政が上洛してこなければ、来月（十二月）二十日に陣触れを出すとしているのである（群馬三五三二）。これは明らかにおかしなことといえ、秀吉は氏政の上洛の期日を一カ月早く認識していたとしか考えられない。家康も秀吉の氏直への使者派遣について、十一月中の上洛を促すためのものと理解していた。秀吉が上洛期日を十一月と認識していたことは間違いないであろう。しかしにもかかわらず、氏直宛の条書では、当初の予定の十二月上旬と記されているのであり、そこには明らかに関係者間に認識の齟齬がみられていたとしか言いようがない。

秀吉の認識としては、沼田領引き渡し後すぐに、氏政の上洛・出仕があるものと考えていたのであろう。ところがやってきたのは、使者であった。しかもその前後に、名胡桃城奪取事件が起こり、裁定を無視されたと認識し、そのため北条家の討伐を決定した、というものとなろう。ところが氏政は、十一月初め頃に家臣らから割り当てた上洛費用を納入させることにしていたように、十二月上旬の上洛に向けて取り組んでいた。ここには両者の認識に齟齬があったとしか言いようがない。

本来であれば、それを調整するのが取次の役割であった。しかし津田盛月・富田一白は、秀吉から、北条家への対応が悪いと言われたように、十分にその役割を果たせていなかったとみられる。さらに妙音院も、取り繕った言動を行っていた、といわれているように（小田原七三五）、やはり秀吉との意思疎通が十分でなかったらしい。しかしこれでは北条家としてもどうしようもないといわざるをえない。もし秀吉が氏政の上洛期日を異なって認識していたのなら、それをもとに交渉内容を再調整するなどの対処こそが必要であった。取次が充分に役割を果たせなかったら、政治交渉はまとまらない。この場合もそのようなものとしてとらえることができるであろう。

秀吉条書への対応

秀吉の条書を携えて下向してきた津田盛月・富田一白は、十二月五日に沼津に到着し、そこから書状を小田原に送った。北条家がそれを請け取ったのは、七日のことであった。これに対して北条家では、その七日に、氏直が津田・富田宛に（戦北三五六三）、九日付で氏政と氏直、それに氏規が、それぞれ家康宛に返書を出している（戦北三五六九〜七一）。それらに共通しているのは、秀吉の条書は、氏政の上洛遅延に伴って出されたもの、と認識していることである。これは家康からそのように連絡を受けていたのかもしれないが、北条家の方でも、問題はそこにあると認識したのであろう。

この時、北条家のもとには妙音院と一鷗軒も下向しようとしていた。これは北条家から招いたものであった。それについて氏直は、石巻康敬らへの処遇に疑問があり、それを尋ねるために、「去る四日」に招いたと述べている。これからすると、四日に小田原に到着したか、四日に下向を要請したか、ともとれるが、妙音院らは小田原に赴く途中で拘束されるので、小田原には到着していない。拘束はおそらく家康によってであろう。そもそも石巻らが秀吉に拘束されたのは、前月二十二日のことであった。すぐにそれが氏直に報されたとして、連絡に要する日数を四日とみると、氏直に届くのは二十六日頃のことになろう。それを受けて氏直から問い合わせをして、それが妙音院らに届くのは、十二月一日のことになろう。そうすると、「四日に招いた」というのは、何を指しているのかよく理解できない。ただしいずれにしろ、二十二日に石巻康敬らが拘束されたことが報され、その事情説明を求めて、妙音院らに下向を求めたことは確かなのであろう。

氏政上洛遅延への弁明

さて氏直は、津田・富田からの書状を受けて、氏政の上洛の遅れに関して、次のように弁明している。今回、妙音院と一鷗軒が下向するにあたって、上洛期日の延期を申し入れ、来年春・夏頃にしたいと申し入れたが、妙音院らからはそれはできないとして、年内に出立し、来年二月に京着すればいいという折衷案が示されてきた、という。これは京都を出立した妙音院らとの、書状での遣り取りによるのであろう。そして上洛期日の延期を申し入れたのは、名胡桃城奪取事件によって、秀吉が怒っていることから、そうしたなかで氏政が上洛したら、そのまま拘束されるのではないか、あるいは国替されるのではないか、という観測が諸方からもたらされていて、そのため氏政は二度と帰国できないのではないかと思って、在国を続けざるをえないからであるという。

それまでの間に、氏政が上洛したら、拘束や国替の憶測が生じていたらしい。とはいえ、秀吉が名胡桃城奪取事件への怒りを示したのが二十一日であったことからすると、すぐにそのような憶測が流れるようになり、それが氏政のもとにも報されたのであろう。氏政はそれに接して、安易に上洛することができなくなってしまったのであった。もし拘束や国替などの結果になってしまったら、それこそ思慮がないと非難を受けることになってしまうからであろう。そのため在国を続けることになっていた。そして津田・富田には、以前に家康が上洛した時に、秀吉が生母の大政所を人質に送ってきたのと同じような対応をとってくれれば、安心して上洛することができる、と返答している。

ここからうかがわれるのは、従属のための出仕を行う場合、何よりも身上の保証が得られるかどうかが、重要な判断基準をなしていたことといえる。実際にも、徳川家康はそのためになかなか上洛・出仕しなかったのであるから、これは戦国大名や国衆に共通する思考といってよいと思う。この場合では、秀吉の方から身上を保証する対応がとられない限り、氏政は安心することはできないので、それがなければ氏政の上洛は実行できるものではなかった、ということになる。そしてそれを周旋するのが、まさに取次の役割ということになるが、肝心の津田・富田は、家康の領国で拘束されてしまうのであった。

名胡桃城奪取事件への弁明

もう一つの問題とされた、名胡桃城奪取事件についての氏直の弁明は、名胡桃城を奪取したのではない、というものであった。城主「中山（九兵衛尉）」から書状が送られているようで、それに基づくものだとして、真田家への援軍として越後上杉勢が出陣してきたためであるとしている。おそらく中山から猪俣邦憲に加勢の要請があり、それに応えたものにすぎないから、決して北条家が奪取したのではない、ということであろう。

しかし氏直自身も、中山の書状をもとにしているだけのようで、上杉勢の出陣については「実否知らず」と述べているのである。そして名胡桃城については、沼田領分割の際に真田家に留保された地であるので、取り合いが生じることはないといい、その時に津田・富田は百姓屋敷まで検分しているはずと述べている。これはおそらく、そうであるから両者はよく事情を知っているはずだ、というのであろう。

氏直の主張は、名胡桃城に猪俣邦憲が加勢したとしても、それは城主中山からの要請によるのであるから、北条家が奪取したのではない、ということなのであろう。しかしながら秀吉の論理は、北条家の軍勢が、秀吉の許可なく、他領に進軍していること自体が、沼田領問題の裁定に対する違反ととらえていたのであるから、そこには大きな認識の違いが存在していたといわざるをえない。

ここでの氏直の認識は、やはりこれまでの戦国時代においてはごく普通のことであったと思われる。北条家も戦国大名として、従属下の国衆同士の境界争いについて裁許していたが、その場合には、先に紛争が勃発していて、その後に裁許するという手順になっていたからである。しかし秀吉の「惣無事令」では、軍事行動そのものが違反という論理であった。この認識の相違についても、本来であれば、取次の津田・富田が周旋して、擦り合わせていかなければ、解決には至らないであろう。

秀吉との交渉決裂

氏直が津田・富田にそれらの内容の弁明状を作成して二日後の九日、それは家康のもとに送られ、その際に、氏政・氏直・氏規はそれぞれ、家康に書状を出して、その取り成しを要請した。しかしこれらに家康がどのように対応したのかはわからない。結果として、北条家から秀吉側に対しての反応は、これが最後になっている。このことからすると家康は、それらの書状に反応しなかったのではないかと思われる。

すでに秀吉への取次であった津田盛月・富田一白、さらに妙音院・一鷗軒は、すべて家康の領国で拘束されていた。北条家にとって、残された取次は家康だけとなっていたのであったが、名胡桃城問題は、実は家康との紛争でもあった。同城は、家康与力の真田家の領国であったから、家康はまずは、真田家の利益確保を優先することになるからであった。北条家からの弁明に、それが満たされるような内容がなければ、家康はそれを秀吉に取り次ぐことはなかったものと思われる。結局、北条家のこれらの主張は、秀吉に届くことはなかったか、充分な返事とは認識されなかったのであろう。すでに秀吉は、北条家から返事がなかったら、討伐すると表明していた。それが実現されることになったのである。

ここでの名胡桃城奪取事件を契機にしての、北条家と秀吉との政治交渉の過程を改めてみてみると、戦国大名が「天下人」に従属することの難しさがうかがわれる。そこでは大名の身上の保証が明確でないと、大名の側では上洛・出仕は容易には行えないこと、両者の間に存在した認識の相違については、秀吉側の取次の手腕にかかっていたこと、それらが解決されて初めて、戦国大名は「天下人」への従属を実現する決断が可能だったといえるであろう。氏政の場合は残念ながら、最後の段階でそれらの条件が整わなかったのであった。

の氏規を派遣することが期待できないとの判断による。だが、これはひとまず回避されたようで、その後に氏規の上洛はみられない。

4　北条家の滅亡と氏政の最期

防戦態勢の取り組み

北条家は、十二月十一日から、国境防備のための軍勢配備を進めていった。秀吉の攻撃に備えるためであった。そこでの軍勢配備についても、すべて氏政が指令している。結果として秀吉との交渉はその後はみられず、決裂した形になると、そのまま防衛態勢をとっていくことになる。そこでは駿河への国境への軍勢配備を行い、各地の拠点で普請を行っていった。そうしたなか、家臣のなかには普請にあたらせる奉公人を確保できていない事態が生じていたらしい。

これについて氏政は、十二月十九日付で、伊豆韮山城にあって伊豆における防衛責任者の立場にあった氏規に宛てた書状で、「小田原の居住者が一人も矢普請を行わない、あるいは退転（移住）になったとしても、氏政が対応すればことは簡単である、氏規の所領に喩えて言えば、武蔵神奈川郷が退転したとして、昔の帳面で棟別銭を徴収するのである、こうした考えをしなさい、伊豆にも以前の帳面で五〇〇余間の田でも畠でも、所有者はいるはずだ」と言っている（戦北三五八〇）。ここで氏政は、奉公人や村落への普請役・諸役賦課の際に、現状を把握した帳面が存在していなかったとしても、以前の帳面をもとに、現在の所有者に賦課すればよい、と指示しているとみなされる。氏政が領国統治についても、状況に応じて具体的に指示を出していたことがうかがわれるとともに、御一家衆の氏規

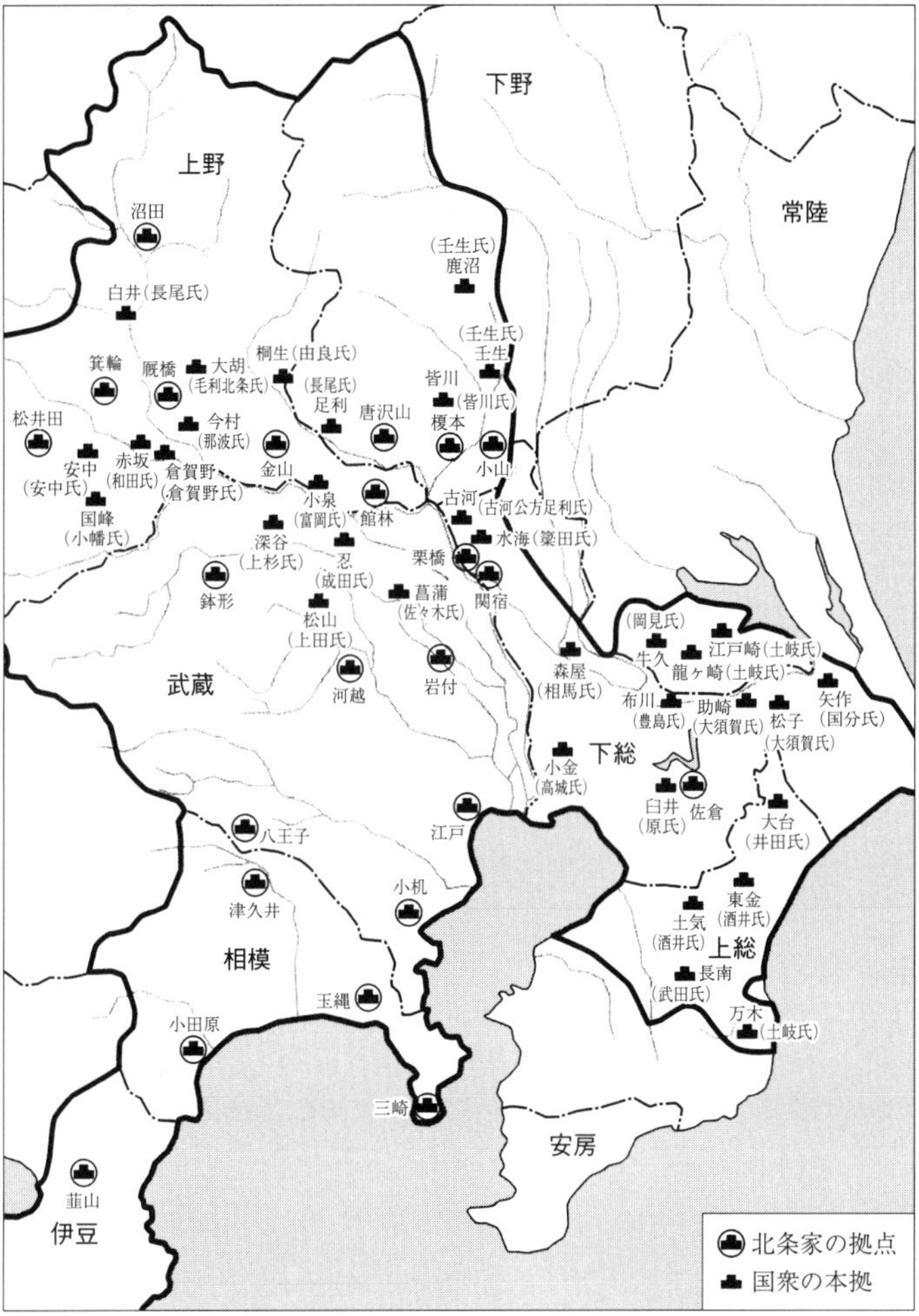

北条領国における国衆分布（小田原合戦時）

ですら、氏政ほどの対応力はなかった様子がうかがえよう。

そして二年前と同じく、御一家衆・国衆・譜代家臣の軍勢の大半を、小田原城に参陣させた。なおその際に、本拠での在留が認められたのは、御一家衆では、東山道方面の防衛責任者となった氏邦のみであった。宿老では、東山道方面での最前線拠点となった松井田城代の大道寺政繁だけであった。国衆では、領国北端の上野白井城（渋川市）の長尾輝景、領国東端の常陸牛久城（牛久市）の岡見治広、同江戸崎城（稲敷市）の土岐治綱、同竜ヶ崎城（龍ヶ崎市）の土岐胤倫、当主が幼少であった下総臼井城の原吉丸（胤栄の子）などにすぎなかった。それ以外は小田原参陣となり、それぞれの本拠にはわずかな軍勢が残されるだけとされた。そうして天正十八年（一五九〇）正月上旬になって、領国各地からの軍勢が小田原に参陣した。北条軍の総勢は、各地の拠点を守備する軍勢を含めて、約五万二千人くらいと見積もられる（拙著『小田原合戦と北条氏』）。

弟氏規への指示

参陣した軍勢は、伊豆・相模の国境地域に配備され、同様に普請を進めていった。ところが氏規が担当する伊豆では、なかなか矢普請がはかどらなかったらしい。そこで普請にあたるのは北条家の直臣で、氏規の家臣ではなかった。どうも普請役を賦課するにあたって、諸役免除の特権などが障害になって迅速に進まない状況にあったようである。そうした状況に対して氏政は、正月二十一日付で氏規に宛てた書状で、小田原城の事例を引いたうえで、対処の方法について指導している。

そこでは、「氏直から氏政に矢普請について相談があった際に、諸人のいう前で意見をしたところ、氏直も同意した、今回の矢普請は、城内のこととはいえ、すでに『大構』（惣構）が出来上がったら、城内の普請は必要ない、などということはあり得ない、まず氏政が矢普請をする者を一人決めれば済むことで、『目くら』『舞々』『猿楽』などの芸能者でもさせるまでである、（どういう者に負担させるかは）時と場合によろう、ましてや以前の印判状は全く必要無い、これ以上は言う必要もないが、（負担するのが）『嫌ならば、当方を罷り去るべきにて済み候』（拒否するのであれば、北条家から退去させればよい）、このように考えなさい」と述べている。

そのうえで、氏規が命じた場合に、「もし拒否する者がいたら拘束し、こちらへ寄越しなさい、拘束するのが憚られる者であっても無理矢理拘束して寄越しなさい、我が侭を言わせたままにしておくのであれば、清水康英の代官大屋善左衛門を斬首する、氏政がこのようなことを言うのは、（当主ではないので）立場に合わないが、『隠遁』のままでいるかどうかは状況による」と述べている。

氏規の指揮下で矢普請にあたるのは、北条家の直臣たちであり、そのため氏規の命令を聞こうとしない者が多くみられていたようである。氏政はそれに対して、拒否する者は拘束して小田原に寄越すようにいい、あるいは清水の代官を斬首するとも発言している。氏規は韮山城に在城したが、同城には清水・笠原の軍勢も在城していた。それらが氏規の命令に従おうとしていなかったらしく、そのため清水の代官の処罰のことが出てきているのであろう。

対戦への氏政の姿勢

ここには家臣や領民に対する氏政の認識がよくあらわれているといえるであろう。秀吉との対戦は、北条家とその領国の存亡の危機にあたったから、家臣は、従来の特権などの関係なく尽力すべきであり、負担の忌避は認められない、と考えていたことがうかがわれる。そしてそのうえでも忌避するのであれば、北条家から退去すればよいとすら述べている。主家への奉公を全うできないのであれば、主家から退去させられる、というのは、この時代には一般的なことであった。

また家臣の奉公人については、それが充分には確保できていない状況にあったことがうかがわれる。その場合でも、村落に賦課することや、芸能者などをそれにあてればいいとも述べている。ここからは、家臣は所領から奉公人を徴発していたらしいこと、それも課税基準に基づいていたものであったらしいこと、芸能者は百姓・町人という納税者とは明確に区別されていること、いざという場合には奉公人の代わりにさせられる存在であったこともうかがわれる。

領民に対しても、棟別・田・畠が課税対象であり、現実の所有者が把握できていなくても、以前の帳面に基づいてそれらに賦課すればいいと述べている。それらへの課税台帳になっていたのは、検地帳や棟別銭取帳であったが、当然ながら所有者は変遷するものであり、現状の把握はできないものであったことがうかがわれる。しかし課税の際には、それら以前の帳面に基づけばよく、所有者が代わっていたとしても、現在の所有者がいるのだから、その者に課税すればよい、という考えにあったことが知られる。

これらは氏政が、領国の統治や家臣への統制について、状況に応じた対応をとっていたことをよく示しているといえるであろう。軍勢配備についても、その人員や人数などもすべて氏政が差配していた。まさに氏政こそが、この時点にあっても、北条家の最高指導者であったことが如実に示されている。ただ直臣の処罰は、本来ならば当主の氏直が判断することであったらしい。氏政は、清水代官の斬首を口に出した際に、隠居という立場には相応しくない発言だ、と述べているからである。しかしそのうえで、隠居であっても、状況によってはそのような判断を示す必要があるとも言っていた。

このように氏政は、秀吉との対戦に向けて、その対応を取り仕切っていた。しかし現在のところ、氏政が最後に出した書状は、三月九日付で、上野北部の防衛拠点となっていた沼田城に在城する猪俣邦憲に宛てたものとなっている（戦北三六七五）。そこでは駿河における羽柴軍の動静、伊豆での防衛態勢を伝えるとともに、上野に侵攻を受けた場合の対応について指示している。氏政が逐一、家臣らに指示を与え続けていたことがうかがわれるであろう。

小田原合戦の開戦

さて羽柴軍は、東海道軍と東山道軍に編成され、二方面から北条領国に侵攻してきた。東海道では、三月三日に伊豆三島での合戦、東山道では同月十五日に碓氷峠での合戦によって、それぞれ戦端が開かれた。こうして小田原合戦が開戦された。氏政の最後の書状は、東海道で戦端が開かれてからのものであった。ただし本格的な開戦は、東海道では二十九日、東山道では四月七日になってのことであった。東海道ではその二十九日、北条方の最前線拠点であった伊豆山中城（三島市）が攻略され、そのまま小田原に向けて進軍がみられ、翌四月一日には箱根道が制圧され、足柄道・熱海道も制圧されて、三日には小田原まで進軍し、四日には小田原城に迫って、包囲の陣容がとられていった。ここから本格的開戦からわずか四日後に、小田原城は籠城戦を展開していかざるをえなくなった。

城内では、当主の氏直が本城に在陣した。氏政は、西方に対する最先端に位置する水尾口に、新城を構築して、そこに在陣した。これによって氏政が、城内での最前線に在陣していることがわかり、そのため合戦の主導権も氏政が握っていたことがうかがわれる。しかしながらこれ以降は、氏政の動向について具体的なことはほとんど確認できなくなる。そして次に氏政の動向がみられるのは、七月十日、在陣していた新城から退去する時のことになる。

小田原城の開城

籠城が続くなか、六月五日に本城の氏直は、徳川家康・織田信雄からの働きかけにより、極秘で開城交渉を開始するようになっている。これが可能であったのは、氏直が本城に在城していて、氏政とは別にあったことによろう。しかしこれにより城内には士気の緩みもみられ始めるようになっている。同月八日、西方南部の板橋口を守備する松田家一族のうち、憲秀長男の笠原政晴に対して、攻め手の堀秀治から調略があり、笠原政晴はそれに乗ったとして、十六日、実弟で松田家嫡子の直秀がこれを氏直に報告、十七日に笠原政晴は処刑されている。笠原政晴は、かつて天正九年にも離叛したことがあり、北条家の譜代重臣のなかでは、唯一、北条家から離叛した経験のある人物であった。その政晴が、ここにきて二度目の離叛を図ったことになる。離叛は防がれたものの、それが過去に経験のあった政晴とはいえ、譜代重臣から離叛の動きが出るようになっていた。

そして二十二日、本城において、氏政の生母瑞渓院殿と、氏政の正妻鳳翔院殿が死去した。鳳翔院殿は自害とされているので、二人とも自害したものと思われる。ここまでに北条領国の拠点は羽柴軍によって次々に攻略されていて、この時点で残っていた北条家管轄の拠点は、氏照の本拠八王子城、内藤家の本拠津久井城、氏規が在城する韮山城にすぎなかった。瑞渓院殿・鳳翔院殿が同時に自害したとすれば、北条家の滅亡を確信し、滅亡後に生涯を送ることを厭い、それから逃れるためであったと推測される。このことはおそらく、新城の氏政にも連絡されたであろう。氏政がそれにどのような感慨を抱いたのかはわからないが、母と妻の自害に衝撃を受けなかったことはなかったと思われる。

そして直後の二十四日、秀吉から直臣の小寺《こでら》（黒田《くろだ》）孝高《よしたか》と織田信雄家臣羽柴（滝川）雄利が使者となって講和が勧告された。この時には先の三城もすべて落城していた。そして七月一日、氏直は家康・信雄の仲介のもと、秀吉への降伏を決断、その後は開城のための交渉が進められ、五日に、氏直は弟氏房とともに出城、剃髪して降参の作法をとって、滝川雄利の陣所に出頭した。氏直は小寺・滝川に、自身は切腹して、城兵の助命を嘆願したところ、秀吉はこれに感心して、氏直については助命を認め、代わりに最高指導者の氏政、御一家衆筆頭の氏照、宿老を代表して松田憲秀・大道寺政繁を切腹させることを決定した（小田原八九二）。氏直が助命されたのは、徳川家康の婿であること、政治の主導権は氏政にあったことなどが踏まえられてのこととみられる。

ここに、伊勢宗瑞以来五代にわたって、関東最大の戦国大名として存在し続けてきた小田原北条家は、ついに滅亡することになった。この氏直の行動に、氏政はどのように反応していたのかはわからない。しかし氏政は、その後も退去を拒んでいるので、降伏には反対していた可能性が高い。そうで

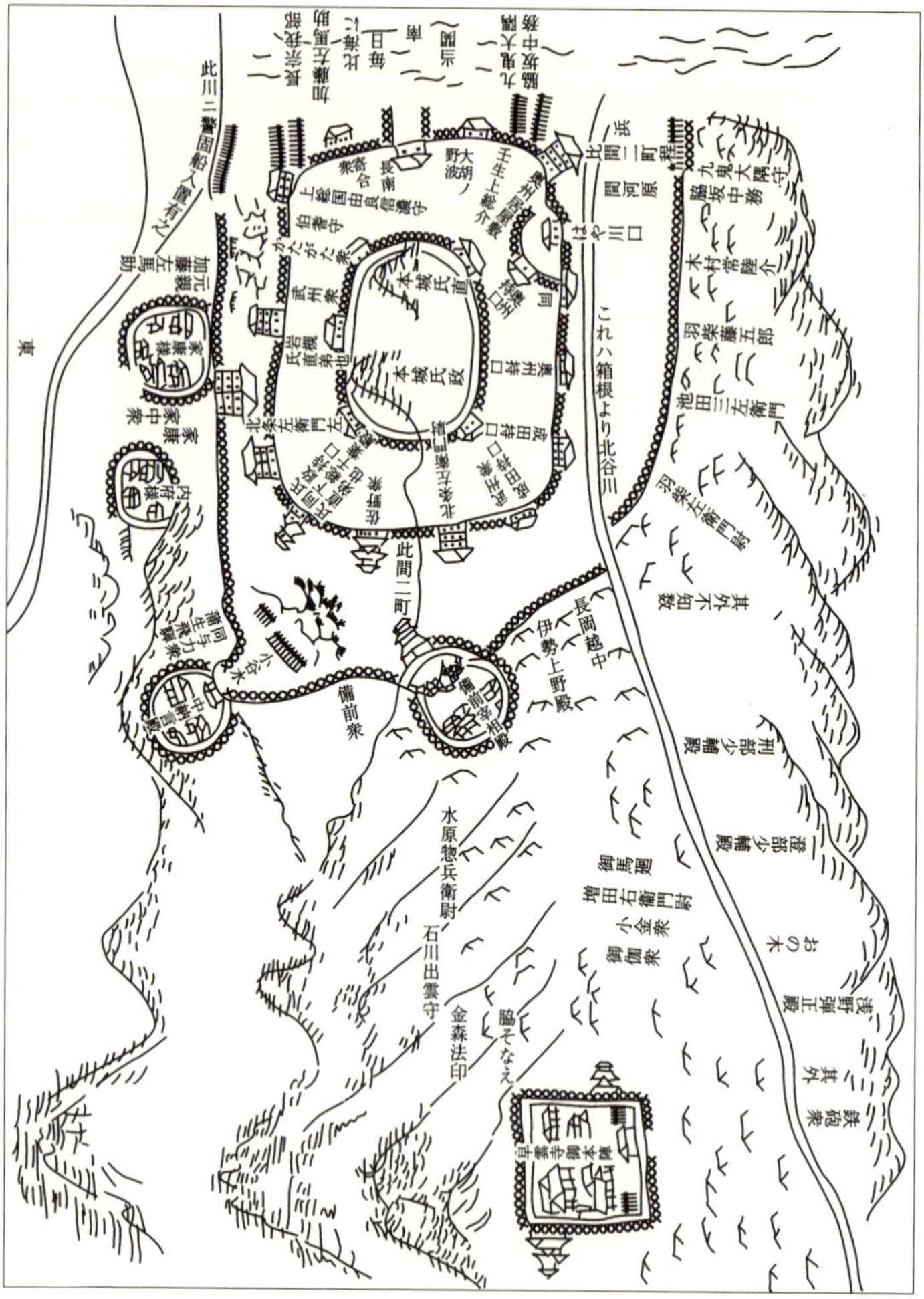

「小田原陣仕寄陣取図」（『小田原市史　別編城郭』より）

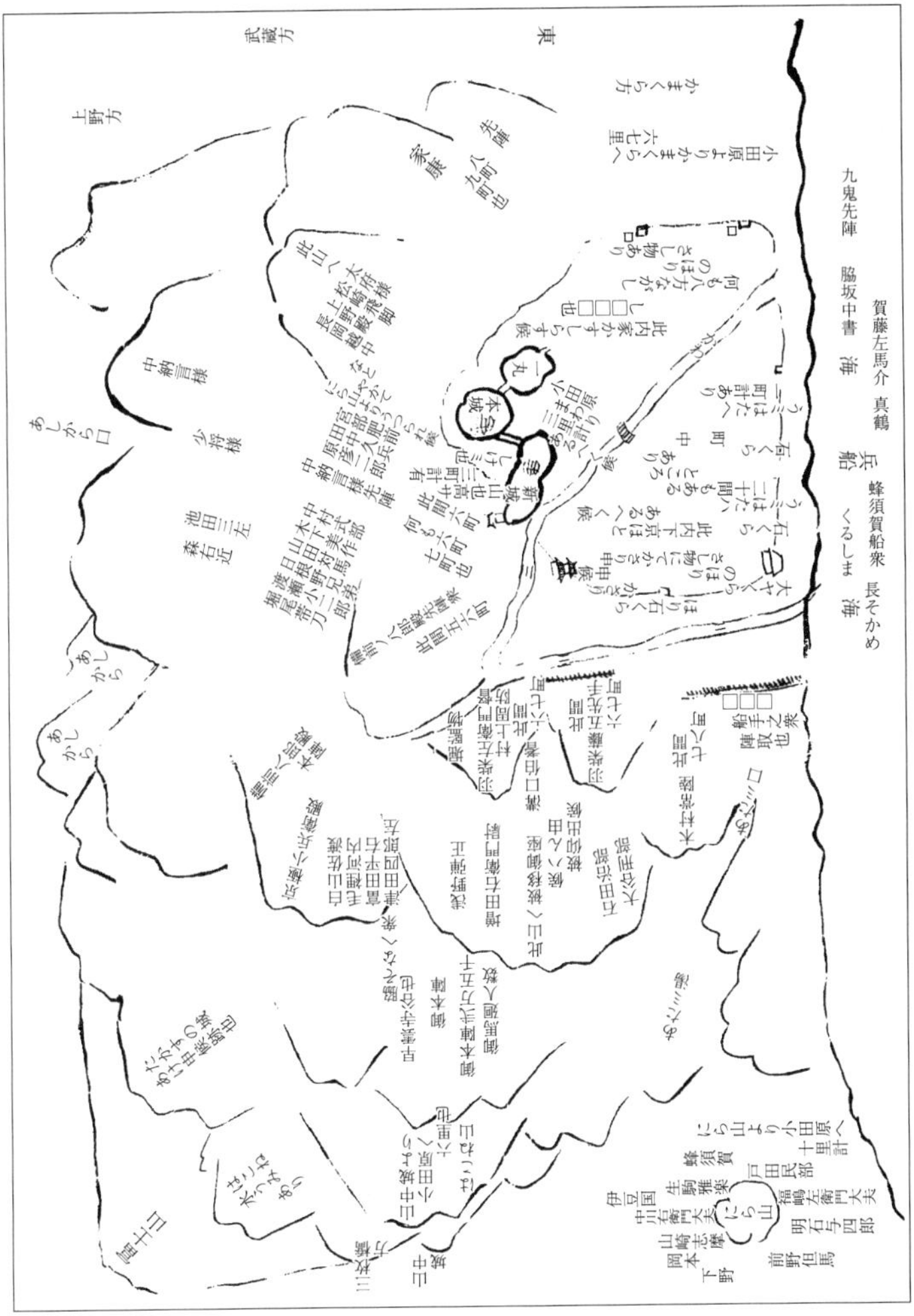

「小田原陣仕寄陣取図」（『都市小田原の誕生』より）

あればこの降伏は、氏直の判断で進められたものとみなされる。

氏政の出城

翌六日、秀吉の小姓の脇坂安治・片桐直盛（のち且元）と榊原康政ら家康の軍勢が入城し、七日に本城は家康に請け取られた。家康はすでに四月の段階で、伊豆を与えられ、六月初めには北条領国への国替を予定されるようになっていた。家康は秀吉に対して、氏政の助命を働きかけたことが知られる。六日に家康宿老の井伊直政が、秀吉奉行衆で武蔵在陣中の浅野長吉（のち長政）に宛てた書状には、「氏政について、どうしても嘆願するつもりである」と述べ（小田原八九二）、七日の同人宛の書状には、「氏政は切腹と決まったが、様々に嘆願しているので、助命は認められるように思われる」とも述べている（小田原八九五）。

家康が氏政の助命をはたらきかけているのは、これまでの同盟関係や秀吉への取次にあたっていたという、密接な政治関係にあったからとみられる。しかし家康の嘆願も聞き入れられることはなかった。そして十日、氏政はようやく新城から出城し、家康の陣所に入った（小田原九〇〇）。ちょうどその直前に、氏直もそれまでの滝川雄利の陣所から家康の陣所に移されていたから、ここで久しぶりに親子の対面となった。なお家康の陣所というのも、「石川忠総留書」をもとにすれば、宿老榊原康政の陣所であったとみなされよう。氏政の出城がここまで遅れていることからすると、最後まで出城を拒んでいたからとみられるが、ついに断念したものと思われる。

氏政の最期

そして翌十一日の申刻（午後四時頃、小田原九〇二）ないし酉刻（午後六時頃、小田原九二四）、城下の医者田村安栖軒長伝《あんせいけんちょうでん》の屋敷において、弟氏照とともに切腹した。秀吉側近の大村由己が執筆した『小田原御陣』（小田原九〇二）によれば、切腹にあたって氏政は、腹をきちんとして、行水し、硯を引き寄せて、

氏政今吹毛《すいもう》の剣（よく切れる剣）を取り　乾坤《けんこん》を截破《せつは》し太虚《たいきょ》に帰《き》す

と、辞世の句を記したという。また江戸時代初期成立の北条家を主題とした軍記の『異本小田原記』によれば、秀吉小姓の石河《いしこ》貞清・蒔田広定・佐々行政・堀田一継、家康宿老の榊原康政が検使を務め、弟氏規が介錯し、井伊直政が自害の補助をしたという。首はすぐに京都に送られて、十六日巳刻（午前十時頃）に到着して、聚楽第の橋に晒された（小田原九〇四）。

北条氏政墓（小田原市栄町）

享年は五十二、法名は慈雲院殿勝厳宗傑大居士とおくられた。関東最大の戦国大名となっていた北条家の四代目の家督を継いだ永禄二年（一五五九）から三十一年、実質的な当主の全権を担うようになった同九年からも二十四年が経っていた。ほぼ四半世紀にわたって関東の王者として存在し続けてきた。氏政の生きた時代は、家督を継いだ直後から、越後上杉謙信、甲斐武

田信玄といった有力戦国大名との間での大規模な戦争が展開されるようになり、天正七年からは、織田信長、次いで羽柴秀吉という「天下人」との政治関係が展開されるという、大きく変化していく時期に重なっていた。

氏政は、そうした激しい時勢の変化に対応しつつ、北条家の陣頭に立ち続けて、大規模戦国大名としての存続を果たしてきたといえる。辞世の句が真実であれば、最新の武力で運命を切り開いて、最後は「太虚」（気の原初形態）になった、と言っているところをみると、秀吉との戦争に敗れて滅亡することについて、決して後悔していたわけではないように思われる。自力によって領国を統治するのが原則であった戦国大名にとって、その存続は武力による領国の維持によって果たされるものであった。自力が及ばなくなるということはすなわち、滅亡を意味した。氏政はそのような世の中を生き抜いてきた人物であることが、改めて認識される。

秀吉と戦争して滅亡し、自害した戦国大名は、この北条氏政が唯一であった。そこにはやはり、家名の存続を最優先させるような江戸時代の大名とは隔絶するものがあるといわざるをえない。また他の戦国大名のように、秀吉に従属することで、大名としての存続を優先させた者とも、最終的には異なっていた。氏政が拘ったのは、あくまでも北条家の現状を維持したうえでの従属であったように思われる。そうした意味において、氏政は、まさに「最後の戦国大名」と評することができるように思う。

書状からみえる氏政の性格と思考

ここまでにおいて氏政の生涯を辿ってきたのであるが、そこでは出来るだけ、氏政の書状を取り上げて、氏政本人による認識や考えについて紹介もしてきた。もちろんそこからみえる氏政の認識や考えは、北条家の当主、あるいは最高権力者という立場からのものであり、必ずしも氏政の素の性格が示されているわけではないであろう。しかしながら氏政という人物は、まさにその立場にあることで存在していたのであるから、そこに氏政の実像が表されていると理解される。ここで、氏政の書状から垣間見られるその性格や考えについて、改めてみてみることにしたい。

まず取り上げたいのは、制度に対する厳格な姿勢であり、それに際しては父氏康へも意見するという徹底さである。第二章第三節で取り上げた、氏康側近家臣の遠山康英に宛てた書状では（戦北一二二三）、氏康が文書発給規定に則っていないことに関して、現状を継続するのであれば、それに応じた新たな規定をつくることを要請していた。これは伝馬手形に関してのことであったが、伝馬を務める業者が、規定の書式と異なると混乱することになるから、というのが理由であった。また第六章第三節で取り上げた、下総佐倉領の千葉家家老に宛てた書状では（戦北三四八四）、これまで徴収してきた役に関して、規定がないのであれば今後は廃止するように命じていた。領国統治において、何よりも規定の制定、その通りの運用を重視していたことがわかる。そしてそれに違反していた場合には、父氏康に対してであっても意見するという徹底ぶりであった。

次には、御一家衆や家臣に対して、城普請や軍事行動などについて細部にまで指示したり、そこでの臨機応変さを求めていることである。第六章第二節で取り上げた、家臣岡本越前守に宛てた書状で（戦北二三八二）、時と場合に応じて普請内容を考えることを指示していた。また宿老筆頭の松田憲秀に宛てた書状では（戦北一九七六）、土居（土塁）の構築に関して、銘々で構築すると必ず合わせ目から崩れることになるから、二十五人を一組にして一間を構築させるように、といった具合に、非常に具体的な部分についてまで指示を与えているのである。こうしたことからすると、氏政自身が築城技術に優れていたことがうかがわれる。さらにそうした叱責は、御一家衆に対しても容赦なかった。第六章第三節で取り上げた弟氏邦に宛てた書状では（戦北二六二一）、攻撃の仕方の拙さを指摘したうえで、具体的な戦術を指示していた。ここからはやはり氏政自身が、戦術に長けていたことをうかがわせる。

また氏政は、広範囲にわたる戦況を睨みながら戦略をたてていた。第六章第二節で取り上げた弟氏邦に宛てた書状で（戦北二四三〇）、氏邦が自身の領国の防衛を優先しようとしたことに対して、本軍の作戦を優先させるよう意見していた。同じく天正壬午の乱のなかで、寒松斎《かんしょうさい》という人物に宛てた書状でも（戦北二四〇三）、陣場を堅固にして敵方と対陣するよう指示し、「強引な戦争で敗北し、『数代の武功』を水にしてしまっては口惜しい」として、無理な軍事行動は控えるよう意見している。氏政は武田勝頼との対戦にあっても、たびたび陣城に在陣したままで、敵方からは「いつもの通りに陣城に籠もっている」と評されていたが、それはそのように、無理矢理に戦争をして敗北を喫してしまっては元も子もなくなる、と考えていたためであったことがわかる。

このように氏政は、父氏康にも意見し、一門・宿老にまで細々とした指示を与えていた。そのような内容を持った書状は、必ずしも多く残されているわけではないが、それらの内容を勘案してみると、おそらく日常的に、小田原から最前線の一門・家臣らに対して、ひっきりなしに細々とした指示を与えていたことがうかがわれる。それは外交においても同様であり、第六章第一節でみたように、氏直や御一家衆の外交文書についても、氏政が案書を作成していたのであった。

そうした氏政が、何よりも重視していたとみなされるのが、「国家」の存続といえ、その「国家」は、軍事行動によって維持されるものととらえていた。家臣への「着到帳」を「軍法」と称して、その通りに果たすことが「国家の安危」を左右するものととらえていた（戦北一五五五）。また一門・家臣は銘々の利益を優先するのではなく、「国家」維持のために奔走すべきであり、「国家」が維持されていればそれぞれは名利を得ることができるが、「国家」が滅亡したら、それぞれも滅亡してしまうのだ、という認識を持っていた（戦北二四三〇）。

ここでの「国家」は、一門・家臣に対して用いられているように、「北条家とその領国」にあたる。そしてその維持は、何よりも軍事行動における勝利によって果たされるものと考えられていた。そこに氏政が、大規模戦国大名家の最高権力者であることからくる、基本的な認識の在り方をみることができるであろう。

後世における氏政の評価

それでは氏政は、当時においてどのような人物として評価されていたのであろうか。しかし残念ながら、そのことをうかがうことができる史料はほとんどない。唯一といってもよいのが、第六章第二節で取り上げた、徳川家康によるものといえ、そこで氏政は、敵対する国衆に対しては、様々に計策して、和睦を働きかけて取り込んでいく人物とみなされている（家康上三七三）。たしかに氏政の領国拡大は、国衆を次々に従属させることで進められたものであった。それが周囲からは、和睦を得意とする策略家として認識されるようになっていたのであろう。

では後世においてはどうであろうか。江戸時代前期に成立した、北条家を主題とした軍記物『北条五代記』（『北条史料集』所収）に、具体的な氏政評が記されていて、注目される。そこでは「氏政武略智謀の大将」「氏政は文武の達人、ことには常に和語（和歌）を好ましめ給う」という具合に、武略・智謀に長けた、文武両道の名将とされているのである。さらには、市川国府台合戦のこととして、「氏政鑓押し取りて真っ先にすすみ、猛威をふるい、切り勝って」「希代の名将の誉れを得給う」というように、武勇にも優れていたとされる。そしてさらに「その上、民をなで、国の政道正しく、仁義を専らとし給う故、関東諸侍二心無く、二代の主君と仰ぎ、忠をいたさんとす」とまで記されている。

この『北条五代記』は、北条旧臣の著作といわれているものではあるが、北条家五代のなかで、ここまで高い評価を与えられているのは、氏政のみなのであった。北条家の家臣や領民にとって、氏政が「希代の名将」と認識されていたことがうかがわれる。なかでも「民をなで、国の政道正しく」という部分は、実際の氏政とも異なるものではない。また武略・智謀に長けていたというのも、先にみた一門・家臣への指示内容や、徳川家康の評価などからもうかがわれることであろう。

ところが氏政に対するこのような評価は、江戸時代中期になると急落していく。『甲陽軍鑑《こうようぐんかん》』では、麦飯の作り方も知らないお坊ちゃま、あるいは、氏政には武功がない、というような描き方がなされた。これは大身の氏政に対して、少身から台頭した武田信玄の優秀さを表現するためのものであった。しかし『甲陽軍鑑』の影響力の大きさからか、以後は氏政には低評価がなされていく。有名な「汁かけ飯」の逸話は、明暦二年（一六五六）刊行の『武者物語』に記されたもので、北条家は氏政の代で滅びることになる、とするものである。さらに享保十年（一七二五）成立の『関八州古戦録』になると、「父祖の余栄を誇るだけで、戦略を練ることができなかったために滅亡した」と評され、さらにはいわゆる「小田原評定」に繋がる、「はかどらない会議を「小田原談合」と言った」ということがみえるようになっている。

以後における氏政についての基本的な評価は、これらが踏襲されたものとなっていき、それはある意味では、現在まで続いているといってもいいかもしれない。しかしそれらは、小田原合戦で北条家が滅亡したことからくる、結果論的な評価にすぎず、そこには江戸時代中期以降の社会における、家の存続に対する異常な関心をみることができる。

新たな氏政の評価に向けて

そろそろ氏政については、その実像に沿った、新たな評価を与えていかなければならないであろう。ここで留意しなければならないのは、現代社会での尺度からの評価ではなく、氏政が生きた時代に照らして評価することであろう。現代社会の尺度で評価してしまうと、それは江戸時代人による評価と質的に変わらないものになってしまうといえよう。歴史上の人物への評価は、あくまでもその時代のなかに位置づけなければ、意味あるものにはならないからである。

氏政が生きた時代とは、自己の存立を自力で果たさなければならなかった戦国時代であった。そこで氏政は、北条家という、関東で最大にして、列島上でも最大規模であった、大規模戦国大名の主宰者の立場にあった。そしてその北条家は、宗瑞・氏綱・氏康という父祖三代によって築かれたものであった。このことを氏政は、「数代の武功」によるものととらえていた。氏政にとっては何よりも、父祖の武功によって築かれた、大規模戦国大名としての北条家の維持、そのうえでの拡大が、至上の課題となっていたと考えられる。

戦国大名の存立は、軍事行動での勝利によって遂げられるものであり、そこでは家臣や国衆の統制だけでなく、戦争費用や家臣の存立基盤となった村落・町の領民統治が根底に存在した。氏政による領国統治は、父氏康が構築したものを踏襲したものではあったが、その運用は氏康よりも厳格な態度で臨んでいたといえるであろう。また軍事行動に関しては、家臣の「着到帳」に馬上兵だけでなく歩兵の規定を追加し、あるいは城郭の運用について、在番制や城掟の導入など、戦線の拡大や戦争の大規模化に対応した仕組みを構築していった。

とりわけ大規模戦国大名との本格的戦争が継続するなかで、本国地域の領民に対しては、北条「国家」との一体感を擬制する「御国」論理を創出して、臨時の民兵動員を実現するなど、領民との一体化を進めていった。このような取り組みの結果として、統一政権である羽柴（豊臣）政権と対峙するまで、存続を果たしたといえるであろう。

結局は、その羽柴（豊臣）政権との対戦によって北条家は滅亡するのであるが、氏政はそのこと自体は、辞世の句をみる限り、後悔はしていなかったことがうかがわれた。氏政が重視していたのは、大規模戦国大名としての北条家の存立であり、けっして北条家の家名のみを残すことではなかったと考えられる。もちろん、毛利家・上杉家・徳川家のように、羽柴秀吉に従属したものの、領国をそのまま維持した大名家も存在した。

氏政の場合、最後の段階で政治交渉を失敗したことにはなるが、それを氏政自身は後悔していなかったとすれば、統一政権への従属という選択は、必ずしも戦国大名にとって、重要な選択肢とはとらえられていなかったことがうかがわれる。あくまでも軍事力による存立こそが、戦国大名の本分であったとするならば、氏政は、最後まで戦国大名としての行動論理に徹していたといえるし、それは逆に、そこから脱することができなかったともいえるであろう。

主要参考文献

史料

『戦国遺文 後北条氏編』（杉山博・下山治久・黒田基樹編、全七冊、東京堂出版、一九八九〜二〇〇〇年）
＊北条家の当主・一門・家臣・国衆の発給・受給文書を集成した史料集。
『小田原市史』史料編中世Ⅱ・Ⅲ 小田原北条1・2（小田原市、一九九一・九三年）
＊北条家当主の発給文書を集成した史料集。丁寧な校訂がほどこされている。
『小田原市史』史料編原始・古代・中世Ⅰ（小田原市、一九九五年）
＊別冊として当主五代発給文書補遺をおさめる他、本文には小田原合戦関係の主要史料が収録されている。
『戦国遺文後北条氏編別巻 小田原衆所領役帳』（佐脇栄智編、東京堂出版、一九九八年）
＊氏政が家督を継ぐ直前の作成で、家臣団構造や所領配置を知ることができる北条家関係の基本史料。
『北条史料集〈第二期戦国史料集1〉』（萩原竜夫校訂、人物往来社、一九六六年）
＊北条家を主題とした軍記物『北条記』『北条五代記』を収録する。
『室町殿物語・足利治乱記・異本小田原記〈国史叢書〉』（黒川真道編、国史研究会、一九一四年）
＊北条家を主題とした軍記物のうち最も史料価値の高い『異本小田原記』を収録する。
『戦国遺文 古河公方編』（佐藤博信編、東京堂出版、二〇〇六年）
『戦国遺文 房総編』（黒田基樹・佐藤博信・滝川恒昭・盛本昌広編、全五冊、東京堂出版、二〇一〇〜〇六年）

『戦国遺文　武田氏編』（柴辻俊六・黒田基樹・丸島和洋編、全六冊、東京堂出版、二〇〇二〜六年）
『上越市史』別編1・2（上越市、二〇〇三・四年）
『牛久市史料』中世Ⅰ・Ⅱ（牛久市、二〇〇〇〜〇二年）
『群馬県史』資料編7（群馬県、一九八六年）
『山梨県史』資料編6上（山梨県、二〇〇一年）
『家忠日記〈増補続史料大成〉』（臨川書店、一九八一年）
『信長公記〈角川ソフィア文庫〉』（奥野高広・岩沢愿彦校注、角川書店、一九六九年）
『石川正西見聞集〈埼玉県史料集第一集〉』（埼玉県立図書館、一九六八年）
奥野高広編『増訂織田信長文書の研究』（全三冊、吉川弘文館、一九八八年）
中村孝也『新訂徳川家康文書の研究』（全四冊、日本学術振興会、一九八〇〜八二年）
徳川義宣編『新修徳川家康文書の研究』（全二冊、徳川黎明会、一九八三・二〇〇六年）
黒田基樹「小田原北条氏文書補遺・（二）」（『小田原市郷土文化館研究報告』四二・五〇号、二〇〇六・一四年）
＊『戦国遺文後北条氏編』『小田原市史史料編中世Ⅱ・Ⅲ』未収録の、北条家当主・一門・家臣・国衆の発給・受給文書を集成している。
丸島和洋「『戦国遺文武田氏編』補遺・（その2）」（『武田氏研究』四五・五〇号、二〇一二・一四年）
竹井英文「館山市立博物館所蔵「里見吉政戦功覚書」の紹介と検討」（『（千葉大学）人文研究』四三号、二〇一四年）

著　書

相田二郎『小田原合戦〈小田原文庫1〉』（名著出版、一九七六年）

主要参考文献

浅倉直美『後北条領国の地域的展開〈戦国史研究叢書2〉』(岩田書院、一九九七年)
同編『北条氏邦と猪俣邦憲〈論集戦国大名と国衆3〉』(岩田書院、二〇一〇年)
同編『玉縄北条氏〈論集戦国大名と国衆9〉』(岩田書院、二〇一二年)
浅野晴樹・斎藤慎一編『中世東国の世界3 戦国大名北条氏』(高志書院、二〇〇八年)
新井浩文『関東の戦国期領主と流通〈戦国史研究叢書8〉』(岩田書院、二〇一一年)
荒川善夫『戦国期北関東の地域権力〈戦国史研究叢書3〉』(岩田書院、一九九七年)
同『戦国期東国の権力構造』(岩田書院、二〇〇二年)
同『戦国期東国の権力と社会〈中世史研究叢書23〉』(岩田書院、二〇一二年)
粟野俊之『織豊政権と東国大名』(吉川弘文館、二〇〇一年)
池享・矢田俊文編『増補改訂版 上杉氏年表 為景・謙信・景勝』(高志書院、二〇一三年)
池上裕子『戦国時代社会構造の研究』(校倉書房、一九九九年)
同『日本中近世移行期論』(校倉書房、二〇一二年)
市村高男『戦国期東国の権力と社会』(思文閣出版、一九九四年)
同『東国の戦国合戦〈戦争の日本史10〉』(吉川弘文館、二〇〇九年)
稲葉継陽『戦国時代の荘園制と村落』(校倉書房、一九九八年)
同『日本近世社会形成史論――戦国時代論の射程』(校倉書房、二〇〇九年)
江田郁夫『下野の中世を旅する』(随想舎、二〇〇九年)
同『下野長沼氏〈中世武士選書11〉』(戎光祥出版、二〇一二年)
同『戦国大名宇都宮氏と家中〈岩田選書・地域の中世14〉』(岩田書院、二〇一四年)
江田郁夫・簗瀬大輔編『北関東の戦国時代』(高志書院、二〇一三年)

大塚勲『今川氏と遠江・駿河の中世〈岩田選書・地域の中世5〉』（岩田書院、二〇〇八年）
同『駿河国中の中世史』（羽衣出版、二〇一三年）
小和田哲男『小田原評定〈小田原文庫9〉』（名著出版、一九七九年）
同『北条早雲とその子孫』（聖文社、一九九〇年）
久野雅司編『足利義昭〈シリーズ・室町幕府の研究2〉』（戎光祥出版、二〇一五年）
久保健一郎『戦国大名と公儀』（校倉書房、二〇〇一年）
久保田順一『室町・戦国期上野の地域社会〈中世史研究叢書6〉』（岩田書院、二〇〇六年）
栗原修『戦国期上杉・武田氏の上野支配〈戦国史研究叢書6〉』（岩田書院、二〇一〇年）
黒田基樹『戦国大名北条氏の領国支配〈戦国史研究叢書1〉』（岩田書院、一九九五年）
＊北条家の領国支配制度について解明した研究書。
同『戦国大名領国の支配構造』（岩田書院、一九九七年）
同『戦国期東国の大名と国衆』（岩田書院、二〇〇一年）
同『中近世移行期の大名権力と村落』（校倉書房、二〇〇三年）
同『百姓から見た戦国大名〈ちくま新書618〉』（筑摩書房、二〇〇六年）
同『北条早雲とその一族』（新人物往来社、二〇〇七年）
同『戦国の房総と北条氏〈岩田選書・地域の中世4〉』（岩田書院、二〇〇八年）
同『戦国期領域権力と地域社会〈中世史研究叢書15〉』（岩田書院、二〇〇九年）
同『戦国期の債務と徳政』（校倉書房、二〇〇九年）
同『戦国北条氏五代〈中世武士選書8〉』（戎光祥出版、二〇一二年）
＊北条氏五代の動向を史料に基づいて叙述した概説書。

同『古河公方と北条氏〈岩田選書・地域の中世12〉』（岩田書院、二〇一二年）
同『小田原合戦と北条氏〈敗者の日本史10〉』（吉川弘文館、二〇一三年）
＊天正十年（一五八二）から小田原合戦までの動向を史料に基づいて詳細に記している。
同『戦国大名　政策・統治・戦争〈平凡社新書713〉』（平凡社、二〇一四年）
同『増補改訂　戦国大名と外様国衆〈戎光祥研究叢書4〉』（戎光祥出版、二〇一五年）
＊北条家と国衆との関係とその在り方について追究し、「国衆」論を提起した研究書。
同『真田昌幸　徳川、北条、上杉、羽柴と渡り合い大名にのぼりつめた戦略の全貌』（小学館、二〇一五年）
同『関東戦国史　北条VS上杉55年戦争の真実〈角川ソフィア文庫〉』（KADOKAWA、二〇一七年）
＊大永三年（一五二三）から天正六年（一五七八）までの政治動向を、上杉家との抗争を軸に詳細に記している。
同『戦国大名の危機管理〈角川ソフィア文庫〉』（KADOKAWA、二〇一七年）
＊氏康の当主期・隠居期を中心に、北条家の領民統治の実態とその変遷を明らかにした書。
同『北条氏康の妻　瑞渓院』（平凡社、二〇一七年）
同編『武蔵成田氏〈論集戦国大名と国衆7〉』（岩田書院、二〇一二年）
同編『北条氏年表　宗瑞・氏綱・氏康・氏政・氏直』（高志書院、二〇一三年）
＊北条家五代の動向を年次ごとに、最新の研究成果によってまとめたもの。
同編『岩付太田氏〈論集戦国大名と国衆12〉』（岩田書院、二〇一三年）
同編『武蔵上田氏〈論集戦国大名と国衆15〉』（岩田書院、二〇一四年）
同編『北条氏房〈論集戦国大名と国衆19〉』（岩田書院、二〇一五年）
同監修『別冊太陽　日本のこころ171　戦国大名』（平凡社、二〇一〇年）

黒田基樹・浅倉直美編『北条氏邦と武蔵藤田氏〈論集戦国大名と国衆2〉』（岩田書院、二〇一〇年）
同編『北条氏康の子供たち』（宮帯出版社、二〇一五年）
＊氏政の兄弟姉妹の動向について詳細に記している。
小林清治『奥羽仕置と豊臣政権』（吉川弘文館、二〇〇三年）
斎藤慎一『戦国時代の終焉〈中公新書1809〉』（中央公論新社、二〇〇五年）
＊天正十年代における北条家の動向を天下人の動向と関連させて叙述した最初の書。
佐藤博信『古河公方足利氏の研究』（校倉書房、一九八九年）
同『中世東国足利・北条氏の研究〈中世史研究叢書7〉』（岩田書院、二〇〇六年）
同『中世東国政治史論』（塙書房、二〇〇六年）
佐脇栄智『後北条氏の基礎研究』（吉川弘文館、一九七六年）
同『後北条氏と領国経営』（吉川弘文館、一九九七年）
同編『後北条氏の研究〈戦国大名論集8〉』（吉川弘文館、一九八三年）
柴裕之『徳川家康　境界の領主から天下人へ〈中世から近世へ〉』（平凡社、二〇一七年）
柴辻俊六編『新版　武田信玄のすべて』（新人物往来社、二〇〇八年）
柴辻俊六・平山優編『武田勝頼のすべて』（新人物往来社、二〇〇七年）
下山治久『小田原合戦〈角川選書279〉』（角川書店、一九九六年）
同『戦国北条氏五代の盛衰』（東京堂出版、二〇一四年）
同『戦国大名北条氏〈有隣新書73〉』（有隣堂、二〇一四年）
鈴木良一『後北条氏〈有隣新書34〉』（有隣堂、一九八八年）
竹井英文『織豊政権と東国社会』（吉川弘文館、二〇一二年）

武田氏研究会編『武田氏年表　信虎・信玄・勝頼』（高志書院、二〇一〇年）
館山市立博物館編『さとみ物語　戦国の房総に君臨した里見氏の歴史』（館山市立博物館、二〇〇〇年）
栃木県立文書館編『戦国期下野の地域権力』（岩田書院、二〇一〇年）
富田勝治『羽生城と木戸氏〈中世武士選書3〉』（戎光祥出版、二〇一〇年）
則竹雄一『戦国大名領国の権力構造』（吉川弘文館、二〇〇五年）
平山優『武田信玄〈歴史文化ライブラリー221〉』（吉川弘文館、二〇〇六年）
同『武田遺領をめぐる動乱と秀吉の野望』（戎光祥出版、二〇一一年）
同『天正壬午の乱　増補改訂版　本能寺の変と東国戦国史』（戎光祥出版、二〇一五年）
同『武田氏滅亡〈角川選書580〉』（KADOKAWA、二〇一七年）
藤木久志『豊臣平和令と戦国社会』（東京大学出版会、一九八五年）
同『戦国史をみる目』（校倉書房、一九九五年）
同『村と領主の戦国世界』（東京大学出版会、一九九七年）
同『新版　雑兵たちの戦場〈朝日選書777〉』（朝日新聞社、二〇〇五年）
藤木久志・黒田基樹編『定本・北条氏康』（高志書院、二〇〇四年）
丸島和洋『戦国大名武田氏の権力構造』（思文閣出版、二〇一一年）
同『戦国大名の「外交」〈講談社選書メチエ556〉』（講談社、二〇一三年）
同『真田四代と信繁〈平凡社新書793〉』（平凡社、二〇一五年）
同『戦国大名武田氏の家臣団　信玄・勝頼を支えた家臣たち』（教育評論社、二〇一六年）
同編『信濃真田氏〈論集戦国大名と国衆13〉』（岩田書院、二〇一四年）
森幸夫『小田原北条氏権力の諸相〈日本史史料研究会研究叢書5〉』（日本史史料研究会、二〇一二年）

矢部健太郎『豊臣政権の支配秩序と朝廷』（吉川弘文館、二〇一一年）
山口博『北条氏康と東国の戦国世界〈小田原ライブラリー13〉』（夢工房、二〇〇四年）
＊北条氏康の生涯を、史料に基づいてまとめた唯一の概説書。
同『戦国大名北条氏文書の研究〈戦国史研究叢書4〉』（岩田書院、二〇〇七年）
＊氏康・氏政・氏直の発給文書や花押型変遷などについて解明した研究書。

論文

浅倉直美「北条氏邦の生年について」（『戦国史研究』七四号、二〇一七年）
黒田基樹「戦国大名印判状の性格について」（『戦国史研究』三四号、一九九七年）
同「小田氏の発展と牛久地域」（『牛久市史原始古代中世』第八章第二節、牛久市、二〇〇四年）
同「戦国大名の民衆動員」（『歴史学研究』八八〇号、二〇一一年）
同「小山領没落後の小山氏」（『栃木県立文書館研究紀要』一八号、二〇一四年）
同「北条氏邦と越相同盟」（鉢形城歴史館10周年記念特別展『関東三国志』、二〇一四年）
佐脇敬一郎「後北条氏における城郭運用体制の発達」（『国史学』一六八号、一九九九年）
長塚孝「足利義氏政権に関する一考察」（『駒沢大学史学論集』一五号、一九八五年）
同「戦国武将の官途・受領名」（『駒沢史学』三九・四〇号、一九八八年）
同「『小田原一手役之書立』考」（『戦国史研究』一七号、一九八九年）
同「江戸在番衆に関する一考察」（戦国史研究会編『戦国期東国社会論』吉川弘文館、一九九〇年）
同「後北条氏と下総関宿」（中世房総史研究会編『中世房総の権力と社会』高科書店、一九九一年）
長屋隆幸「室町末～織豊期における武具統一政策――主に北条氏を例に」（長屋隆幸『近世の軍事・軍団と郷士

たち』清文堂出版、二〇一五年）
則竹雄一「戦国大名北条氏の着到帳と軍隊編成」（『獨協中学・高等学校研究紀要』二三号、二〇〇九年）
前田利久「天正十四年の家康・氏政会面について」（久保田昌希編『松平家忠日記と戦国社会』岩田書院、二〇一一年）
丸島和洋「甲越和与の発掘と越相同盟」（『戦国遺文武田氏編月報』6、二〇〇六年）
同「北条・徳川間外交の意思伝達構造」（『国文学研究資料館紀要　アーカイブズ研究篇』一一号、二〇一五年）
同「武田・毛利同盟の成立過程と足利義昭の『甲相越三和』調停」（『武田氏研究』五三号、二〇一六年）
山口博「小田原合戦」（『小田原市史　通史編原始古代中世』一三章三節、小田原市、一九九八年）

その他

『小田原市史』別編城郭（小田原市、一九九五年）
『小田原城〈歴史群像名城シリーズ8〉』（学習研究社、一九九五年）

おわりに

本書は、北条氏政についての評伝としては初のものになる。また私にとっても、北条家当主を対象にした個別の評伝書としては、これが最初のものになる。私が戦国大名・小田原北条家の研究に取り組むようになったのは、今からおよそ三〇年前ほどのことであった。その頃の研究状況としては、歴代当主のなかで関心が高く寄せられていたのは、やはり初代伊勢宗瑞、あるいは三代氏康であり、ようやく二代氏綱への関心が高まるようになってきていた、というようなものであった。

私の北条家に関する研究は、まずは発給文書の集成から始まっている。そこでは必然的に、無年号文書についての年代比定をともなうものとなるが、当初は、北条家の政治動向に関する研究はそれほどすすんでいたわけではなかった。そうしたなか、当主歴代のうちで最も多くの発給文書が残されていたのが四代氏政であったから、そうした年代比定の作業は、同時に氏政の政治動向を解明する作業ともなった。それとともに、私の当初の研究課題は、御一家衆・国衆に置かれるものとなったが、それも今から想えば、それらについての関係史料は、氏政期に多く残されていたから、氏政の動向を解明していくなかで生じたものといえるようである。

そうして私は、御一家衆のなかでは、氏政子息の源五郎・氏房・直重、弟氏規、義弟の氏光、義兄弟の氏繁といった氏政期に主要な活躍をみせた人物を取り上げることになり、国衆に関しては上野・下野・房総国衆の動向を取り上げ、それにともなって天正期における北条家の房総・上野・下野侵攻の状況や、甲斐武田家との関係、御館の乱での動向について解明をすすめていくものとなった。これらは結局、氏政期の政治動向や領国構造を追究していくことになったといえる。

それまでの北条家の研究では、やはり初代宗瑞から三代氏康までが主たる対象になっていた。領国支配に関する研究では、逆に氏政期に関係史料が多いことから、氏政期も多く取り上げられてはいた。しかし基本的な制度構築は氏康までによるものであったから、そちらに関心が寄せられていたことは否定できず、また氏政期における事柄についても、政治動向との関連付けには関心が寄せられない状況にあったといえ、そのため総じて氏政期の全体像の解明には関心が薄かったことは否めない。ただしそれは、それまでに氏康期までについては一定の研究蓄積があったため、以後における課題が氏政期に置かれていたという、研究の進展の結果であったともいえる。

ともかくも結果として、私の北条家に関する研究は、多くは氏政期を対象にしてすすめられるものとなったことは間違いない。氏政期の北条家は、すでに大規模戦国大名として広大な領国を統治し、多くの国衆を従える存在にあったとともに、上杉謙信・武田信玄という同様の大規模戦国大名との戦争が恒常化していく時期にあたっており、それにともなって領国支配や国衆統制にも変化がみられていった。さらには織田信長・羽柴秀吉という「天下人」との政治関係を構築していく時期を迎えて、統一政権との関係の在り方が問われる段階にいたるようになった。

これらは戦国大名とは何か、またその性格変化はどのように把握され、それはどのような論理によるものか、そして統一政権の確立をどのように認識すべきか、という問題に連なるものとなる。そして氏政は、これらの問題に総合的に取り組むうえにおいて、まさに恰好の存在といいうるのであり、むしろ数いる戦国大名のなかでも、氏政を措いて他に、最適な素材はないといっていいように思う。

こうしたことから私は、いつしか北条家歴代のうちで人物評伝を著す機会を得たならば、氏政を取り上げたいと思うようになっていた。今回、ミネルヴァ書房編集部の田引勝二さんから企画のお話しを頂戴した時、先方からは氏康・氏政で、ということであったが、私はあえて氏政単独でとお願いした。幸いにも同社にはご理解をいただくことができ、こうして本書は氏政単独の評伝書とすることができた。実際にも氏政の事蹟は、本書ではその詳細を触れることができないほど、密度の濃いものであるといえる。しかしながらその点に関しては、すでに私は、『戦国北条氏五代』（戎光祥出版）・『関東戦国史』（角川ソフィア文庫）・『小田原合戦と北条氏』（吉川弘文館）などを通じて、氏政の事蹟の詳細について基本的には記しているところであった。

そのため本書では、そうした事蹟の詳細にはあまり触れることなく済ますことができている。そのぶん事蹟については、時代や社会の流れのなかに概要を位置付け、その変化を抽出することに努めた。さらにまた、実際に氏政が何を考え、何を重視していたのか、氏政の書状をもとにその肉声を通じて、等身大の氏政に迫ることに努めるものとした。これによって本書は、まさに人物評伝に相応しく、その生涯や存在を俯瞰して、氏政という人物をとらえるということが可能になっているのではないかと思う。

本書を書き終えてあらためて、北条氏政こそは、「最後の戦国大名」と評するに相応しい存在と認識している。本書でそのことを十分に表現することができていることを願う。最後に、本書刊行にあたっては、田引さんに大変お世話になった。末筆ながら御礼を申し上げます。

二〇一七年一二月

黒田基樹

北条氏政年譜

和暦	西暦	齢	関係事項	一般事項
天文 八	一五三九	1	北条氏康の次男として生まれる。母は今川氏親娘瑞渓院殿。	
九	一五四〇	2	11・21北条氏綱、鎌倉鶴岡八幡宮上宮正殿遷宮を行う。同月氏綱の娘芳春院殿、古河公方足利晴氏に嫁す。	
一〇	一五四一	3	7・17北条氏綱死去、氏康が家督を継ぐ。	6・14武田晴信、家督を継ぐ。
一一	一五四二	4	5・3氏康弟の玉縄城主北条為昌死去、氏康義弟綱成が玉縄城主になる。この年、氏康三男氏照生まれる。	12・26徳川家康生まれる。
一二	一五四三	5		3・26足利義氏生まれる。この年、武田晴信娘黄梅院殿生まれる。
一三	一五四四	6	1月氏康、武田晴信と和睦する。6・12氏康、鶴岡八幡宮修造を終える。	

一四	一五四五	7	8月氏康、駿河に向けて伊豆三島に出陣。9・16吉原城落城。9・19葛山氏元離叛。9・26河越城、山内上杉憲政・扇谷上杉朝定に攻撃される。9・28駿河土雁原合戦。10・1武田家の和睦仲介始まる。10・24氏康、今川義元と和睦する。11・6長窪城を開城、駿河から撤退、「河東一乱」終息。この年、氏康四男氏規生まれる。	
一五	一五四六	8	3月岩付太田全鑑従属。4・17氏康、河越に向けて出陣。4・20河越合戦で勝利。	武田勝頼生まれる。
一六	一五四七	9	12月松山上田朝直従属。この年、氏康四女早川殿生まれるか。	
一七	一五四八	10	1・18岩付太田資正従属。この年、氏康五男氏邦生まれる。	長尾景虎、家督を継ぐ。
一八	一五四九	11	7月以前花園藤田泰邦従属。10・7兄西堂丸（氏親）とともに飛鳥井雅綱から蹴鞠伝授書を与えられる。氏政の史料初見。幼名は松千代丸か。	
一九	一五五〇	12	4・1氏康、「公事赦免令」を発令。11月氏康、上野平井城を攻撃。	2月長尾景虎、越後国主になる。6・2今川義元妻定恵院殿死去。
二〇	一五五一	13	7・26氏康家臣遠山綱景、武田家との婚姻のため晴信に対面。12・11氏康、足利晴氏宿老簗田晴助と起	長尾景虎、越後を統一。

			請文を交換。	
二一	一五五二	14	3・21兄氏親死去、氏康嫡子になる。3月氏康、武蔵御嶽城を攻略、山内上杉憲政を没落させる。5月長尾景虎、上野に進軍。9月氏康、上野に出陣。	11・27武田義信と今川義元娘が婚姻。12・12足利義氏、古河公方家の家督を継ぐ。
二二	一五五三	15	1・17氏康の使者、氏政の婚姻に関して甲府を訪問。2・21氏康、武田晴信から起請文を送られる。黄梅院殿との婚約成立。	
二三	一五五四	16	6・1氏康により、室町幕府将軍家相伴衆に推挙される。実名氏政の初見。7月早川殿、今川氏真に嫁ぐ。7・24前古河公方足利晴氏謀叛し、古河城に籠城。11月古河城攻略。12月黄梅院殿と婚姻。この年、氏康六男景虎生まれる。	
弘治元	一五五五	17	5・20世田谷吉良家臣大平清九郎に書状を出す。発給文書の初見。この時、初陣する。11・8長男某生まれる。この年、氏康養子（弟氏堯長男）氏忠生まれるか。	9・13藤田泰邦死去。11月足利義氏、葛西城で元服。この年、大石綱周死去か。
二	一五五六	18	4・5常陸海老島合戦。5・2以前弟藤菊丸（氏照）、大石家当主となる。	
三	一五五七	19	7・4氏康、由井領支配の初見。この年、長女芳桂院殿生まれるか。氏康養子（弟氏堯次男）氏光生ま	1月今川氏真、家督を継ぐ。

			れるか。	
永禄元	一五五八	20	4・28足利義氏、小田原を訪問。7・19以前弟乙千代丸（氏邦）、藤田家当主となる。10・9相模中郡大応寺に禁制を出す。判物の初見。	8月足利義氏、関宿城に入部。武田晴信、出家して信玄に改名。
二	一五五九	21	2・21氏康、「北条家所領役帳」を作成。3・10氏康・氏政、将軍足利義輝から武田晴信と長尾景虎の和睦周旋を要請される。8・7以前綱成次男の康元、上野沼田家の当主となる。11・10弟氏照の由井領支配の初見。12・23氏康より家督を譲られ、北条家当主となる。	長尾景虎、将軍足利義輝から関東の件を委任される。
三	一五六〇	22	2・9本光寺宛に虎朱印状を発給。氏政の当主としての発給文書の初見。2・晦伊豆牧之郷に「徳政令」を発令。5・9以前氏康、里見義堯の本拠久留里城を攻撃。9・5長尾景虎、関東に侵攻。12・2氏康と連署で家臣池田安芸守に判物を出す。当主として最初の判物。	今川義元、桶狭間合戦で戦死。
四	一五六一	23	1月長尾景虎、武蔵に進軍。3月小田原城、長尾景虎に攻められる。6・3勝沼領に進軍。8・11以前唐貝山城を攻略、三田家を滅ぼす。11・27生山合戦。12・7倉賀野城を攻撃。12・18弟氏邦、高松城攻略、	長尾景虎、上杉憲政の家督を継ぎ、上杉政虎を名乗る。松平元康（徳川家康）、今川家を離叛。川中島合戦。

			花園領を平定。	
五	一五六二	24	1・20氏康、将軍足利義輝から今川氏真と松平元康の和睦周旋を要請される。4・24葛西城を奪回。この年、次男氏直生まれる。	上杉政虎、輝虎と改名。
六	一五六三	25	2・4松山城を奪回。8・29土気酒井康治に所領を充行う。国衆宛の単独の判物の初見。	
七	一五六四	26	1・8国府台合戦で勝利。5・16東金酒井胤敏従属。6・27以前勝浦正木時忠従属。7・23岩付太田氏資従属。7・27上総に出陣。この年、三男源五郎生まれるか。氏康六女桂林院殿生まれる。	
八	一五六五	27	2・12土気城を攻撃。3・2関宿城を攻撃。8・17忍領に侵攻。9・16忍城を攻撃。氏康の出陣の最後。この年、四男氏房生まれる。	将軍足利義輝、謀殺される。
九	一五六六	28	2・21足利義秋から上杉輝虎との和睦を要請される。5・13小田・小山・結城・宇都宮家従属。5・15氏康の「武栄」朱印状の初見。5・晦以前左京大夫に任官、氏康は相模守に遷任。6月弟氏規の三浦郡支配の初見。8・25足利義秋近臣細川藤孝に三和要請について返答。閏8・25以前皆川・由良・成田家従属。11・20富岡家従属。12・5以前毛利北条家従属。	上杉輝虎、小金城・臼井城攻撃に失敗。武田信玄、箕輪城を攻略。

			12・28館林長尾家従属。この年、次女竜寿院殿生まれるか。	
一〇	一五六七	29	1・11以前佐竹義重と和睦。4・18簗田晴助・持助父子に起請文を出す。5・8氏照、野田景範に起請文を出す。6・26守屋相馬家従属。8・23三船台合戦で敗北、太田氏資戦死。9・10岩付領を接収。9・17以前氏照、滝山城に本拠を移す。10月佐野家従属。	武田信玄、白井城・惣社城を攻略。武田義信自害。今川氏真、上杉輝虎と盟約。
一一	一五六八	30	2月武田義信後室を請け取り、駿河に帰国させる。3・6足利義秋、上杉輝虎に相甲越三和を受けて上洛を要請。4・24今川氏真、上杉輝虎に三和周旋を申し入れる。5・26以前簗田家から古河城を請け取る。9・23栗橋城を接収。12・12駿河に向けて伊豆三島に出陣。それ以前上杉輝虎に同盟を打診。	織田信長上洛、足利義昭、将軍に任官。武田信玄、駿河に侵攻。
一二	一五六九	31	1・2氏康、上杉方に和睦条件受容を返答。1・20氏康、里見家に和睦を打診。2・6「御国」論理が初見。2・20以前氏邦、鉢形城に本拠を移す。5・9徳川家康と和睦、今川氏真らを引き取る。5・23国王丸（氏直）、今川氏真の養子になる。5・28国王丸、今川家の家督を継ぐ。6・9氏康・氏政、上	武田信玄、足利義昭に上杉輝虎との和睦周旋を要請。

			杉輝虎宛の起請文を作成。越相同盟が成立。9・27小田原城、武田信玄に攻められる。10・6三増合戦で敗北。12・6蒲原城落城、北条氏信戦死。12・27「人改令」を発令。	
元亀元	一五七〇	32	3・25弟景虎、上杉輝虎の養子になる。4・26以前早川殿、大平城から早川に移る。6・5平沢政実離叛。6・29足利義氏、古河城に入部。8・6氏康、重態になる。	上杉輝虎、出家して謙信に改名。
二	一五七一	33	1・16深沢城落城。4・15氏康、上杉謙信に武田家との和睦の噂などについて弁明する。7・15以前氏康、再び重態になる。10・3氏康死去。11・10以前武田信玄と同盟する。11・晦以前北条康成、家督を継ぐ。12・27以前上杉謙信と手切れ。	
三	一五七二	34	1・8以前平山城・興国寺城を武田家に引き渡す。1・26以前康成に偏諱を与え、氏繁に改名。6月結城家・那須家離叛。秋、皆川家・壬生家従属。11・6武蔵御嶽領を武田家から割譲される。12・7栗橋城を奪回。12・29多功原合戦で敗北。	武田信玄、徳川・織田領国に侵攻。三方原合戦。
天正元	一五七三	35	3・12由良成繁、桐生佐野家を滅ぼす。7・28忍城・羽生城を攻撃。9・7下野に出陣、淡士川城を	武田信玄死去、勝頼が家督を継ぐ。足利義昭、織田信長に追放

			攻略、鹿沼城を攻撃。この年、五男直重生まれるか。	される。
二	一五七四	36	2・21里見家が敵対。5・5壬生家・皆川家支援のため小山領・榎本領を攻撃。7・15厩橋領に侵攻。7月末小山領・宇都宮領に進軍。8・1厩橋領に侵攻。8月以前結城家従属。10・15関宿城を攻撃。閏11・18上杉謙信、羽生城を破却、同城を成田氏長に与える。閏11・19関宿城攻略。簗田家従属。佐竹義重・宇都宮広綱と和睦。古河公方勢力が統合される。	
三	一五七五	37	春、足利義昭から相甲越三和を働きかけられる。6・22榎本城攻略。8月以前万喜土岐家・一宮正木家従属。8・6足利義昭近臣真木島昭光に、協力を返答。8・12上総に向けて進軍。8・19東金城攻撃。9月里見義弘と対陣。12・25以前小山城攻略。	長篠合戦。上杉謙信、佐竹義重らと同盟を復活。織田信長、「天下人」になる。
四	一五七六	38	1・22妹桂林院殿を武田勝頼に嫁す。5・26上野に向けて出陣。9月上総に侵攻。冬、土気・東金両酒井家従属。この年、六男直定生まれるか。	織田信長、安土城を構築。上杉謙信、最後の関東出陣。
五	一五七七	39	3・17以前氏直、元服する。足利義氏に初めて言上する。6・7以前結城晴朝離叛。7・13結城領に向けて進軍。閏7・4那須資胤従属。閏7・5結城城攻撃。9・1上総に進軍。氏直の初陣。9・晦長南	

			武田豊信従属。10・9以前里見義弘と和睦。11月常陸に進軍。12月下妻城攻撃。	
六	一五七八	40	2・23芦名盛隆と起請文を交換。5・15結城城・山川城攻撃。5月末小川台在陣の佐竹義重らと対陣（小川台合戦）。7・4結城領から退陣。7・7上野にむけて進軍。7・17沼田城攻略。8・6毛利北条芳林ら坂戸山城攻略。8・24氏照・氏邦、沼田城着陣。8・28白井領進軍。9・9氏邦、越後に進軍。12・10以前氏邦、越後から帰陣。	上杉謙信死去、景勝が家督を継ぐ。御館の乱起こる。武田勝頼と上杉景勝、同盟する。里見義弘死去。
七	一五七九	41	1・28氏照、徳川家康と通交する。3・21次女竜寿院殿（里見義頼妻）死去。3・24上杉景虎滅亡。5・7由良国繁に旧上杉方所領を充行う。5・9河田重親に不動山城などを充行う。9・3武田家との対戦のため出陣を命じる。9・4徳川家康からの使者が浜松城に帰還。9・10氏直、北関東に出陣。9・11氏照の使者、織田信長の本拠安土城に到着。9・14以前伊豆に出陣。9・16武田家と交戦開始。11・22伊豆から退陣。	武田勝頼、佐竹義重らと同盟する。
八	一五八〇	42	3・10使者笠原康明、織田信長に拝謁、従属を言上する。3・24伊豆に出陣。5・晦長女芳桂院殿（千	里見家の内乱が起こり、義頼が家督を継ぐ。

			葉邦胤妻）死去。8・17頃沼田城落城。8・19家督を氏直に譲り、「截流斎」を号し、「御隠居様」と称される。8・27三男太田源五郎、岩付領支配を開始。10・12武田勝頼との対陣のため武蔵本庄台に着陣。この年、飯沼城落城。	
九	一五八一	43	2・9以前氏照、八王寺城に本拠を移す。4・17津久井衆・檜原衆、甲斐郡内に侵攻。4・22駿河に向けて出陣。5・7下野に軍勢を派遣。6・5使者、安土城に到着。6・9伊豆から退陣。8・13以前徳倉城構築。10・27徳倉城将笠原政晴離叛。11・8氏政・氏直、伊豆に出陣。12・19頃伊豆から退陣。	里見義頼、武田勝頼と通交する。里見義頼、正木憲時の叛乱を鎮圧。
一〇	一五八二	44	2・25頃氏政・氏直、駿河に向けて出陣。氏邦、西上野に出陣。2・28徳倉城・三枚橋城攻略。3・1深沢城攻略。3・2吉原に進軍。3・6富士家従属。3・21織田信長に使者を派遣。3・28伊豆三島社に願文を捧げる。4・3織田信長に進物を進上。5・18小山領を小山孝山に割譲。6・11小山城攻略、小山家従属。6・13軍勢を甲斐に派遣。6・16織田家宿老滝川一益に手切れ。6・18～19氏直、神流川合戦に勝利、上野に侵攻。7・8三男太田源五郎死去。	武田勝頼自害、武田家滅亡。佐竹義重ら、織田信長に従属、「東国御一統」。本能寺の変、織田信長・信忠死去。天正壬午の乱起こる。織田信雄、羽柴秀吉らにより織田家当主となる。足利義氏死去。

			7・12氏直、信濃に侵攻。8・6氏直、甲斐に進軍。9・12弟氏規、三島に布陣。9・25駿河に出陣。10・10「有効」朱印状の初見。10・29徳川家康と和睦。10・晦氏直、徳川家康次女督姫と婚約。12・24中山城攻略。12・27氏政・氏直、沼田領に向けて進軍。この年、後妻鳳翔院殿が初見。	
一一	一五八三	45	1・17氏政・氏直、厩橋領攻撃。5月佐野領攻撃。6・2江戸・関宿城代北条氏秀死去、嫡子乙松丸の後見を務める。関宿領支配を管轄する。7・28四男氏房、岩付領支配を開始。8・15氏直と徳川家康次女督姫、婚姻。9・16北条氏秀衆小熊孫七郎に「着到帳」を規定。9・18氏直、厩橋城攻略、毛利北条芳林従属。11・15徳川家康から羽柴秀吉の「関東惣無事」要請を伝達される。11・24以前由良国繁・長尾顕長離叛。12・4氏直の使者、京都吉田兼和に到着。この頃、氏政は相模守に遷任、氏直は左京大夫に任官か。	上杉景勝、羽柴秀吉に従属。
一二	一五八四	46	3・2大戸城取り立て。4・16頃氏政・氏直、下野に進軍。5・5頃佐竹義重らと藤岡・沼尻で対陣（藤岡・沼尻合戦）。7・22藤岡から退陣。9・7徳	小牧・長久手合戦。羽柴秀吉、「天下人」となる。織田信雄、羽柴秀吉に服属。

			川家康への援軍を選定。12・7氏直、家臣に上野出陣の準備を命令。12・21氏照、館林領に向けて進軍。12・28頃金山城・館林城降伏。この年、七男鶴千代生まれるか。	
一三	一五八五	47	1・10由良国繁・長尾顕長従属。4・5岩付衆の「着到帳」を規定。4月下旬氏直、小山領に進軍。5月下旬氏直、厩橋領に進軍。7・10氏房の婚姻に際し、岩付衆に十七日に江戸参陣を命令。8月氏直、下野に進軍。閏8月上旬氏直、皆川領に侵攻。閏8月下旬氏直、沼田領に侵攻。11・20氏直、佐倉領に進軍。12・4千葉家宿老原親幹を屈服させる。12・10氏直、下野に向けて進軍。12・21氏直、逆川で結城家と対戦。12・25壬生義雄従属。12・27氏直、下野から帰陣。この年、五男直重、千葉邦胤の婿養子になる。	千葉邦胤死去。徳川家康、上田城攻撃。羽柴秀吉、関白に任官。天正大地震。羽柴秀吉、四国・越中・畿内を制圧。
一四	一五八六	48	3・8三島で徳川家康と会面。3・11三枚橋城に赴き家康と会面。4月氏直、下野に出陣。5月初旬氏照が皆川領に進軍、皆川広照従属。5・25氏直、宇都宮領に侵攻、大谷口で宇都宮家と合戦。6月上旬氏直、多気山城攻撃。7・22氏直、下野に出陣。	徳川家康、羽柴秀吉に従属。上杉景勝、上洛し羽柴秀吉に出仕。徳川家康、上洛し羽柴秀吉に出仕。徳川家康、本拠を駿府城に移す。

			8・22佐野唐沢山城攻略。11・10氏政義弟氏忠、佐野宗綱の婿養子として家督を継ぎ、佐野領支配を開始。この年、「小田原一手役書立」成立か。	
一五	一五八七	49	1・6小田原城普請を開始。7・22〜26出陣中の氏直に代わり相模・小机領に「人改令」を発令。7・晦氏直、「本国」地域に「人改令」を発令。10月中旬氏直、下野に進軍。10・20倉ヶ崎城攻略。10・21江戸領三宝寺領の相論を裁許。10・24以前佐倉領仕置のため同領に進軍。11・22〜24佐倉領・小金領で寺社に特権安堵。11・27、12・7〜9佐倉衆に「着到帳」を規定。12・25以前佐倉領から帰陣。12・28佐倉衆に来年一月十五日小田原参陣を命令。	羽柴秀吉、九州を制圧。
一六	一五八八	50	2・25以前宿老笠原康明を上洛させ羽柴秀吉と和睦交渉する。3月中旬秀吉との和睦成立。3・25氏直、常陸に出陣。4・22小田領に侵攻。4・23筑波山に侵攻。4・27以前氏邦宿老猪俣邦憲、権現山城を取り立て。4・28羽柴秀吉から従属のための条件を示される。5・21徳川家康から秀吉への従属を勧告される。閏5・10以前秀吉への従属を表明。8月初旬弟氏規、秀吉への御礼言上の使者として上洛。8・	聚楽第行幸。毛利輝元ら上洛し、羽柴秀吉に出仕。

			22氏規、秀吉に拝謁。この頃から「又御隠居」として政務に関与しなくなる。8・23以前長尾顕長・由良国繁離叛。9・4弟氏邦、沼田領に侵攻。9・25氏邦、阿曾城攻略。11・27以前秀吉の上使、小田原城に下向。	
一七	一五八九	51	2・19由良国繁従属。2月下旬宿老板部岡融成を沼田領問題裁定のために上洛させる。この頃、政務に復帰する。3・3長尾顕長従属。6・5氏直、十二月上旬の氏政上洛を秀吉に伝える。7・24頃沼田領の三分の二を割譲され、氏邦に管轄させる。8・1五男直重、千葉家の家督を継ぐ。8・24佐倉領の諸役を再規定する。9・1氏邦宿老猪俣邦憲、沼田領支配開始。9・13佐倉領での寺領相論を裁許する。10・22猪俣邦憲、真田方名胡桃城に軍勢を派遣（名胡桃城奪取事件）。11・5氏直、沼田城に家臣を派遣。11・22羽柴秀吉、北条家使者石巻康敬らを拘束。11・24秀吉、氏直に宛討伐を通告する条書を出す。12・7秀吉条書を請け取る。氏直、秀吉家臣津田盛月・富田一白に返書を出す。12・9氏政・氏直・氏規、徳川家康に取り成しを要請。12・11領国防衛の	伊達政宗、芦名家を滅ぼす。

一八	一五九〇	52	ための軍勢配備を開始。 3・3三島で羽柴軍と合戦。小田原合戦の開戦。3・15碓氷峠で羽柴軍と合戦。3・29山中城落城。4・3徳川家康、小田原に侵攻。4・4小田原城は包囲される。4・7里見義康、北条領国に侵攻開始。4・16佐竹義重ら北条領国に侵攻開始。4・20玉縄城開城。松井田城落城。4・22江戸城開城。4・24箕輪城開城。5・18佐倉城開城。5・22岩付城落城。6・5氏直、徳川家康・織田信雄と和睦交渉を開始。6・14鉢形城開城。6・17宿老笠原政晴の謀叛が発覚、政晴を処刑。6・22氏政母瑞渓院殿・妻鳳翔院殿自害。6・23八王寺城落城。6・24韮山城開城。秀吉から小寺孝高・羽柴雄利を派遣され降伏を勧告される。6・25津久井城開城。7・1氏直、開城交渉を開始。7・5氏直、弟氏房と出城、降伏する。7・6徳川家康の軍勢、小田原城を請け取る。7・10氏政、新城から出城、徳川家康の陣所に入る。7・11氏政、弟氏照とともに自害。7・14忍城開城。7・21氏直ら、高野山に向けて小田原を出立。	佐竹義重ら、羽柴秀吉に出仕。伊達政宗ら、秀吉に出仕。羽柴秀吉、「天下一統」を遂げる。徳川家康、旧北条領国に転封され、江戸城を本拠とする。

* 岩瀬忠震　小野寺龍太
* 栗本鋤雲　小野寺龍太
大村益次郎　竹本知行
河井継之助　小川和也
* 西郷隆盛　家近良樹
由利公正　角鹿尚計
* 塚本明毅　塚本学
* 月性　海原徹
* 吉田松陰　海原徹
* 高杉晋作　海原徹
久坂玄瑞　一坂太郎
* ペリー　遠藤泰生
ハリス　福岡万里子
オールコック　佐野真由子
アーネスト・サトウ　奈良岡聰智
緒方洪庵　米田該典

近代

* 明治天皇　伊藤之雄
* 大正天皇　F・R・ディキンソン
* 昭憲皇太后・貞明皇后　小田部雄次
大久保利通　三谷太一郎
山県有朋　鳥海靖
木戸孝允　落合弘樹
井上馨　伊藤之雄
* 松方正義　室山義正
北垣国道　小林丈広
板垣退助　小川原正道

長与専斎　笠原英彦
大隈重信　五百旗頭薫
伊藤博文　坂本一登
井上毅　大石眞
* 井上勝　老川慶喜
* 桂太郎　小林道彦
* 渡邉洪基　瀧井一博
* 乃木希典　佐々木英昭
星亨　小林道彦
林董　奈良岡聰智
* 児玉源太郎　小林道彦
* 高宗・閔妃　木村幹
山本権兵衛　室山義正
* 金子堅太郎　松村正義
高橋是清　鈴木俊夫
小村寿太郎　簑原俊洋
* 犬養毅　小林惟司
原敬　季武嘉也
* 加藤高明　櫻井良樹
牧野伸顕　小宮一夫
田中義一　黒沢文貴
内田康哉　高橋勝浩
石井菊次郎　廣部泉
平沼騏一郎　堀田慎一郎
* 鈴木貫太郎　小堀桂一郎
宇垣一成　北岡伸一
* 宮崎滔天　榎本泰子
* 浜口雄幸　川田稔
幣原喜重郎　西田敏宏
関一　玉井金五
水野広徳　片山慶隆

広田弘毅　井上寿一
安重根　上垣外憲一
* グルー　廣部泉
* 永田鉄山　森靖夫
東條英機　牛村圭
今村均　前田雅之
蔣介石　劉岸偉
石原莞爾　山室信一
近衛文麿　庄司潤一郎
* 岩崎弥太郎　武田晴人
伊藤忠兵衛　末永國紀
五代友厚　田付茉莉子
大倉喜八郎　村上勝彦
* 安田善次郎　由井常彦
渋沢栄一　武田晴人
中野武営　佐賀香織
益田孝　鈴木邦夫
山辺丈夫　宮本又郎
武藤山治　阿部武司・桑原哲也
池田成彬　松浦正孝
西原亀三　森川正則
小林一三　橋爪紳也
大倉恒吉　石川健次郎
大原孫三郎　猪木武徳
* 河竹黙阿弥　今尾哲也
イザベラ・バード　加納孝代
* 林忠正　木々康子
* 森鷗外　小堀桂一郎
* 二葉亭四迷　ヨコタ村上孝之
* 夏目漱石　佐々木英昭

徳冨蘆花　半藤英明
巌谷小波　千葉信胤
樋口一葉　佐伯順子
* 島崎藤村　十川信介
泉鏡花　東郷克美
上田敏　小林茂
* 有島武郎　亀井俊介
永井荷風　川本三郎
北原白秋　平石典子
菊池寛　山本芳明
芥川龍之介　髙橋龍夫
* 宮沢賢治　千葉一幹
高浜虚子　坪内稔典
与謝野晶子　佐伯順子
* 種田山頭火　村上護
* 斎藤茂吉　品田悦一
* 高村光太郎　湯原かの子
石川啄木　先崎彰容
萩原朔太郎　エリス俊子
* 原阿佐緒　秋山佐和子
* 狩野芳崖・高橋由一　古田亮
川村清雄　落合則子
* 小堀鞆音　小堀桂一郎
竹内栖鳳　北澤憲昭
黒田清輝　高階秀爾
中村不折　石川九楊
横山大観　高階秀爾
* 橋本関雪　西原大輔
小出楢重　芳賀徹
土田麦僊　天野一夫

岸田劉生　北澤憲昭
濱田庄司　濱田琢司
* 山田耕筰　後藤暢子
松旭斎天勝　川添裕
中山みき　鎌田東二
佐田介石　谷川穣
* ニコライ　中村健之介
* 出口なお・王仁三郎　川村邦光
島地黙雷　阪本是丸
* 新島襄　太田雄三
新島八重　佐伯順子
木下広次　冨岡勝
海老名弾正　西田毅
嘉納治五郎　クリストファー・スピルマン
柏木義円　片野真佐子
津田梅子　田中智子
* 澤柳政太郎　新田義之
河口慧海　高山龍三
山室軍平　室田保夫
大谷光瑞　白須淨眞
* 久米邦武　髙田誠二
フェノロサ　伊藤豊
井上哲次郎　井ノ口哲也
三宅雪嶺　長妻三佐雄
* 岡倉天心　木下長宏
志賀重昂　中野目徹
徳富蘇峰　杉原志啓
* 竹越与三郎　西田毅
内藤湖南・桑原隲蔵　礪波護

南北朝・室町

後醍醐天皇　上横手雅敬
*護良親王　新井孝重
*懐良親王　森　茂暁
*赤松氏五代　渡邊大門
*北畠親房　岡野友彦
楠正成　兵藤裕己
楠木正行・正儀　生駒孝臣
*新田義貞　山本隆志
*光厳天皇　深津睦夫
足利尊氏　市沢　哲
*足利直義　亀田俊和
佐々木道誉　下坂　守
細川頼之　亀田俊和
円観・文観　田中貴子
足利義詮　早島大祐
足利義満　川嶋將生
*足利義持　吉田賢司
足利義教　横井　清
足利義政　木下昌規
*大内義弘　平瀬直樹
伏見宮貞成親王　松薗　斉
*山名宗全　山本隆志
細川勝元・政元　古野　貢
畠山義就　呉座勇一
足利成氏　阿部能久
世阿弥　西野春雄
雪舟等楊　河合正朝
宗祇　鶴崎裕雄
*満済　森　茂暁
一休宗純　原田正俊
蓮如　岡村喜史

戦国・織豊

北条早雲　家永遵嗣
*北条氏政　黒田基樹
大内義隆　藤井　崇
斎藤氏三代　木下　聡
*毛利元就　岸田裕之
*毛利輝元　光成準治
小早川隆景・秀秋　光成準治
六角定頼　村井祐樹
*今川義元　小和田哲男
*武田信玄　笹本正治
*武田勝頼　笹本正治
*真田氏三代　笹本正治
*三好長慶　天野忠幸
松永久秀　天野忠幸
*宇喜多直家・秀家　渡邊大門
*上杉謙信　矢田俊文
大友宗麟　鹿毛敏夫
島津義久・義弘　福島金治
*長宗我部元親・盛親　平井上総
浅井長政　長谷川裕子
吉田兼倶　西山　克
山科言継　松薗　斉
*雪村周継　赤澤英二
正親町天皇・後陽成天皇　神田裕理
足利義輝・義昭　山田康弘
織田信長　三鬼清一郎
織田長益　八尾嘉男
豊臣秀吉　藤井讓治
豊臣秀次　矢部健太郎
*北政所おね　田端泰子
*淀殿　福田千鶴
蜂須賀正勝・家政　三宅正浩
前田利家　東四柳史明
山内一豊・忠義　長屋隆幸
*黒田如水　小和田哲男
*蒲生氏郷　藤田達生
石田三成　堀越祐一
*細川ガラシャ　田端泰子
伊達政宗　伊藤喜良
*支倉常長　田中英道
千利休　熊倉功夫
*長谷川等伯　宮島新一
顕如　神田千里
教如　安藤　弥

江戸

*徳川家康　笠谷和比古
本多忠勝　柴　裕之
*徳川家光　野村　玄
*徳川吉宗　横田冬彦
*後水尾天皇　久保貴子
後桜町天皇　所　京子
光格天皇　藤田　覚
崇伝　杣田善雄
*春日局　福田千鶴
宮本武蔵　渡邊大門
*池田光政　倉地克直
保科正之　八木清治
シャクシャイン　岩崎奈緒子
*田沼意次　藤田　覚
細川重賢　安高啓明
*二宮尊徳　小林惟司
*末次平蔵　岡　美穂子
*高田屋嘉兵衛　生田美智子
*林羅山　鈴木健一
吉野太夫　渡辺憲司
中江藤樹　辻本雅史
熊沢蕃山　川口　浩
*山崎闇斎　澤井啓一
山鹿素行　前田　勉
*北村季吟　島内景二
伊藤仁斎　澤井啓一
貝原益軒　辻本雅史
*ケンペル　B・M・ボダルト＝ベイリー
新井白石　大川　真
荻生徂徠　柴田　純
*雨森芳洲　上田正昭
石田梅岩　高野秀晴
白隠慧鶴　芳澤勝弘
前野良沢　松田　清
平賀源内　石上　敏
本居宣長　田尻祐一郎
杉田玄白　吉田　忠
木村蒹葭堂　有坂道子
*大田南畝　沓掛良彦
菅江真澄　赤坂憲雄
*鶴屋南北　諏訪春雄
良寛　阿部龍一
*山東京伝　佐藤至子
*滝沢馬琴　高田　衛
平田篤胤　山下久夫
国友一貫斎　太田浩司
シーボルト　宮坂正英
本阿弥光悦　岡　佳子
小堀遠州　中村利則
狩野探幽・山雪　山下善也
尾形光琳・乾山　河野元昭
*二代目市川團十郎　田口章子
伊藤若冲　狩野博幸
浦上玉堂　高橋博巳
*佐竹曙山　成瀬不二雄
葛飾北斎　岸　文和
酒井抱一　玉蟲敏子
孝明天皇　青山忠正
*和宮　辻ミチ子
徳川慶喜　大庭邦彦
島津斉彬　原口　泉
横井小楠　沖田行司
*古賀謹一郎　小野寺龍太
*永井尚志　高村直助

ミネルヴァ日本評伝選

上代

＊俾弥呼　古田武彦
日本武尊　西宮秀紀
＊仁徳天皇　若井敏明
雄略天皇　吉村武彦
継体天皇　若井敏明
＊蘇我氏四代　遠山美都男
推古天皇　義江明子
聖徳太子　仁藤敦史
斉明天皇　武田佐知子
＊小野妹子・毛人・毛野　大橋信弥
＊額田王　梶川信行
弘文天皇　遠山美都男
天武天皇　新川登亀男
持統天皇　丸山裕美子
阿倍比羅夫　熊田亮介
＊藤原四子　木本好信
＊柿本人麿　古橋信孝
＊元明天皇・元正天皇　渡部育子
聖武天皇　本郷真紹
光明皇后　寺崎保広
＊孝謙・称徳天皇　勝浦令子
藤原不比等　荒木敏夫
橘諸兄・奈良麻呂　遠山美都男
吉備真備　今津勝紀
＊藤原仲麻呂　木本好信
道鏡　吉川真司
＊藤原種継　木本好信
＊行基　吉田靖雄

平安

＊桓武天皇　井上満郎
嵯峨天皇　西別府元日
宇多天皇　古藤真平
醍醐天皇　石上英一
村上天皇　京樂真帆子
花山天皇　上島　享
＊三条天皇　倉本一宏
藤原薬子　中野渡俊治
＊藤原良房・基経　瀧浪貞子
＊紀貫之　神田龍身
源高明　所　功
＊安倍晴明　斎藤英喜
藤原実資　橋本義則
＊藤原道長　朧谷　寿
＊藤原伊周・隆家　倉本一宏
藤原定子　山本淳子
藤原彰子　朧谷　寿
清少納言　三田村雅子
紫式部　竹西寛子
和泉式部　ツベタナ・クリステワ
大江匡房　小峯和明
＊阿弖流為　樋口知志
坂上田村麻呂　熊谷公男
＊源満仲・頼光　元木泰雄
平将門　西山良平
藤原純友　寺内　浩
最澄　吉田一彦
円珍　岡野浩二
＊空也　石井義長
奝然　上川通夫
＊源信　小原　仁
慶滋保胤　吉原浩人
＊後白河天皇　美川　圭
式子内親王　奥野陽子
建礼門院　生形貴重
＊藤原秀衡　入間田宣夫
平時子・時忠　元木泰雄
平維盛　根井　浄
守覚法親王　阿部泰郎
藤原隆信・信実　山本陽子

鎌倉

源頼朝　川合　康
＊源義経　近藤好和
源実朝　神田龍身
＊九条兼実　加納重文
九条道家　上横手雅敬
北条時政　野口　実
熊谷直実　佐伯真一
＊北条政子　関　幸彦
北条義時　岡田清一
曾我十郎・五郎　杉橋隆夫
北条時頼　山本隆志
北条時宗　近藤成一
安達泰盛　山陰加春夫
平頼綱　細川重男
竹崎季長　堀本一繁
西行　光田和伸
鴨長明　浅見和彦
藤原定家　赤瀬信吾
＊京極為兼　今谷　明
＊兼好　島内裕子
重源　横内裕人
＊運慶　根立研介
快慶　井上一稔
法然　今堀太逸
栄西　中尾良信
明恵　西山　厚
＊親鸞　末木文美士
恵信尼・覚信尼　西口順子
覚如　今井雅晴
＊道元　船岡　誠
叡尊　細川涼一
＊忍性　松尾剛次
＊日蓮　佐藤弘夫
一遍　蒲池勢至
夢窓疎石　原田正俊
＊宗峰妙超　竹貫元勝

刊行のことば

歴史を動かすものは人間であり、興趣に富んだ人間の動きを通じて、世の移り変わりを考えるのは、歴史に接する醍醐味である。

しかし過去の歴史学を顧みるとき、人間不在という批判さえ見られたように、歴史における人間のすがたが、必ずしも十分に描かれてきたとはいえない。二十一世紀を迎えた今、歴史の中の人物像を蘇生させようとの要請はいよいよ強く、またそのための条件もしだいに熟してきている。

この「ミネルヴァ日本評伝選」は、正確な史実に基づいて書かれるのはいうまでもないが、単に経歴の羅列にとどまらず、歴史を動かしてきたすぐれた個性をいきいきとよみがえらせたいと考える。そのためには、対象とした人物とじっくりと対話し、ときにはきびしく対決していくことも必要になるだろう。

今日の歴史学が直面している困難の一つに、研究の過度の細分化、瑣末化が挙げられる。それは緻密さを求めるが故に陥った弊害といえるが、その結果として、歴史の大きな見通しが失われ、歴史学を通しての社会への働きかけの途が閉ざされ、人々の歴史への関心を弱める危険性がある。今こそ歴史が何のためにあるのかという、基本的な課題に応える必要があろう。評伝という興味ある方法を通じて、解決の手がかりを見出せないだろうかというのも、この企画の一つのねらいである。

狭義の歴史学の研究者だけでなく、多くの分野ですぐれた業績をあげている著者たちを迎えて、従来見られなかった規模の大きな人物史の叢書として、「ミネルヴァ日本評伝選」の刊行を開始したい。

平成十五年（二〇〇三）九月

ミネルヴァ書房

《著者紹介》

黒田基樹（くろだ・もとき）

1964年　東京都生まれ。

1995年　駒澤大学大学院博士課程単位取得満期退学。博士（日本史学）。

現　在　駿河台大学法学部教授。

著　作　『百姓から見た戦国大名』ちくま新書，2006年。

『戦国北条氏五代』戎光祥出版，2012年。

『小田原合戦と北条氏』吉川弘文館，2013年。

『戦国大名』平凡社新書，2014年。

『真田昌幸』小学館，2015年。

『真田信之』角川選書，2016年。

『関東戦国史』角川ソフィア文庫，2017年。

『羽柴家崩壊』平凡社，2017年。

『戦国大名の危機管理』角川ソフィア文庫，2017年。

『北条氏康の妻　瑞渓院』平凡社，2017年，ほか。

ミネルヴァ日本評伝選

北《ほう》条《じょう》氏《うじ》政《まさ》

——乾坤を截破し太虚に帰す——

2018年２月10日　初版第１刷発行　〈検印省略〉

定価はカバーに
表示しています

著　者　黒　田　基　樹

発行者　杉　田　啓　三

印刷者　江　戸　孝　典

発行所　株式会社　ミネルヴァ書房

607-8494　京都市山科区日ノ岡堤谷町１

電話代表（075）581-5191

振替口座 01020-0-8076

共同印刷工業・新生製本

ISBN978-4-623-08235-3

Printed in Japan

人名索引

※「北条氏政」は頻出するため省略した。

か　行

さ　行

た　行

な　行

は　行

ま　行

や　行

ら　行

わ　行

事項索引

さ　行

や　行

ら・わ　行